청일전쟁과 근대 동아시아의 세력전이

일러두기

• 이 책은 2018년도 동북아역사재단 기획연구 수행 결과물임(NAHF-2018-기획연구-5).

동북아역사재단
연구총서 112

청일전쟁과 근대 동아시아의 세력전이

동북아역사재단 한일역사문제연구소 편

책머리에

청일전쟁(1894~1895)은 동아시아에서 수천 년간 지속된 중국 중심의 지역 질서가 무너지고, 새로운 지역 패권국으로 일본이 등장했음을 알리는 역사적 사건이었다. 이를 시작으로 러일전쟁(1904~1905), 그리고 만주사변에서 태평양전쟁으로 이어진 '15년 전쟁(1931~1945)'은 20세기 동아시아의 지역 질서를 규정했다. 그리고 이 질서는 최근 중국의 군사적, 경제적 급부상과 함께 다시 요동치고 있다. 중국에 대한 일본의 우위는 이미 2010년을 전후해서 역전되었으며, 잠재적 패권 국가로서 중국의 위상은 미국과의 전략 경쟁을 초래하여 역내 불안정성을 더욱 증대시키고 있다. 이러한 상황 속에서 향후 동아시아의 지역 정세와 관련하여 '백 년의 마라톤'을 거쳐 새로운 중화 질서의 수립이 임박했다는 우려의 목소리는 이제 더 새롭게 들리지 않는다.

이러한 관점에서 볼 때, 청일전쟁에 관한 연구는 20세기 동아시아 지역 질서의 역사적 기원과 구조적 특징, 그리고 현재 진행 중인 변화의 성격을 이해하는 데 큰 의미가 있다. 우리 근대사의 관점에서 보면 청일전쟁은 한반도가 중·일 양국의 전장(戰場)으로 전락한 비참한 전쟁이었다. 그 결과로 조공제도를 폐지한 조선은 명목상 독립을 공인받았지만 실제로는 일본의 피보호국 또는 식민지화에 이르는 길이 열렸다. 이 전쟁에 관해선 국내 학계에서도 지금까지 상당한 연구가 축적되었지만, 그 대부분은 일본군의 침략이나 동학농민운동, 갑오개혁, 흥선대원군 등 국내 정치사의 맥락에서 이뤄졌으며 청일전쟁 자체에 관한 연구는 의외로 많지 않다. 청일전쟁이 이후 근현대 동아시아 및 한국사의 침로(針路)에 미친 심대한 영향을 생각할 때 크게 아쉬운 대목이 아닐 수 없다. 이와 같은 문제의식의 산물인 이 책에서는 국제정치학, 외교사, 정치사상사 등 학문적 배경이 다양한 연구자들이 근대 동아시아의 세력전이(power transition)라는 관점에서 청일전쟁의 의미를 다각적으로 고찰했다.

각 장의 주요 내용은 다음과 같다. 제1장 「청일전쟁의 기원: 청말의 종주권 관념과 속국정책의 변화」는 1866년 병인양요 당시에는 조선과 프랑스 간의 전쟁에 개입하기를 회피한 청이 1894년에는 일본과 일전을 불사하게 된 이유와 관련하여 아편전쟁 이후 중국인들의 종주권(宗主權) 관념이 변화한 양상을 추적하였다. 19세기 후반 동아시아에서는 화이관(華夷觀)에 기초한 조공책봉 체제와 서양 국제법에 기반한 조약 체제가 공존하며 다양한 상호작용을 일으켰다. 그 속국정책은 이처럼 동서양의 국제질서가 혼합된 모호한 언어적 콘텍스트(linguistic context) 속에서 점진적으로 형성되었다. 이 글은 특히 1870년대 이후 중국의 당국자들 사이에서 청과 조선 간의 조공 관계를 독일제국의 연방 체제나 영국의 식민 체제에 견주어 사고하는 방식이 나타난 것에 주목하여 그것이 종주권 강화정책을 추동하는 사상적 자원이 되었음을 강조하고 있다.

제2장 「청일전쟁 전후 일본 정치가들의 동아시아 세력 변화 인식: 이토 히로부미[伊藤博文]와 야마가타 아리토모[山縣有朋]를 중심으로」는 1880년대 이후 일본 메이지 정부의 중추였던 이토 히로부미와 야마가타 아리토모를 중심으로 일본의 외교 및 군사정책의 전개 과정을 검토하였다. 이토의 경우 1885년 톈진조약[天津條約] 이후 대청(對淸) 협조 노선을 견지하였으며, 청일전쟁 직후에도 청과 조선 정세의 불안정성에

유의하여 일본의 국력 증강 및 조선과의 연대를 통한 외교적 대응을 주장하였다. 그에 반해 야마가타는 일본의 이익선(利益線)으로 설정한 조선을 '보호'하기 위해 청 및 러시아와의 군사적 대결을 상정하였고, 청일전쟁이 끝난 뒤에도 지속적 군비 확대와 러시아에 대한 공세적 외교정책을 주장하는 등 이토와 뚜렷한 차이를 보였다. 이는 청일전쟁까지 일본의 대외정책 구상에는 이토와 야마가타로 대변되는 복수의 선택지가 존재했음을 의미하는 것으로, 제국주의 시대 일본의 대외정책과 팽창의 메커니즘을 보다 복합적인 관점에서 접근할 필요가 있음을 환기한다.

제1장과 제2장이 청·일 양국의 한반도 및 동아시아에 대한 인식과 정책 변화를 다루었다면, 제3장 「청일전쟁 직전 영국의 외교적 간섭 실패와 패권적 지위 균열: 영국의 대조선 정책과 관련해서」는 19세기 지구적 패권국이었던 영국의 외교정책을 검토하고 있다. 처음에 영국은 러시아의 개입을 우려하여 청·일 양국이 조선에서 철병하도록 명시적 권력(manifest power)을 행사했다. 하지만 일본은 조선의 내정 개혁이 필요하며 청으로는 러시아의 남하를 막을 수 없다고 주장하면서 영국의 중재 시도를 무력화했다. 이에 영국은 경쟁국 러시아를 비롯하여 독일, 프랑스와 공동으로 중재를 시도했지만, 이 또한 일본의 신속한 군사행동으로 무위에 그치고 말았다. 이제 청일전쟁이 가시화되는 상황에서 영국은 최종적으로 양국의 조선 공동 점령안을 제시했다. 하지만 결과적으로 러시아를 포함한 공동 중재 구상과 조선 공동 점령안 모두 관철하는 데 실패했다. 이는 곧 영국이 동아시아에서 더 이상 명시적 권력을 행사할 수 없음을 보여주는 상징적 장면이었으며, 독점적 패권국 지위를 상실하는 출발점이 되었다는 것이 이 글의 주장이다.

제4장 「전이이론으로 본 청일전쟁: 19세기 말 일본의 대한반도 정책

목표」는 국제정치 이론에서 중요한 분석 대상이 되어온 전이이론(transition theory)을 통해 청일전쟁의 발발 원인을 재조명하려는 이론적 시도이다. 기존의 대표적인 전이이론으로는 힘의 균등함(power parity)에 주목하는 세력균형론(balance-of-power theory)을 반박한 세력전이론(power transition theory)을 들 수 있다. 그런데 최근 학계에서는 전이의 대상으로 단순히 세력뿐 아니라 패권(hegemony), 문명 또는 질서(civilization/ order), 지위 또는 권위(status/ authority) 등 다양한 요인을 고려하여 논의하고 있으며, 그 전이 과정의 양상도 다양하게 분석하고 있다. 이 글은 이와 같은 다양한 전이이론의 내용과 분석 유형의 적실성을 청일전쟁이라는 역사적 사례를 통해 고찰하였다. 특히 일본의 대한반도 정책 목표에 대한 실증적 분석에 기초하여 근대 동아시아 국제관계사에서 지위 및 권위의 전이라는 접근이 갖는 유효성과 적실성을 강조하고 있다.

왜 한반도에서 전쟁이 발발하였는가? 그리고 그 전쟁은 어떻게 종결되었는가? 제5장 「동아시아 세력전이와 한반도 전쟁: 19세기 청일전쟁과 21세기 미·중 경쟁」은 16세기 이후 한반도에서 발발한 전쟁을 사망자 규모, 참전 국가 수, 지역 질서와 같은 변수의 통계를 정리한 후, 세력전이와 완충지대의 관점에서 이 질문에 관한 이론적 설명을 제시하고 있다. 이에 따르면, 한반도에서 일어난 대규모 전쟁은 동아시아의 지역 질서와 밀접한 관련이 있다. 즉, 그것은 패권국의 쇠락과 강대국의 부상이라는 세력전이의 상황 속에서 출발한다. 상대국에 대한 '절대적 승리'가 불가능하더라도 한반도와 같은 '전략적 영토'를 차지하면 자국 방어가 용이한 가운데 역내 영향력을 확보할 수 있기 때문이다. 청일전쟁 또한 상대국에 대한 우위와 지역 패권의 확보를 위해 '전략적 영토'인 한반도에서 일어난 대규모 전쟁이었다. 이러한 이론적 고찰은 향후 중국과 미국 간 전략 경쟁이 고조될 경우, 그 갈등이 가장 치열하게 맞부딪칠 지역이 다름 아닌 한반도라는 사실을 예견한다는 점에서 주목할 필요가 있다.

제6장 「실패국가, 실패패권, 근대국가의 홀로코스트 삼중주: 청일전쟁과 일본의 동학농민군 대량학살의 개념적 분석」은 청일전쟁의 직접적 계기이자, 또 우리 근대사의 가장 중요한 사건 중 하나인 동학농민운동과 일본군의 조선 민중 대학살에 관한 국제정치학 및 역사학적 분석이다. 이는 국제질서의 구조적 변화에 민감하지만 구조의 기층을 형성하는 비국가 행위자들의 역할 분석에 인색한 국제정치학적 접근법의 한계를 극복하는 한편, 개념화나 이론화에 소극적인 역사학적 접근법의 약점을 보완하려는 시도라고 할 수 있다. 특히 3만 명이 넘는 조선 민중에 대한 학살이 어떤 국내적, 국제적 환경에서 가능했는지 해명하기 위해 국가 실패(state failure)라는 개념과 나치 정권의 유대인 홀로코스트 분석법을 활용하는 등 이 문제를 국제적, 국가적, 그리고 민중 운동의 3개 층위에서 다루었다. 그 결과 동학농민군 홀로코스트는 한반도에서 실패국가(조선)와 실패패권(청)이 통치 위기를 유발한 가운데 근대국가(일본)의 침략성과 잔혹성이 더해져 발생한 비극임을 설득력 있게 제시하고 있다.

제7장 「청일전쟁과 동아시아 소프트 파워: 메이지유신의 유교적 재해석과 관련하여」는 소프트 파워(soft power)의 전이라는 거시적 관점에서 청일전쟁의 의미를 재조명하였다. 근대 일본의 소프트 파워의 핵심은 메이지유신[明治維新]에 의한 근대화의 성공이었다. 그런데 최근의 연구에 따르면, 이 과정에서 유교가 적지 않은 역할을 한 사실이 명확히 드러나고 있다. 이에 따라 이 글은 메이지유신과 유교의 상관성에 대한 동

아시아 지식인의 인식을 추적함으로써 청일전쟁을 전후한 시기 소프트 파워의 전이 양상에 관한 종합적 이해를 추구하였다. 구체적으로는 '청일전쟁을 전후하여 일본은 메이지유신에 기초한 자신들의 모델을 어떻게 이해했으며, 어떻게 이를 동아시아 지역으로 발신했는가?', '청일전쟁 이후 일본의 소프트 파워의 우위가 확립되는 과정에서 유교적 특징에 관한 어떤 이해와 오해가 나타났는가?', '일본 우위로 고착된 동아시아 소프트 파워 시스템에서 유교가 차지하는 위치는 이 지역이 가지는 문명적 특징을 정확히 반영하는 것이었는가?'라는 3개의 질문을 제시한 후, 메이지유신 직후부터 20세기 초까지 조선(대한제국)과 일본 지식인들의 담론을 치밀하게 분석하면서 그 해명을 시도하였다.

제8장 「근대 '개화'의 수용과 정치 변동(1876~1895)」은 '개화(開化)'라는 말의 용례와 그 사용 빈도에 관한 분석을 통해 근대 정치 변동 과정의 재해석을 시도했다. 이에 따르면, '개화'는 사실상 메이지 일본의 신어(新語)로서, 처음에 일본의 외무당국이 조선에 대한 간섭과 '지도'를 정당화하는 명분으로 쓰기 시작했으며, 특히 이러한 목적에 부합하는 조선 내 정치 세력을 '개화당'이라고 불렀다. 한편, 이 말은 조선 내에선 1884년 갑신정변 실패 이후 터부시되었다가 1894년 청일전쟁에 이르러 다시 유행하기 시작했다. '개화'는 갑오개혁의 이념이자 명분이었다. 일본 세력의 간섭하에 추진된 이 급진적 개혁에 대한 여러 사회 세력의 입장과 태도는 다양하였고, 그들은 각자의 이해관계와 미래에 대한 전망에 따라 그 의미를 전유(專有, appropriation)했다. 청일전쟁과 갑오개혁 당시 '개화'라는 말이 갖고 있던 의미의 편차와 상호 모순성은 당시 조선 사회의 분열상을 고스란히 반영하는 것이었다.

이 공동 연구는 2018년 동북아역사재단의 학술연구 지원(NAHF-

2018-기획연구-5)으로 이뤄졌다. 필자는 개인적으로 당시 동북아역사재단 연구위원으로 근무하면서 그 연구 활동을 행정적으로 지원하는 역할을 했다. 그 연고로 인해 과분하게 서문을 쓰는 것일 뿐, 개인적으로는 국내 학계에서 손꼽히는 저명한 연구자들과 함께 같은 책에 이름을 올릴 수 있는 것만으로도 큰 영광임을 고백하고 싶다. 모쪼록 졸렬한 글이 이 책에 수록된 귀중한 논고들에 누가 되거나 오해를 초래하지 않기만을 바랄 뿐이다.

2020년 9월
집필자를 대표하여
김종학 씀

차 례

책머리에 · 4

1장 청일전쟁의 기원:
　　　청말의 종주권 관념과 속국정책의 변화 _ 이동욱 · 15
　I. 머리말 · 16
　II. 아편전쟁 이후 청조의 '속국' 주장 · 20
　III. '자주'의 강조: 톈진 · 베이징조약과 『만국공법』 · 31
　IV. '속국'의 재강조와 종주권 관념의 변용 · 38
　V. 맺음말 · 47

2장 청일전쟁 전후 일본 정치가들의 동아시아 세력 변화 인식:
　　　이토 히로부미와 야마가타 아리토모를 중심으로 _ 박영준 · 57
　I. 머리말 · 58
　II. 메이지 초기 일본 정치가들의 아시아 인식과 정책 · 61
　III. 청일전쟁 전개와 일본 정치인들의 전쟁 수행 정책 · 69
　IV. 청일전쟁 이후 일본 정치인들의 아시아 인식과 정책 · 80
　V. 맺음말 · 84

3장 청일전쟁 직전 영국의 외교적 간섭 실패와 패권적 지위 균열:
　　　영국의 대조선 정책과 관련해서 _ 한승훈 · 89
　I. 머리말 · 90
　II. 영국의 조선 문제 단독 간섭 · 94
　III. 영국의 외교적 공동 간섭 추진과 실패 · 104
　IV. 맺음말 · 121

4장 전이이론으로 본 청일전쟁:

　　19세기 말 일본의 대한반도 정책 목표 _ 신욱희 · 127

　I. 머리말 · 128

　II. 전이이론의 다양성 · 129

　III. 전이이론과 청일전쟁: 전이 양상의 분석 · 134

　IV. 일본의 대한반도 정책 목표: 지위/권위 전이의 관점 · 141

　V. 맺음말 · 146

5장 동아시아 세력전이와 한반도 전쟁:

　　19세기 청일전쟁과 21세기 미 · 중 경쟁 _ 정성철 · 151

　I. 머리말 · 152

　II. 한반도와 대규모 전쟁: 임진왜란부터 한국전쟁까지 · 154

　III. 이론적 논의: 세력이동과 전략적 영토 · 161

　IV. 19세기와 21세기 동아시아 국제관계 · 169

　V. 맺음말: 한반도 국제정치의 비극? · 174

6장 실패국가, 실패패권, 근대국가의 홀로코스트 삼중주:

　　청일전쟁과 일본의 동학농민군 대량학살의 개념적 분석 _ 손기영 · 183

　I. 머리말 · 184

　II. 개념과 연구 질문 · 187

　III. 실패국가 조선과 동학농민전쟁 · 194

　IV. 근대국가 일본과 홀로코스트 · 201

　V. 실패패권과 공위기 · 210

　VI. 맺음말 · 215

7장 청일전쟁과 동아시아 소프트 파워:
　　메이지유신의 유교적 재해석과 관련하여 _ 강동국 · 221

　I. 머리말 · 222

　II. 일본의 유교와 메이지유신 이해: 청일전쟁기까지 · 225

　III. 조선의 유교와 메이지유신 이해: 청일전쟁기까지 · 233

　IV. 일본의 유교와 메이지유신 이해: 청일전쟁 이후 · 254

　V. 조선의 유교와 메이지유신 이해: 애국계몽기 · 262

　VI. 맺음말 · 270

8장 근대 '개화'의 수용과 정치 변동(1876~1895) _ 김종학 · 275

　I. 머리말 · 276

　II. '개화'의 초기 수용 과정 · 279

　III. 갑오개혁과 '개화'의 전유 · 293

　IV. 맺음말 · 319

찾아보기 · 325

1장

청일전쟁의 기원:
청말의 종주권 관념과 속국정책의 변화

이동욱
건국대학교 글로컬캠퍼스 연구전담교수

I. 머리말

1930년대 중반, 중국의 외교사가 장팅푸[蔣廷黻]와 왕신중[王信忠]은 '중국의 전통적 종번관념(宗藩觀念)과 근대 국제공법(國際公法)의 종번관념의 충돌'이 청일전쟁의 '원인(遠因)', 즉 간접적 원인이라 주장한 바 있다.[1] 그들의 주장에 따르면 속국의 내정과 외교를 방임하고 간섭하지 않는 중국의 '전통적 종번관계'는 낙후하고 기형적이어서 국제관계가 복잡한 19세기에는 적용될 수 없었는데, 근대 국제공법의 종번관계에서는 종주국이 속국의 내정과 외교, 특히 외교에 간섭할 권리가 있었을 뿐 아니라 간섭할 의무도 있었기 때문이다.[2] 청 정부도 뒤늦게 이를 깨닫고 조선에 대한 종주권을 강화하여 '청일전쟁 전야에 이르면 종번관계의 내용이 완전히 달라져 있었다'고 평가할 정도가 되었지만, 결국 청나라가 '전통적 종번관념' 속에서 조선을 방임했기 때문에 일본이 강화도조약을 통해 조선을 자주국으로 승인할 수 있었으며, 결국 일본이 청일전쟁을 일으킬 수 있는 명분을 제공했다는 것이다.

'종번(宗藩)'이라는 용어가 종주-번속(宗主-藩屬)의 줄임말로서 20세기 초에 종주국과 속국의 관계(suzerain-vassal relations)를 표현하는 번역어였다는 점을 감안한다면, 그들의 주장은 전통적 종주권 관념과 근대 국제법적 종주권 관념의 충돌이 청일전쟁의 간접적 원인이었다는 뜻이

---

* 이 글은 동북아역사재단의 학술연구지원(NAHF-2018-기획연구-5)을 받아 『중국근현대사연구』 86(2020)에 게재된 「1840-1860년대 청조의 '속국'문제에 대한 대응」을 수정하고 보완한 것이다.
1 蔣廷黻 編, 1934, 『近代中國外交史資料輯要』 中卷, 上海商務出版社, 364쪽; 王信忠, 1937, 『中日甲午戰爭之外交背景』, 國立淸華大學, 5쪽.
2 王信忠, 1937, 『中日甲午戰爭之外交背景』, 臺北文海出版社, 5쪽.

된다.³ 이러한 주장은 한반도가 중국이 상실한 번속(藩屬)이며 중국이 빈틈을 보였기 때문에 일본이 침략의 마수를 뻗쳤다는 식의, 조선의 주권이나 근대화에 대한 배려는 보이지 않는 역사 인식의 산물이다.

'종주권 강화' 또는 '종번관계의 강화'가 조선에 대해 침탈적인 근대 제국주의 정책이었다는 해외 학계의 비판을 반박하기 위해 그것이 '전통적인 종번관계'의 연장선상에 있었다고 강조하는 점을 제외하면 현대의 중국과 타이완 학계에서 청대 한·중 관계와 청일전쟁을 바라보는 시각도 이들과 크게 다르지는 않다.⁴ 조선에 대한 청의 간섭 정책이 전통적인 양국 관계를 기준으로 본다면 기형적이고 파행적이었다는 점을 인정하더라도 그것은 방어적인 목적의 부득이한 것이었으며, 청의 조선 출병은 종주권에 기초하여 이루어진 국제법적으로 정당한 행위였다고 주장하며 청일전쟁의 책임을 전적으로 일본에 돌리는 경향을 보인다. 이는 청조의 '속방화' 정책을 조선에 대한 외압(外壓)으로 이해하며 청일전쟁의 책임을 청조와 일본 모두에 돌리는 한국 학계의 시각이나 조선에 대한 청조의 종주권 강화가 결국 일본과의 전쟁을 불러왔다는 일본 학계 일각의 주장과는 상반되는 주장이다.⁵

---

3   한편 '藩'과 '藩屬'은 19세기 후반부터 식민지(colony)의 번역어로 쓰이기도 해서 청나라의 이번원(理藩院)을 colonial office로 번역하기도 했다. 이동욱, 2018, 「청말 국제법 번역과 '藩屬' 관련 개념의 확장」, 『중국근현대사연구』 제80집.

4   최근 중국의 근대 한·중 관계사 연구 동향에 대해서는 손성욱, 2017, 「최근 중국학계의 근대 한중관계사 연구, 2007~2016」, 『동양학』 69; 청일전쟁에 대한 중국 학계의 인식과 교과서 서술상의 문제는 박정현, 2003, 「청일전쟁에 대한 중국의 역사인식과 역사교육의 방향」, 『중국근현대사연구』 20 참조.

5   宋炳基, 1985, 『近代韓中關係史硏究: 19世紀의 聯美論과 朝淸交涉』, 檀國大學出版部; 權錫奉, 1986, 『淸末對朝鮮政策史硏究』, 一潮閣; 金正起, 1994, 「1876-1894年 淸의 朝鮮政策硏究」, 서울대학교 박사학위논문; 具仙姬, 1999, 『韓國 近代 對淸政策史 硏究』, 혜안; 岡本隆司, 2004, 『屬國と自主のあいだ-近代淸韓關係と東

또한 청조가 조선 때문에 전쟁을 불사한 이유로 한반도의 지정학적 위치와 조선의 특수성이 지적된다. 지정학적으로 한반도는 육로로 청나라의 발상지인 만주, 해로로는 수도 베이징의 문호인 톈진으로 연결되는 전략적 요충지였기 때문에 반드시 쟁취해야 할 땅이었다는 것이며, 조선은 또한 청나라의 조공국 중 유일하게 중원을 정복하기 이전에 무력으로 굴복시킨 나라이자 가장 모범적인 조공국이어서 '내지와 다를 바가 없다'고 일컬어진 상징적 존재로 청조에서는 종종 조선을 가리켜 '우리 조선[我朝鮮]'이라 부르기도 했다.[6] 이러한 요인들 때문에 청조로서는 조선이 청과 조공 관계를 끊거나 타국의 영향권하에 드는 것을 좌시할 수 없었다는 것이다.

그러나 1866년의 병인양요 당시 프랑스 공사가 조선 정복을 운운했음에도 청이 조선을 돕는 데 소극적이었던 것을 상기한다면 청이 그로부터 28년 뒤 일본과의 개전을 결정한 원인을 지정학적 이유나 조선의 특수성으로만 설명하는 것은 불충분해 보인다. 일본의 위협에 대한 청조의 대응에만 국한해 보더라도, 청조는 1860년대 말 정한론을 주장하는 일본 신문 사설을 입수하고 나서도 그것을 조선에 통보해주었을 뿐, 청의 도움을 요청하는 조선에 스스로 알아서 해결하라는 회답을 주었다. 지정학적 요인이나 조선의 상징적 중요성이 외세의 조선 정복 위협에 대해 반드시 청조의 개입을 불러오지는 않았던 것이다. 또한 장팅푸 등의 주장과는 달리, 청은 조선을 '방임'하던 시기에는 조선으로 인해 자국이 전쟁에 휘말리는 상황을 회피할 수 있었지만-조선이 전란을 피하

アジアの命運』, 名古屋大學出版會 등.
6 Yuanchong Wang, 2018, *Remaking the chinese Empire Manchu-Korean Relations, 1616-1911*, Ithaca: Cornell University Press.

지는 못했어도-'속국' 조선과의 관계를 서양식의 근대적 종속관계로 변화시켜간 뒤로는 오히려 일본과 전쟁을 치러야 했다.

문제의식의 시야를 좀 더 확장하면, 청일전쟁은 아편전쟁 이래 서양 세력의 동아시아 진출과 국제질서에 대한 담론 권력 장악이라는 배경에서 근대 동아시아 질서의 재편이 진행되는 과정 속에서 파악할 필요가 있다. 적극적인 서구화 개혁을 추구한 메이지 일본과 그렇지 못한 청조의 대결이라는 인식이 존재하지만, 청조 역시 의도했든 의도하지 않았든 당시 만국공법 또는 공법이라 불렸던 서양식 국제질서의 원칙들을 강하게 의식하며 대외관계를 재편하지 않을 수 없었다. 그 과정에서 동아시아에서 동서양 국제질서가 공존하는 과도적 시기였던 19세기 후반, 주변국에 대한 청의 정책들은 서양 세력의 담론 권력에 영향을 받거나 이에 대응하는 과정 속에서 진행되었으며, 청조의 조선 정책과 청일전쟁 역시 이러한 전체적 맥락 속에서 파악할 필요가 있다.

따라서 청일전쟁으로 인한 동아시아의 세력전이는 국제관계의 영역의 문제이면서 동아시아 역내의 사상사적 문제이기도 했다. 이 글에서는 아편전쟁 이후 청조 내부의 번속 체제에 대한 인식이 서구 국제질서와 접촉하며 어떠한 변화를 겪었으며 그것이 어떠한 형태의 주장으로 표출되었는지, 그리고 그것이 결국 청조의 조선 정책 결정에 어떠한 영향을 미쳤는지 등을 살펴보고 19세기 후반 중국인들의 세계관 변화라는 측면에서 청의 조선 정책을 파악하고자 한다. 특히 중국인들이 국제법을 수용하여 주변국의 문제에 적용하는 과정에서 나타나는 국제질서에 대한 인식의 변화, 자국의 전통적인 제도나 세계관과 서양의 그것을 혼융(混融)하여 이해하고 번속에 적용하는 과정 속에서 1866년에는 조선의 피침을 외면하던 청조가 1894년에는 그렇지 않았던 이유를 찾아보고자 한다.

II. 아편전쟁 이후 청조의 '속국' 주장

앞에서 언급했듯, 장팅푸와 왕신중의 연구 이래 대부분의 연구는 청조가 조선에 대해 1880년대 이전에는 전통 관념의 영향을 받아 불간섭, 불개입 정책을 취했으며 1870년대 말에서야 조선에 대한 일본과 러시아의 위협을 깨닫고 기왕의 방임 정책을 변경하여 이른바 '종주권 강화' 정책을 시작했다고 이해해왔다. 이에 대해 오카모토 다카시[岡本隆司]는 19세기 중반 조선의 국제법적 지위를 설명하는 '조선은 청의 속국이지만 내치와 외교는 자주'라는 주장이 청과 조선의 관계를 국제법 개념을 이용해 서양인들에게 설명해야 하는 상황에서 임시방편적인 해명으로 등장했으며, 청과 조선 양국은 이 설명을 각자 편의적으로 해석해서 자국의 필요에 따라 '속국'의 측면과 '자주'의 측면을 탄력적으로 강조하는 경향을 보였다고 지적한 바 있다.[7]

그러나 기존 연구나 오카모토 다카시 등의 연구 모두 병인양요와 신미양요를 전후한 '속국자주론'의 등장을 기점으로 청-조선 관계의 근대적 변용 과정을 추적했기 때문에, 아편전쟁 직후 조선에 이양선이 출몰하면서 나타나게 된 조선-청-서양 사이의 초기 삼각관계에 대한 이해를 결여했다. 전술한 것과 같이 아편전쟁 이후의 거시적 관점에서 볼 때 중

---

7 岡本隆司, 2004, 『屬國と自主のあいだ-近代淸韓關係と東アジアの命運』, 名古屋大學出版會. 한편, 속국자주론은 국내의 연구자들도 비판적으로 재해석하고 있다. 이러한 연구들로는 김현철, 「근대한국의 '자주'와 '독립' 개념의 전개: '속방자주'에서 '자주독립'으로」, 하영선, 손열 엮음, 2012, 『근대한국의 사회과학 개념 형성사』 2, 창비; 유바다, 2016, 「19세기 후반 조선의 국제법적 지위에 관한 연구」, 고려대학교 박사학위논문; 김형종, 2017, 「19세기 근대 한중관계의 변용-자주와 독립의 사이」, 『동양사학연구』 140 등이 있다.

국의 근대 국제관계는 서양 세력의 동아시아 진출과 국제질서 담론 권력 장악이라는 배경 속에서 진행되고 있었다. 청조의 조선 정책 역시 아편전쟁에서 청일전쟁에 이르는 시기 청조가 번속을 둘러싼 서양 세력의 담론 권력에 영향을 받거나 대응하는 과정 속에서 파악할 필요가 있다는 점을 고려하면, 연구의 기점은 병인양요가 아니라 아편전쟁을 전후한 시점으로 잡는 것이 적절하다. 따라서 이 절에서는 1840~1860년대까지 나타난 청조의 조선 정책의 특징적 면모를 추적하고자 한다. 특히 그동안 크게 주목받지 못한 제2차 아편전쟁 전후 청조의 정책 변화, 특히 서양 열강과의 조약이 속국에 적용되는지의 여부에 대한 청조의 설명 변화에 초점을 맞추어 청조의 종주권 관념이 상황에 따라 가변적이고 유동적으로 적용되는 과정을 추적하고자 한다.[8]

아편전쟁 직후부터 조선과 서양 세력의 본격적인 갈등이 시작되는 병인양요(1866) 이전까지 청이 서양 측에 종주권의 내용을 천명한 사료는 그리 많지 않다. 청 측의 기록에 남아 있는 참고할 만한 사례는 1845년과 1847년에 조선과 류큐[琉球]의 요청으로 청조가 영국 및 프랑스 대표와 교섭한 세 건에 불과하며, 그 이후에는 1865년까지 별다른 기록이 없다. 그러나 이 세 건의 사례는 당시 속국과 외국 사이의 갈등에 대한 청조의 태도를 잘 보여주며, 동시에 어째서 그 후 20여 년 동안 유사한 사례가 나타나지 않았는지를 유추할 수 있게 해준다.

---

8 이 시기 청의 조선 정책과 관련한 선행 연구는 신승하, 1973, 「청계중국조야의 조선문제 인식: 문호개방을 중심으로」, 『사학지』 7; 권혁수, 2007, 「1866년의 병인양요에 대한 중국 청 정부의 대응」, 『근대한중관계사의 재조명』, 혜안; 姜博, 2016, 「洋擾中的天朝: 西方侵擾朝鮮與淸政府的應對」, 山東大學碩士學位論文; 손성욱, 2018, 「외교의 균열과 모색: 1860~70년대 淸·朝 관계」, 『역사학보』 240 등 참조.

1845년 영국 군함 사마랑호(H.M.S. Samarang)가 조선 해역에 출몰하여 연안을 측량하고 지방관에게 통상을 요구한 사건이 벌어졌다. 조선 정부는 이 사건을 베이징의 예부에 알리면서 '번신무외교(藩臣無外交)'[9]의 '예도(禮度)'와 조선이 청나라와 매우 가까워 내복(內服)과 다르지 않음을 강조하면서 '바다 오랑캐들의 배를 관리하는 부서에 특별히 칙유를 내려' 조선도 '일전에 시행했던 금단(禁斷)의 도(道)[先事禁斷之道]의 비호를 입을 수 있도록' 해달라고 요청했다.[10] 도광제는 조선의 요청을 받아들여 흠차대신(欽差大臣) 기영(耆英)에게 사건의 진상을 파악하고 영국인들이 조선에 가지 않도록 설득하라고 지시했다.[11]

조선 측이 요청한 '금단의 도'란 무엇이었을까? 그에 대한 답은 도광제의 다음 상유(上諭)에 잘 나타나 있다.

> 조선이 천조(天朝)에 신속(臣屬)하여 번복(藩服)의 법도를 각별히 지켜온 것은 다른 나라와 비교할 수 없다. 영국 오랑캐[英夷]는 조약을 맺은 이래 일체의 장정(章程)을 마땅히 모두 준수해야 한다. 그런데 어찌하여 다시 천조의 속국에 가서 사달을 일으키는가? (중략) 기영(耆英)으로 하여금 영국 사절에게 이 일을 상세히 심문하게 하고, 조선이 보았다는 배가 영국 오랑캐가 보낸 배가 맞는지, 그 우두머리는 무슨 생각을 하고 있는지 등을 상세히 물어보되, 반드시 옳은 말로 꺾고 은근히 타일러서 마음으로부터 승복시키는 데 힘써, 이후에는 마땅히 조약을 준수해서 서로 평안하게 지내며 다시는 병선이 조선의

---

9 「請禁斷英夷船來往咨」, 『同文彙考』 四, 「原編續」 漂民六 上國人.
10 위의 책.
11 文慶 等編, 2008, 『道光朝籌辦夷務始末』 卷七十四, 中華書局, 2936-2937쪽.

경내에 침입하여 소란을 일으키지 않도록 함으로써 천조가 번봉(藩封)을 평안하게 하는 뜻을 밝히도록 하라.[12]

도광제는 영국이 조약을 위반하고 조선에 가서 사달을 일으켰다고 비난하면서 기영에게 영국 측에 조약을 준수해서 조선에 가지 않도록 요구하라는 명령을 내리고 있다. 즉, '금단의 도'의 비호를 입게 해달라는 조선 측의 요청은-그 국제법적 의미를 이해하지는 못했겠지만-청과 영국 사이에 체결한 조약의 적용 범위를 조선에까지 확대해달라는 것이었다.

이에 대한 도광제의 반응은 청조가 자신을 접점으로 하는 조약 체제와 조공체제 사이의 모순을 어떻게 인식하고 처리하려 했는지 잘 보여준다. 그는 영국인들이 이미 체결한 조약을 반드시 지켜야 함을 강조하고 있다. 청조에 조약을 강요한 것은 서양인들이었지만, 조약이 이미 체결된 이상 서양인들 역시 조약을 준수해야 하는 것이었다. 서양의 국제법을 체계적으로 번역하여 중국에 최초로 소개한 서적 『만국공법(萬國公法)』이 1864년에야 간행된 것을 고려하면 도광 연간의 중국인들이 서방의 국제법 체계나 훗날 '불평등 조약 체제'라 불리는 새로운 국제질서를 그리 높은 수준으로 이해하지는 못했을 것이다. 그러나 난징조약[南京條約]을 '만년화약(萬年和約)'이라 부르고, 후술하는 후먼조약[虎門條約]의 말미에도 "무릇 이 조약은 실로 처음 체결한 '만년화약'과 다르지 않으므로 두 나라 모두 반드시 철저히 집행해야 하며, 절대 이를 위배하여

---

12 文慶 等編, 2008, 『道光朝籌辦夷務始末』 卷七十四, 中華書局, 2936-2937쪽.

이미 맺은 약속을 어기는 일이 있어서는 안 된다"[13]라는 문구를 추가한 것을 통해 알 수 있듯, '화약(和約)'은 원칙적으로 반드시 준수해야 하며 상대방에게 위반하지 말 것을 요구할 수 있는 근거로 인지되었다. 따라서 도광제는 조약을 서양인들의 행동을 구속할 수 있는 장치로 인식하고, 영국인들에게 조약을 엄수하도록 요구함으로써 '번봉(藩封)'인 조선을 평안하게 하는 목적을 달성하려 했다. 그렇다면 도광제는 청조와 영국이 맺은 조약의 어떠한 내용을 근거로 기영에게 이러한 명령을 내렸을까? 1842년의 난징조약을 시작으로 영국, 미국, 프랑스 등과 연달아 체결한 일련의 조약들에서 청조의 속국에 대한 언급은 없다. 다만 1843년 청조와 영국이 체결한 '오구통상부점선후조관(五口通商附粘善後條款)', 통칭 '후먼조약'에 다음 조항이 포함되어 있다.

> 광저우[廣州], 푸저우[福州], 샤먼[廈門], 닝보[寧波], 상하이[上海] 다섯 항구를 개방한 이후에 영국 상인들은 다섯 항구에서만 무역할 수 있으며, 다른 지역의 항구에 가는 것을 불허한다. 또한 중국인이 다른 항구에서 그들과 내통하여 몰래 무역하는 것을 불허한다. 장차 영국 공사가 영국 상인들에게 다른 지역의 항구로 가지 못하게 하는 명령을 발표해야 하며, 영국 상인이 조약을 어기고 금령(禁令)에 불복하여 공사의 고시를 못 들은 척하고 임의로 다른 항구에 가서 매매를 한다면, 중국 관원이 선박과 화물을 모두 몰수하도록 하며 영국 관원은 이를 두고 쟁론할 수 없다.[14]

---

13 「五口通商附粘善後條款」, 王鐵崖 編, 1957, 『中外舊約章彙編』第一冊, 三聯書店, 33쪽.
14 「五口通商附粘善後條款」, 王鐵崖 編, 1957, 앞의 책, 33-34쪽.

난징조약과 그 이후 체결한 일련의 조약들에 대한 역사적 평가는 대체로 서양의 무력에 굴복한 다섯 항구의 개방과 불평등 조약 체제의 형성을 중심으로 이루어져왔다. 그러나 청 측이 이들 조약에서 일방적으로 양보하기만 한 것은 아니었다. 어쩔 수 없이 다섯 항구의 개방을 승인하면서도 서양인이 다섯 항구 이외의 지역에 가서 통상하는 행위를 금지하고 이를 위반하는 외국인의 행동을 제재할 수 있는 실질적인 방법까지 규정해 둔 앞의 조항이 그러한 사례였다. 이러한 요소들이 포함되어 있었기 때문에, 조선 측은 난징조약 체제를 청조가 외국인들의 출입과 통상을 '윤허'한 5개 항구를 제외한 다른 항구들과 연해 지역을 외국인들의 접촉을 제한하는 '금단의 땅'으로 선포한 것으로 이해했고, 청 측은 조선의 요청에 부응해 그 '금단'의 범위를 '천조의 속국'에도 적용되는 것으로 해석한 것이다.

이에 대해 영국 측은 최소한 표면상으로는 청조의 권고를 수용하는 태도를 보였다. 기영은 홍콩의 영국 대표와 교섭한 결과를 다음과 같이 보고했다.

> 제가 다시 그들에게 조선은 천조의 속국이며, 그들은 조약을 정한 이후에 (조약의) 모든 것을 마땅히 준수해야 하는데 어찌하여 다시 병선을 파견하여 조선에 가서 산과 바다를 측량하고 교역하자는 말을 했는지 물어보았습니다. 그들이 대답하기를 (중략) 측량을 마치면 본국으로 돌아가 다시 조선으로 가지 않을 것이라 합니다. (중략) 저는 그들이 여전히 교활한 마음을 품고 있을까 우려하여 다시금 조약의 내용을 분명히 밝히고 재삼 옳은 말로 완곡히 깨우쳐 주었습니다. 그 우두머리[酋]는 자신의 말은 모두 사실이며 다른 뜻이 있지 않다고 힘껏

주장했습니다. 그 정황과 언사를 살펴보니 믿어도 될 것 같았습니다.[15]

기영의 보고에 대해 도광제는 만족감을 표하면서도 '다시 서면으로 약조를 정하여' 영국인들이 군함을 단속하여 '천조 속국'의 땅에 가서 소란을 일으키지 말게 할 것을 지시했다.[16]

사실상 청조의 '권고'는 속국을 조약상 '다른 곳의 항구[他處港口]'[17]의 범위 안에 포함시킨 것으로서 서양인들의 입장에서는 청조가 조선에 대한 종주권을 천명한 것으로 이해할 수 있었다. 물론 청조의 입장에서 처음 전쟁에 패하고 조약을 체결할 때 속국의 영역에 대해 조약이 적용되는지를 고민할 겨를은 없었을 것이다. 따라서 도광제의 지시는 조선 측의 요청에 대한 임기응변적 대응이었다고 볼 수도 있다. 그러나 이는 사실상 청조 스스로 서양인들에게 자국의 종주권이 국제법적으로 어디까지 적용되는지를 설명하고 조약이 적용되는 관할권의 범위를 속국의 영역까지 설정한 최초의 사례였다.

청조가 조약의 내용을 적용하여 조선 연안에서 통상을 요구하는 행위가 조약 위반이라고 영국 측에 주장한 것은 조선에 대한 청조의 종주

---

15 文慶 等編, 2008, 『道光朝籌辦夷務始末』 卷七十四, 中華書局, 2943-2944쪽. 한편 메리 라이트는 기영이 영국 측에 다음과 같이 말한 것으로 기술하고 있다: "조공국은 청의 일부가 아니므로 청이 조선에게 타국과의 통상을 강요할 수 없다. 그러나 조공국은 독립국이 아니므로 스스로 통상을 시도할 수도 없다. 여하튼 조선은 너무나 가난하여 조선과의 무역은 아무런 이익이 없을 것이다."(Mary C. Wright, 1958, "The Adaptability of Ch'ing Diplomacy: The Case of Korea", *Journal of Asian Studies* 17-3, p. 369; 김한규, 1999, 『한중관계사II』, 아르케, 822-823쪽에서 재인용). 그러나 필자의 확인 결과, 원저자가 이 인용문의 출처로 제시한 자료들 중에서는 해당 내용을 찾을 수 없었다.

16 文慶 等編, 2008, 『道光朝籌辦夷務始末』 卷七十四, 中華書局, 2945쪽.

17 「五口通商附粘善後條款」, 王鐵崖 編, 1957, 앞의 책, 33-34쪽.

권이 형식적인 것이 아닌 '실질적'인 주권의 성격을 가지고 있음을 의미하는 것이었다. 이는 사실상 조선에 대한 청조의 '상국(上國)' 지위가 단순히 명분에 그치는 것이 아닌 실질적인 법적 권한을 가지고 있었음을 의미했다. 또한 영국 측이 청조의 주장을 승인한다면 그것은 곧 조선을 청조와 별개의 독립된 정체(政體)가 아닌 청조에 종속된 존재로 인식한다는 것을 뜻했다. 그리고 조선이 청국의 속국이며, 조약의 적용을 받는다는 기영의 주장에 이의를 제기하지 않은 영국 측의 반응은 그들이 일단 청조의 주장을 수용했음을 의미했다.

그 후에도 청조는 속국과 열강 사이의 갈등에 자국과 열강의 조약을 확대 적용하려는 시도를 반복했다. 1847년 영국과 프랑스가 류큐에 군함을 파견하여 조약 체결과 통상을 요구한 사건이 일어났다. 류큐 국왕이 이를 거절했음에도 서양인들은 류큐의 경내에 집사(執事)를 체류시키고 병원을 세우고 환자를 치료했다. 그러자 류큐 국왕은 자국이 가난한 데다 '천조(天朝)의 속국(屬國)이기 때문에 타국과 결호(結好)할 수 없다'는 이유로 서양인들의 요구를 거절했음에도 이들이 류큐 경내에 사람을 남겨두어 각종 소란을 일으킨다는 이유로 청조 측에 서양인들의 철수를 명령해줄 것을 간청했다.[18] 도광제는 이에 대해 "류큐가 천조에 신복(臣服)함이 가장 공순(恭順)하다고 일컬어진다. 그들이 여러 번 간청하는데 놀라고 소란스러움을 그치게 해주지 않는다면 외번(外藩)을 어루만지는 뜻을 크게 잃는 것이다"[19]라며 기영에게 영국 및 프랑스의 대표에게 조약을 지킬 것을 '반복해서 깨우쳐주어' 그들이 류큐에 남겨둔 인원을 모두

---

18 文慶 等編, 2008, 『道光朝籌辦夷務始末』 卷七十七, 道光二十七年二月庚申, 中華書局, 3074쪽.
19 文慶 等編, 2008, 위의 책, 3074쪽.

철수시키도록 하라고 지시했다.[20] 영국과 체결한 후먼조약 외에도 프랑스와 체결한 황푸조약[黃埔條約](1844) 제2조에서 "프랑스의 모든 배는 다섯 항구에서 마음대로 정박하거나 무역하며 왕래할 수 있다. 다만 중국의 다른 항구에 들어가서 무역하는 것과 연해의 각 해안에서 밀무역하는 것을 금지한다"[21]고 규정하고 있었기 때문에 기영은 지시에 따라 각국 대표와 교섭을 진행하였다. 프랑스 측은 1년 안에 류큐에 남겨둔 인원을 철수시키겠다고 약속하고 그것을 실행에 옮겼으나,[22] 영국 측은 기영의 기대와 다르게 이런저런 핑계를 대면서 인원을 철수시키지 않았기 때문에 류큐 측은 다시 청조에 영국인의 철수를 호소해야 했다.[23]

두 사례에서 조선과 류큐의 호소 내용과 청조의 대응은 거의 일치한다. 적어도 이 무렵까지 조선과 류큐는 서양 세력으로부터 자신들을 비호해달라고 청조에 호소했으며, 청조는 자국이 서양 국가와 체결한 조약의 내용이 자국이 관할하는 '속국'에까지 적용된다고 주장함으로써 서양 세력의 '속국' 진출을 저지하고 '속국'에 대한 '천조'로서의 위엄을 유지하려 했다.

그러나 청조에는 '반복해서 개도(開導)'[24]하는 것 외에 열강을 저지할 수 있는 별다른 방법이 없었다. 게다가 청조와 열강 사이의 조약들도 결국 서양인들을 설득할 수 있는 충분한 근거가 되어주지는 못했다. 예를

20　文慶 等編, 2008, 앞의 책, 3074쪽.
21　「五口貿易章程: 海關稅則」, 王鐵崖 編, 위의 책, 1957, 58쪽.
22　文慶 等編, 2008, 위의 책, 3075쪽.
23　文慶 等編, 2008, 『道光朝籌辦夷務始末』 卷七十九, 道光二十八年十二月乙卯, 中華書局, 3156-3157쪽.
24　文慶 等編, 2008, 『道光朝籌辦夷務始末』 卷七十七, 道光二十七年二月庚申, 中華書局, 3074쪽.

들어 황푸조약 제30조는 다음과 같이 군함이 다섯 통상항을 제외한 다른 구안(口岸)에 진입하는 것을 허용하는 내용을 담고 있었다.

> 프랑스의 병선(兵船)은 바다를 항해하며 상선을 보호하며, 그 경유하는 중국의 각 항구에서는 모두 우의(友誼)로써 접대하도록 한다. 그 병선은 일용할 각 물품을 구매하는 것과 선체에 손상을 입었을 때 재료를 구매하여 수리하는 것에 방해를 받지 않는다. 만약 프랑스 상선이 망가지거나 다른 이유로 인해 항구에 들어가 피난해야 할 경우, 어떠한 항구에서든 모두 우의로써 접대한다.[25]

이 조항은 청조의 주장에 반격을 가할 수 있는 여지를 프랑스에 제공해주었다. 1846년과 1847년 사이 프랑스의 군함이 두 차례 조선의 해안에 출몰하여 조선 정부가 프랑스인 선교사 3명을 처형한 일에 항의하며 조약 체결과 통상을 요구하자, 조선 측은 프랑스가 영국과 마찬가지로 '상국(上國)의 해안에서 교역, 왕래하며 절제(節制)를 받고 있는 나라'라 여기고 다시 청 조정에 '특별히 양광총독(兩廣總督)에게 명령을 내려 예전처럼 깨우쳐주어 다시 소란을 일으키지 않게 해달라'고 요청했다.[26] 청 조정은 기영에게 교섭을 지시했지만, 프랑스인들은 '통상과 선교 두 일에 대해서는 명확히 답변하지 않으면서', 피살된 선교사 3인의 일을 언급하며 자신들은 조선과 화호(和好)를 논의하려 할 뿐이라고 우기면서 이후에도 매년 조선의 해역에 군함을 보내겠다고 고집을 부렸다.[27] 기

---

25 「五口貿易章程: 海關稅則」, 王鐵崖 編, 1957, 앞의 책, 63쪽.
26 「報佛蘭船來往緣由咨」, 『同文彙考』四, 「原編續」漂民六 上國人.
27 文慶 等編, 2008, 『道光朝籌辦夷務始末』卷七十八, 道光二十七年十一月壬辰, 中

영이 프랑스와의 교섭 결과를 보고하자, 도광제는 프랑스 측이 궤변을 늘어놓는다고 불만을 표하면서도 어쩔 도리가 없어 기영에게 "반복해서 개도(開導)하고 중지할 것을 절실히 권유하라"[28]는 지시를 내렸다.

얼마 후 프랑스 측은 군함이 조선 해역에 가는 이유는 오직 무역을 감시하고 해도를 그리고 전에 부서진 배의 물건을 찾기 위해서라고 말을 바꾸었다. 기영은 도광제에게 이를 보고하며 이제는 프랑스 군함이 조선에 가는 것을 금지하기 어렵게 되었으니 조선 측으로 하여금 '이후 만약 프랑스의 병선이 경내에 도착하면 잠시 예를 갖추어 접대하라'고 권고해달라고 주청했다.[29] 청 측이 황푸조약의 적용 범위를 속국의 영역에까지 확대 해석하여 프랑스인들을 옭아매려 하자, 프랑스인들은 조약상 금지되어 있는 통상과 선교 문제를 회피하고 조약에 저촉되지 않는 무역 감시 등의 목적을 내세운 것이다. 반면, 청이 황푸조약의 적용 범위를 속국의 영역까지 확대 해석한 이상 프랑스 군함도 황푸조약 30조의 규정에 따라 상선 보호를 위해 조선의 연해를 항해하고 항구에 진입할 권리를 가지게 되며, 오히려 조선 측이 프랑스 군함을 우호적으로 대해야 하는 상황이 된 것이었다.

이후에도 류큐의 영국인들이 철수를 거부한 점이나 조선 해역에 이양선이 끊이지 않았다는 점을 고려하면 청조의 종주권 주장을 서양 국가들이 진지하게 수용하지는 않았던 것으로 보인다.[30] 그러나 청조가 서양

華書局, 3112-3114쪽; 道光二十七年十二月壬子, 3121-3122쪽.
28　文慶 等編, 2008,『道光朝籌辦夷務始末』卷七十九, 道光二十八年十二月乙酉, 中華書局, 4쪽.
29　文慶 等編, 2008, 위의 책, 4쪽.
30　다만 그 후 1860년대 초반까지 조선에 출현한 이양선들 중 러시아의 팔라다호를 제외하면 조선 측에 통상과 조약 체결을 요구한 사례가 없었다는 것은 유의할 만하다

열강과 체결한 조약의 규정을 근거로 서양인들이 속국과 갈등을 일으키는 것을 저지하려 했다는 점은 주목할 만한 현상이었다. 서양 열강과 체결한 조약이 5개 통상항을 제외한 다른 지역의 항구와 연해 지역을 '금단의 땅'[31]으로 해석할 여지를 남겨둔 이상, 청조가 '천조의 속국'을 조약의 적용 범위, 즉 청조의 관할권이 미치는 영역으로 주장한 것은 조선이나 류큐의 요구에 부응하여 '속국'을 보호하려는 시도였다. 조약의 적용 범위를 확대 해석해서 상대방을 설득하는 것은 어쩌면 힘으로 서양 열강을 제어할 수 없는 청조가 선택할 수 있는 유일한 방법이었을 것이다. 그러나 청조는 1860년대에 들어서면서 기존의 입장과 배치되는 주장을 천명하게 되었다. 그 결정적 계기는 제2차 아편전쟁의 결과 체결된 톈진조약(1858)이었다.

III. '자주'의 강조: 톈진 · 베이징조약과 『만국공법』

앞 절에서 살펴본 것처럼 적어도 제2차 아편전쟁 전까지 청조는 난징조약을 비롯한 여러 조약의 적용 범위가 자신의 속국에까지 미친다는 주장을 서양 국가들에 펼쳤다. 이는 청조의 종주권이 형식적인 것이 아닌 실질적인 주권에 가까운 것처럼 보이게 하지만, 서양 열강이 이 주장에 반박하는 모습은 나타나지 않는다. 그러나 동치 연간에 이르러 총리

(박천홍, 2008, 『악령이 출몰하던 조선의 바다: 서양과 조선의 만남』, 현실문화).
[31] 『朝鮮王朝實錄』, 憲宗 11年 7月 5日 甲子.

아문이 '조선은 청조의 속국이지만 그 정교금령은 자주'이므로 '중국이 강요할 수 없다'[32] 또는 '조선은 청조의 속국이지만 내정과 외교는 자주'[33]라는 주장(이하 '속국자주론'으로 약칭)을 내세우면서 청조의 종주권은 논란의 대상이 되었다.

그 원인은 제2차 아편전쟁과 그 결과 체결된 톈진조약에 있었다. 제2차 아편전쟁 이전에 청조는 서양인이 조약에 규정된 통상항 이외의 지역에서 무역과 통상 활동하는 것을 금지했지만, 제2차 아편전쟁의 결과 상황은 크게 달라졌다. 톈진조약에 의거해 청조가 서양인이 내지에서 여행, 통상, 선교 활동을 할 수 있는 권리를 인정했기 때문이다.

> 제8조: 무릇 프랑스인이 내륙 또는 선박의 입항이 허가되지 않은 부두를 여행하고자 하면 모두 허가해준다. 그러나 반드시 미리 본국의 흠차대신(欽差大臣)(공사) 또는 영사 등에게 중국어와 프랑스어를 병기하고 직인을 찍은 집조(執照)를 받아야 하며, 그 집조 위에는 또한 중국 지방관의 검인을 포함하여 증빙으로 삼아야 한다.
> 제13조: 천주교(天主敎)는 (중략) 무릇 제8조에 따라 직인을 찍은 집조를 준비하여 평화롭게 내지에 들어가 전교하는 사람에 대해서는 지방관은 반드시 후대하고 보호해주어야 한다. 무릇 중국인이 천주교 신앙을 받아들이고자 하지만 법규를 충실하게 지키는 경우, 어떠한 조사와 금지도 하지 않고 모두 처벌을 면제해준다.[34]

---

32 「總署奏摺」, 同治五年六月初七日, 『淸季中日韓關係史料』, 30쪽.
33 「總署收禮部文」, 同治十年二月初二日, 『淸季中日韓關係史料』, 165쪽.
34 「天津條約」, 王鐵崖 編, 1957, 앞의 책, 105-107쪽.

난징조약에서 외국인에게 다섯 항구만을 개방한 것에 비해 텐진조약은 내지와 통상항이 아닌 항구들에 대해서도 여행권 및 선교권을 허용해주었다. 전자에 의하면 다섯 항구를 제외한 다른 지역은 모두 금령(禁令)이 시행되었지만, 후자의 시대에 이르면 관의 허가증만 있으면 서양인은 어디든 여행할 수 있게 된 것이었다. 또한 난징조약이 다섯 항구를 제외한 개방하지 않는 다른 지역의 범위를 명확히 규정하지 않았기 때문에 청조는 '속국'이 조약이라는 '금령'이 시행되는 영역에 포함된다고 주장할 수 있었다. 그러나 텐진조약에 의해 서양인들이 청조의 모든 지역을 여행할 수 있게 된 상황에서 청조는 더 이상 조약의 적용 범위에 대한 예전의 해석을 고수할 수 없게 되었다. 서양인들이 육로로 조선을 여행하겠다며 여행 허가증, 즉 집조를 신청하기 시작한 것이었다.[35] 서양 세력과의 접촉을 단호히 거부해온 조선 측의 태도가 바뀌지 않은 이상 서양인과의 통상 및 외교 업무를 담당하게 된 총리아문은 서양인들의 요구를 저지하기 위해 새로운 설명 방법을 택해야 했다. 즉, 조선은 텐진조약이 적용되는 범위에 포함되지 않는다는 것이었다.[36] 총리아문은 서양 열강뿐 아니라 조선 측에도 "프랑스와 맺은 조약의 모든 조항 및 타국과 맺은 조약의 각 조항은 중토(中土)만을 말하고 외번은 언급하지 않았으므로 조선과는 털끝만큼의 관계도 없다"[37]라고 선언했다. 조약의 적용 범위를 청조의 직접 통치 영역으로 제한하면서 속국을 조약의 범

---

35 「總署奏摺」, 同治五年六月初七日, 『淸季中日韓關係史料』, 30쪽; 「法國照會」, 同治五年六月初三日, 『淸季中日韓關係史料』, 27쪽.

36 「法國照會」, 同治五年六月初三日, 『淸季中日韓關係史料』, 27쪽.

37 文慶 等編, 2008, 『同治朝籌辦夷務始末』 卷四十七, 同治六年正月戊寅, 中華書局, 1995쪽.

위 밖에 둔 것이다.

문제는 그 근거로 제시된 '속국자주론'이 조선이 톈진조약에 따라서 개방되지 않았다는 것을 분명히 할 수는 있었지만, 국제법의 기준에서 보았을 때 조선에 대한 청조의 종주권이 유명무실하다고 주장할 수 있는 근거로 작용할 수 있었다는 점이다. 서양인들이 총리아문의 입장을 '조선은 중국에 납공(納貢)하지만 모든 국사는 자주적으로 처리한다'[38] 고 이해하고, 국제법의 기준에 맞추어 조선을 중국의 실질적인 관할을 받지 않는 국제법상의 '자주국(自主國)', 즉 주권국가(sovereign state)= 독립국가(independent state)라 주장할 여지를 남긴 것이다. 1864년 번역, 출판된 『만국공법』의 영문 원저자인 휘턴(Henry Wheaton)은 속국 또는 조공국, 다시 말해 특정 국가와 '봉건적' 관계를 맺고 있는 나라들은 그 나라의 주권이 이러한 관계의 영향을 받지 않는 이상 독립국(independent state)으로 간주한다고 설명하고 있다.[39] 이러한 관점에 따르면 총리아문의 설명은 사실상 조선이 '정삭(正朔)을 받들고 때마다 조공(朝貢)을 바치는'[40] 명의상의 속국(nominal vassal) 또는 납공국(tributary state)에 해당하지만 이러한 관계가 조선 국왕의 주권에 어떠한 손상도 끼치지 않는다고 선언한 셈이었다.

그러나 현존하는 사료 속에서 '자주'라는 표현은 청 정부가 아닌 중국 주재 프랑스 대리공사 벨로네(Henri de Bellonet)가 처음 정식으로

---

38 「法國照會」, 同治五年六月初三日, 『淸季中日韓關係史料』, 27쪽.

39 Henry Wheaton, 1855, *Elements of International Law*, sixth edition by William B. Lawrence, Boston: Little, Brown and company, p.274.

40 「總署奏摺」, 同治五年六月初七日, 『淸季中日韓關係史料』, 30쪽.

제기했다. 1865년 프랑스 공사 베르테미(Jule Berthemy)는 조선에 갈 수 있도록 노조(路照)를 발급해주고 조선에도 이를 통지해줄 것을 총리아문에 수차례 선교사가 요구했으나 총리아문은 이를 거부하고 프랑스 선교사가 조선에 가지 말도록 할 것을 권고했다.[41] 총리아문 측의 상주문에 기록된 바에 따르면, 그들은 "조선은 단지 정삭을 받들고 해마다 조공해왔을 뿐이다. 이 나라가 천주교를 받아들이기를 원하는지에 대해서 중국이 강요할 수 없기 때문에 조선에 공문을 보내기 어렵다"라고 설명했다.[42] 이러한 설명은 조·청 양국의 관계를 국제법적 용어로 설명했다고 보기는 어렵다. 그러나 이듬해 7월, 프랑스 대리공사 벨로네는 조선의 병인박해에 관한 소식을 접하고 나서 조선 원정을 선언하면서 다음과 같이 주장했다.

> 중국 정부는 나에게 중국은 조선에 대해 어떠한 권위와 힘도 가지지 않는다고 수차례 선언했으며, 이를 핑계로 톈진조약을 이 나라에 실시하는 것, 그리고 이 조약에 근거해 우리 나라의 선교사들에게 여권을 발급해달라는 우리의 요청을 거부했습니다. 우리는 이미 이러한 선언들을 기록해두었으며, 이제 우리는 더 이상 중국 정부가 조선 왕국에 대해 가지는 어떠한 권위도 인정하지 않는다고 선포합니다.[43]

그러나 프랑스어로 작성된 벨로네의 과격한 공문은 중국어로 번역되

---

41 앞의 책, 30쪽.
42 위의 책, 30쪽.
43 「H. de Bellonet(1866. 7. 13) → 恭親王」, 근대한국편찬위원회 편, 2009, 『근대한국외교문서』 제1권, 동북아역사재단, 193쪽.

면서 다음과 같이 순화되었다.

> 본 대신은 예전에 수차례 귀 아문(총리아문)에 선교사들이 조선으로 갈 수 있도록 허가증을 발급해줄 것을 요청했습니다. (총리아문에서는) 항상 책임을 회피하며 말하기를, 조선은 중국에 공물을 바치지만 일체의 국사는 자주(自主)해왔으며, 따라서 톈진조약에도 (조선을) 기재하지 않았다고 했습니다. 이제 본국은 조선과 전쟁을 벌이려 하지만, 중국은 또한 간여할 수 없습니다. 왜냐하면 (중국은) 그 나라와 원래 서로 간섭하지 않았기 때문입니다.[44]

위의 두 편지에서 확인할 수 있듯, 총리아문 측은 프랑스인들에게 조선 여행 허가증을 발급해주지 않기 위해 조선에 톈진조약을 적용할 수 없다고 주장하고 있었지만, 그것을 명료한 국제법적 용어로 정리한 것은 벨로네 측이었다. 벨로네는 청 측이 조선에 대한 책임을 회피하고자 자국의 조선에 대한 종주권이 유명무실하다고 선언한 것이라 주장했다. 더욱 흥미로운 것은 벨로네의 편지가 누군지 확인할 수 없는 번역자의 손에 의해 앞서 언급한 『만국공법』의 설명에 부합하는 '공물을 바치지만 일체의 국사는 자주'라는 더욱 정교한 형태로 수정되어 총리아문에 전달되었다는 것이다. 어찌되었든 총리아문은 프랑스 선교사가 조선에 가지 못하도록 '권고'함으로써 '속국'을 보호하는 '천조'의 체면을 지키고자 했지만, 벨로네는 그것을 청나라의 종주권을 부정하는 수단으로 사용한 것이다.

---

44 「法國照會」, 同治五年六月初三日, 『淸季中日韓關係史料』, 27쪽.

그러나 청조는 이렇게 해서 정리된 '속국 자주'의 입장을 오히려 태평천국과 염군의 반란 때문에 외부에 신경 쓸 여력이 없던 상황에서 조선 문제로 인해 다시 한 번 서양 세력과의 전란에 휩쓸리는 것을 피하기 위한 수단으로 활용하게 되었다. 조선이 청에 조공을 하지만 정교금령을 스스로 주관하기 때문에 청나라가 간섭할 수 없다고 천명한 것을 빌미로 벨로네가 청나라는 프랑스와 조선의 전쟁에 개입할 수 없다고 주장하였지만, 총리아문은 벨로네에게 인도적 차원에서 조선과 프랑스의 분쟁을 중재하겠다고 제안하는 수준에 그쳤다. 사실상 청조가 조선과 프랑스의 분쟁에 대해 제삼자임을 인정한 것이었다. 한편 청조는 예부를 통해 비밀리에 조선 측에 프랑스 함대의 침공 소식을 미리 전달해주면서도 양국의 문제에 개입할 수 없음을 누차 강조하는 태도를 보였으며, 벨로네 측이 청 측이 조선을 몰래 돕고 있다고 맹비난을 퍼부을 때도 이를 강력히 부인하며 반발하는 모습을 보였다.[45]

총리아문뿐 아니라 예부상서 만청려(萬靑藜) 역시 당시 베이징에 체류하고 있던 조선의 조공사절단을 만나서 '절대로 구원을 요청하지 말라'고 조언했다. 또한 프랑스 함대가 철수한 이후 조선의 대신이 자신에게 편지를 보내 프랑스 함대의 침략과 제너럴셔먼호 사건의 경위를 설명하며 도움을 요청하자, 황제에게 이를 알리고 청 조정이 공식적으로 조선 국왕에게 간섭할 수는 없으니 자신이 개인적 회신의 형식을 빌려 서양 함대가 조선으로 가면 섣불리 싸우려 하지 말고 그들을 우호적으로 접대하라고 권고하는 편지를 보내자고 주장했다.[46] 뿐만 아니라, 이후에도

---

45 이동욱, 2020, 「1840-1860년대 청조의 '속국' 문제에 대한 대응」, 『중국근현대사연구』 86, 18쪽.
46 이동욱, 2020, 위의 논문, 19-22쪽.

박규수 등과의 서신 왕래에서도 대체로 '서양인들을 타일러서' 조선에 오지 못하게 할 수 있도록 도와달라는 조선 측 인사들의 희망을 외면하였다.47 조선 측은 서양인들이 조선으로 건너와서 분란을 일으키지 않도록 해줄 것을 '상국'인 청조에 요구했지만, 제2차 아편전쟁과 태평천국·염군 반란의 후유증에서 벗어나지 못하고 있던 청조 측은 서양 열강에게는 조선이 형식적인 조공국일 뿐 자주국이라는 일관된 태도를 견지하고, 조선 측에는 '조선 문제는 조선이 알아서 할 일이지만 서양인과 화해하는 쪽이 좋을 것이다'라는 신호를 계속 보내고 있었던 것이다.

IV. '속국'의 재강조와 종주권 관념의 변용

병인·신미양요 당시 총리아문은 서양인들에게 청조는 조선 문제에 개입할 수 없다는 입장을 천명했다. 그럼에도 불구하고 청조는 신미양요와 같은 해 이홍장(李鴻章)이 주도하여 일본과 체결한 '청일수호조규'(1871)에서는 조선에 대한 보호를 의식하여 제1조에 "소속 방토(所屬邦土)는 서로 침범할 수 없다"는 문구를 넣고, 1875년 운요호[雲揚號] 사건의 책임 소재를 따지기 위해 청에 파견된 모리 아리노리[森有禮]와의 교섭에서도 '청일수호조규' 제1조의 소속 방토에서 방(邦)이 조선과 같은 속방(屬邦)을 가리킨다고 주장하며 조선을 독립국이라 주장하는 일본 측에 맞서 조선은 자주의 나라이지만 청조의 속국이며, 일본이 조선

47　李動旭, 2018,「觀念與體制 : 中西語境互動中的清廷對朝鮮政策演變(1843-1893)」, 北京大學博士學位論文, 76-77쪽.

을 침범하는 것을 좌시하지 않겠다는 입장을 밝혔다.

청조가 '속국' 조선에 간섭할 수 없다는 입장을 취하면서도 "소속 방토는 서로 침범할 수 없다"는 조약의 규정을 준수하라고 일본 측에 요구한 것은 상대국을 제어하기 위한 수단으로 조약을 활용하려 한 도광 연간의 조약관의 연장선상에 있었다. 이러한 입장 표명은 조선의 내정과 외교에 간섭은 하지 않지만 보호는 하겠다는 것이었다. 이는 병인양요 당시의 조선에 대한 불간섭과 불개입의 태도에서 어느 정도 변화한 것이었다.

이에 대한 모리 아리노리의 대응은 국제법적 기준에 맞게 조선을 속국이라 주장하려면 운요호 사건에 대해서 청이 책임을 져야 하며, 청이 조선의 문제에 아무런 권한이 없다면 조선은 독립국이라고 주장하는 것이었다. 그리고 일본은 조선과 별도로 진행한 협상에서 조선을 자주국으로서 일본과 대등하다고 승인한 '조일수호조규'를 체결하였다. 당시 일본 측이 자주는 곧 독립을 의미한다고 인식했는지에 대해서는 논란의 여지가 있지만 조선과 일본의 직접 협상과 국교 수립은 조선의 주권이 청과의 봉건적 관계에 영향을 받지 않는 완전한 상태라는 것을 보여준 셈이 되었다.

청조 내부에서 조선에 대한 '불간섭' 또는 '방임 정책'을 버리고 양국 관계를 서양식 종속관계로 변경해야 한다는 주장이 나오기 시작한 계기는 1870년대 말에 일어난 일본의 류큐 병합, 그리고 이리(伊犁) 문제로 청과 분쟁하고 있던 러시아 함대의 남하였다. 류큐민들의 복국 운동과 일본의 류큐 합병을 방치하면 그다음 차례는 조선이 될 것이라는 하여장(何如璋)의 주장에 청 정부는 일본이 청의 속국인 류큐를 합병한 것에 강력하게 항의했다. 하여장과 이홍장은 오스만제국이 열강의 개입을 통해 불가리아에 대한 종주권을 유지하게 된 사례를 참고할 수 있는지에 대해 논의했다.[48] 불가리아는 산스테파노조약에 의해 러시아의 보호를 받는 자주국으로 인정받았으나, 베를린조약으로 다시 오스만제국의 종주권과 제정 러시아의 보호권하에 있는 자주국이 된 바 있다. 청조의 인사들은 이를 양속(兩屬)으로 이해하고 류큐의 복국 문제에 이러한 방법을 적용할 수 있는지를 논의한 것이었다. 한편, 이들은 남진하는 러시아와 국경을 접한 조선을 투르크에 비유하고, 자신들이 열강과 공조하여 투르크를 향한 러시아의 남하를 막아낸 영국과 같은 역할을 해야 한다고 생각하고 있었다.[49] 그 결과 제기된 것이 서양 세력을 끌어들이기 위해 조선을 서양 열강과 통상하게 하자는 책략이었지만, 하여장은 추진 과정에서 조선이 자주적으로 열강과 수교할 경우 조선에 대한 청의 종주권이 부정될 것을 우려했다. 그에 따르면, 서양의 강대국들은 자국의 '속국'의 정사를 주관하며, 그렇지 못한 청조의 조공국들은 속국으로 논할 수 없다고 주장한다는 것이다. 그는 서양에서도 독일연방의 '속국'인 독일 영방(領邦)들이 자주적으로 타국과 조약을 체결할 권리를 향유해왔다는 점을 들어 조선이 자주적으로 타국과 외교 관계를 건립하더라도 청조는 조선이 자국의 '속국'임을 주장할 수 있기는 하지만, 서양에서 '속국'이 타국과 조약을 체결할 때 그 종주국이 주재하는 것을 본떠 청 정부 역시 관리를 파견하여 조선의 외교를 주재하거나, 조선이 청조의 지시를 받아 외국과 조약을 체결한다는 점을 명시해야 한다고 주

48　산스테파노조약에 대한 하여장과 이홍장의 논의에 대해서는 이동욱, 2019, 「청말 종주권 관념의 변화와 조선 정책의 전환」, 『사총』 96, 81-82쪽에서도 다룬 바 있다.
49　薛福成, 1985, 「代李伯相復何侍講書」, 『庸盦文別集』, 上海古籍出版社, 104-106쪽.

장했다.⁵⁰

또한 그는 당시 독일연방의 중앙정부가 각 영방의 대외적 주권을 제한하고 있는 것처럼 원래 자주권을 인정받고 있던 조선의 권리도 '상국'인 청 조정이 제약할 수 있으며, 그것이 시대의 흐름에 따르는 체제의 '변통(變通)'이라 주장했다. 이러한 주장들 속에서 그는 서양의 국제질서를 국제 표준으로 삼으려는 서양 열강의 주장을 거부하기보다는 수용하는 자세를 취하며, 나아가 청조와 그 조공국으로 구성된 제국의 질서를 서양의 연방 질서와 같은 것으로 상정하고 있었다.

하여장 이후에도 청조의 관료와 지식인들 중 조선과의 기존 관계가 변화할 필요가 있다고 주장하며 서양의 종속 질서에서 그 대안을 찾는 경우는 흔하게 나타난다. 예를 들어 여서창(黎庶昌)은 일본이 임오군란을 수습하는 과정에서 조선이 청국의 속국임을 인정하지 않는 것을 보고 청조가 영국인이 인도를 통치하는 것처럼 조선 국왕을 폐위하고 조선을 합병하든지, 독일 제국이 소속 영방의 주권을 삭감하듯 조선의 자주국 지위를 빼앗고 조선을 제어하거나, 그렇지 않으면 영세중립국인 스위스와 벨기에처럼 다른 나라들과 연합하여 공동 보호해야 한다고 주장했다.⁵¹ 이는 조선에 대한 인식의 변화만이 아닌, 서양식 국제질서의 잣대를 강요받는 상황에 대한 위기의식이 표출된 사례였다. 주유럽 외교관으로 파견되었던 증기택(曾紀澤)은 서양의 강대국들이 먼저 중국이

---

50 何如璋, 2010, 『主持朝鮮外交議』, 『何如璋集』, 天津人民出版社, 92-94쪽.
51 「附黎使複直督張」, 光緖八年八月初七日到, 『李鴻章全集』 第21冊, 29쪽; 「總署收出使大臣黎庶昌函」, 光緖九年九月初四日(1883. 10. 4.), 『淸季中日韓關係史料』, 1200쪽. 이와 관련한 추가적인 사례는 이동욱, 2019, 「청말 종주권 관념의 변화와 조선 정책의 전환」, 『사총』 96. 96-100쪽 참조.

내정과 외교를 간섭하지 않는 속국은 '진짜 속국'이 아니라고 주장하며, 티베트와 몽골 등 속지(屬地)를 '속국'이라고 주장한다고 지적하면서 이들 지역에 대한 관할권을 강화해야 한다는 점을 역설했다.[52] 이러한 인식 속에서 그와 그 후임 설복성(薛福成)은 태국과 미얀마, 파미르 고원에 대한 자국의 권리를 강하게 주장했다.

한편 일부 인사들은 이를 중국 고대의 제도들에 견강부회하기도 하였다. 번속을 폐지하여 행성 또는 군현으로 만들거나 감국대신(監國大臣), 즉 섭정을 파견하여 그 나라의 일체 업무를 관장해야 한다는 주장들이 그것이다. 이 주장들은 표면적으로는 중국의 서주시대나 한나라, 원나라 등의 사례를 인용한 것이었지만 모두 하여장 등의 주장 이후에 본격적으로 등장하였으며, 그 내용 또한 서양 제국이 타국을 합병하여 식민지로 만들거나 주재관을 파견하여 그 나라의 내정과 외교를 통제하는 것과 크게 다를 바가 없었다. 실무 외교진들이 주장한 내용들을 청류(淸流)라 부르는 세력들이 중국적인 표현으로 윤색한 것이었을 뿐이다. 또한 이들 주장은 외교관들의 주장과 본질적으로 내용이 같았기 때문에 시간이 흐르면서 점차 뒤섞여 이해되는 양상을 보이기도 한다. 예를 들어 이홍장은 당시의 여론에 대해 "수년 이래 중국과 외국의 여론 중에 그 나라(조선)의 자치권을 회수하자는 말이 있고, 원나라 때 감국(監國)했던 사례를 본받아 두등공사(頭等公使)를 파견해야 한다는 주장도 있습니다"라고 말했다. 여기서 그는 서양식으로 두등공사를 파견하는 것을 원나라 때의 '감국'과 같은 것으로 간주하고 있다.[53]

---

52 曾紀澤, 2008, 「倫敦再致李傅相」 乙酉七月初九日, 『曾紀澤集』, 嶽麓書社, 198-199쪽.
53 「復出使俄德和奧大臣洪」, 光緒十四年二月二十二日, 『李鴻章全集』 제34책, 340쪽.

이처럼 서양식 종속관계를 모방하자고 주장하거나 중국 역사 속의 제도와 정책들 중 그와 유사해 보이는 사례를 자의적으로 해석하여 번속 문제에 적용해야 한다고 주장하는 현상은 한편으로는 당시 중국이 서양의 국제질서 관념을 수용하면서 중국의 전통적인 상국(上國)과 번속(藩屬), 속국(屬國) 등의 개념에 서구의 종주권 관계, 보호 관계, 식민제국과 식민지, 연방정부와 지방정부 등의 위계적이고 종속적인 관계에 있는 국제질서 또는 국내 질서의 의미가 중첩되었기 때문에 나타난 현상이기도 했다. 특히 국제법을 번역하는 초기에 번역어를 선택하는 과정에서 나타난 혼란이 이를 가중시킨 것으로 보인다.[54] 흔히 서양의 vassal state와 같은 dependent state는 屬國(屬邦)으로, colony는 屬部와 屬土로 번역되었지만, 그것이 혼용되는 경우도 드물지 않게 발견되며, 종주국(suzerain state)을 가리키는 용어로 알려져 있는 上國의 경우 그러한 경향은 더 컸다. 미국과 독일 등 연방국가의 연방정부와 각 주(州)의 관계 역시 上國과 屬邦으로 번역되는 시대였다. 따라서 중국인들이 '상국'으로 이해하던 개념은, 적어도 청일전쟁 전에는 반드시 속국에 대한 종주국을 가리키는 말은 아니었다. 봉건적 종속관계와 근대적 종속관계를 통틀어 상위에 있는 국가를 가리키는 것이 19세기 후반 중국의 '상국' 개념이었던 것이다. 요컨대, 서방이 식민지 또는 종속국을 대하는 방식이 번역을 거쳐 서방이 '번속'을 대하는 조치로 이해되고, 청조의 일부 관료와 지식인들은 자신들의 번속 문제에 대해 사고할 때 종종 청조의 번속과 서방의 '번속', 즉 속국과 보호국, 보호령, 식민지 등을 비교하

---

[54] 이와 관련한 구체적인 논의는 이동욱, 2018, 「청말 국제법 번역과 '藩屬' 관련 개념의 확장」, 『중국근현대사연구』 제80집 ; 2019, 「청말 종주권 관념의 변화와 조선 정책의 전환」, 『사총』 96 참조.

였으며, 이는 다시 중국 고대의 '번속'을 대하는 방식과의 비교를 거쳐 번속의 통제과 관할권을 강화하는 방향으로의 변화가 필요하다는 여론으로 발전한 것이다.

사실, 모든 이들이 이에 동조한 것은 아니었다. 특히 이홍장과 청 조정은 청조의 체제가 서양의 체제와 같지 않고, 그러한 변화가 현실적으로도 실현 불가능하다는 입장을 견지하고 있었다. 단지 상황에 따라 조선을 '기미(羈縻)'하는 수밖에 없다는 것이었다. 그러나 이들의 이른바 '기미' 역시 갈수록 서양식 수단을 사용하는 방향으로 진행되었다. 중국 상인을 통한 조선 시장 장악, 세관 장악, 차관 독점, 독점적인 군사적 '보호'의 주장 등이 그것이었다.

요컨대, 19세기 후반 청-조선 관계는 동서양의 의미가 혼합된 불투명하고 모호한 언어적 콘텍스트 속에서 동요하고 있었다. 그리고 이는 동서양의 제도가 혼합된, 불완전한 모방과 변주로 나타났다. 청조와 조선은 조선이 청조의 속국이면서 자주라는 점에 동의하고 있었으며, 이는 1882년 조미수호조약에서 1893년 체결된 조오수호조약에 이르기까지 조선 국왕이 이를 확인하는 조회(照會)를 보낸 점, 그리고 청조가 공식적으로 조선의 자주 지위를 부인한 적이 없다는 점에서도 확인된다. 서양인들이 '이해할 수 없었던'[55] 청과 조선의 관계는 사실 하여장이 청조의 번속체제(藩屬體制)와 '독일연방' 체제를 똑같이 종주국과 속국으로 구성된, 서로 유사한 체제로 인식한 결과물이었다. 또한 임오군란을 통해 조선에 대한 청의 간섭이 실현되고 한성에 청군이 주둔하면서 사실상의

---

[55] 岡本隆司, 2004, 『屬國と自主のあいだ-近代淸韓關係と東アジアの命運』, 名古屋大學出版會.

군사적 보호를 실시하게 된 시점에 이홍장의 막료인 주복(周馥)과 마건충(馬建忠)은 '조청수륙무역장정'의 제정을 논의하면서 '대청율례(大淸律例)'와 서양의 국제법을 함께 참고하여 동서양의 국제질서를 접합했다. 즉, 동양의 속국을 대하는 제도와 서양의 국제법 서적 중 '속방'의 사례들을 참고하여 양국 관리들 사이의 교섭 등에 있어 양국의 위계가 분명히 드러나는 조항들을 만들었으며, 종주국과 속방 사이에는 조약(Treaty)을 '체결'하는 것이 아닌 국내법의 성격을 가진 장정(章程, Regulation)을 '제정'하여 종주국의 주권자인 청나라 황제가 이를 반포하는 형식을 띠어야 한다고 주장하여 이를 관철하였다. 결과적으로 이 장정에는 조선이 청의 속방이라는 문구가 삽입되었지만 조선의 자주에 대한 내용은 포함되지 않았고, 양국 사이의 계서제적 질서만이 강조되었다.

총영사급 직책인 총리주찰조선통상교섭사의(總理駐紮朝鮮通商交涉事宜)라는 직함을 가지고 조선에 부임한 위안스카이[袁世凱]가 영국이 자국의 속령에 파견하는 주재관을 가리키는 레지던스(Residence)라는 영문 명함을 사용하면서 동시에 이홍장에게 고위직 관료를 감국대신으로 파견하여 조선의 정사를 주재하게 해야 한다고 건의한 것이나, 주미공사 장음환(張蔭桓)이 영국령 인도의 토착 제후들이 미국을 방문했을 때의 의례를 근거로 제시하며 조선이 파견한 주미공사 박정양이 처음 미국무부를 예방할 때 청국 공사가 동행하여 그를 소개해주어야 한다고 주장한 사례 역시 이러한 성격의 것이었다. 이홍장이 이를 받아들여 제정한 삼단(三端)에는 이에 덧붙여 청나라 공사와 조선 공사가 해외에서 연락을 주고받을 때 청나라 공사가 황제를 상징하는 주필(朱筆)을 사용하고, 함께 행사에 참석할 때에는 조선 공사가 중국 공사의 뒤에 서야 한다는 등의 계서제적 의례가 포함되었다.

물론 이는 중국이 주선하여 체결한 조미수호조약을 통해 '완전한 주권(full sovereign)'을 가지는 것으로 공인된 조선과 외교권을 가지지 못한 영국령 인도의 제후국들을 '속국'이라는 동일한 범주에 속한 것으로 간주하면서 나타난 억지스러운 주장이었지만, 이러한 사례들은 청조 인사들의 종주권 관념과 속국 관념이 서양 국제질서와 자주 접촉하면서 점차 변화했음을 보여준다.

이처럼 관념이 변화한 청조는 조선뿐만이 아니라 다른 주변국을 두고 열강과 벌어진 갈등에 보다 적극적으로 대응하기 시작했다. 임오군란에서 청일전쟁까지 이어지는 조선에 대한 간섭 정책이 진행되던 시기에 1850년대 이래 프랑스의 베트남 침략을 좌시하고만 있었던 청조가 속국 보호를 천명하며 결국 청프전쟁(1882~1884)에 이른 것이나, 일본이 병합한 류큐의 복국을 주장하며 진행한 교섭에서 절충적인 협의안을 철회하고 류큐 문제를 미해결 상태로 남겨둔 것, 청조에 조공을 바쳐왔던 태국의 독립국 지위를 인정하지 않고 국교 수립을 거부한 것, 자국의 '조공국'이었던 미얀마를 영국이 멸망시킨 책임을 뒤늦게 추궁하며 영국으로부터 미얀마를 다스리는 최고 관료의 조공을 약속받은 사례 등에서도 1870년대 일본의 타이완 원정이나 운요호 사건에 소극적으로 대처할 때와는 결이 다른 모습을 확인할 수 있다. 보다 적극적이고 강경하게 번속을 보호할 권리를 주장하는 모습을 자주 드러낸 것이었다. 청일전쟁이 일어나기 직전인 1894년까지도 청조는 설복성의 건의를 수용해 영국과 러시아가 각축하고 있던 파미르 고원에 대해서도 적극적으로 자국의 권리를 주장하여 일정한 외교적 성공을 거두기도 했다. 이러한 사례들은 공통적으로 흥망계절(興亡繼絶)이나 수재사이(守在四夷) 등의 전통적인 명분을 내세우는 국내 강경론의 영향을 받아 진행되었으나, 동시에 하여장, 황준헌(黃遵憲)과 같은 일본 주재 외교관이나 프랑스에 유학해서 국제법을 학습하고 돌아온 마건충과 같은 인재, 증기택, 유서분(劉瑞芬), 설복성 등 양무파 출신 유럽 주재 외교관들이 서양 국가들의 관례와 행위를 관찰하고 학습하여 제시한 정책 방향이기도 했다. 글의 서두에서 언급한 장팅푸와 왕신중의 표현을 다시 빌리자면, '전통적 종번 관념'에서 '근대 국제공법적 종번 관념'으로의 전환이 지속적으로 진행되었던 것이다. 그리고 그것은 공교롭게도 서양사에서 비공식적 제국주의 시대와 공식적 제국주의 시대의 경계선이 되는 1880년대에 들어서면서 빠르게 진행되었다. 근대 제국주의 정책이 진행되던 시기에 청조의 종주권 강화 정책도 그것을 학습하고 모방하는 방향으로 흘러갔으며, 청조는 1866년에는 조선의 위기를 사실상 외면함으로써 자국이 전쟁에 말려드는 것을 회피할 수 있었으나 1894년에는 오히려 조선에 대한 자국의 종주권을 국제적으로 인정받기 위해 동학농민운동을 진압하기 위한 군대를 조선에 파병하였고, 결국 일본과의 전쟁에 끌려들어갔다.

V. 맺음말

청일전쟁은 아편전쟁 이래 진행된 서양 세력의 동아시아 진출과 국제질서에 대한 담론 권력 장악이라는 배경 속에서 일어난 사건이었다. 동아시아에서 동서양 국제질서가 공존하는 과도적 시기였던 19세기 후반, 주변국에 대한 청의 정책들은 서양 세력의 담론 권력에 영향을 받거나 이에 대응해가는 과정 속에서 진행되었으며, 청일전쟁과 그 원인이 된 청조의 조선 정책 역시 이러한 맥락 속에서 파악할 필요가 있다. 이 글에서는 아편전쟁 이후 청조 내부의 번속 체제에 대한 인식이 서구 국제질서와의 접촉을 통해 어떻게 변화하고 표출되었으며, 그것이 결국 청조의 청일전쟁 개전 결정에 어떠한 영향을 끼쳤는지를 통시적으로 추적해보려 하였다.

기존의 연구에서 1860년대 중반 이후 총리아문이 주장한 '속국자주론', 즉 조선이 청의 정삭을 받들고 조공을 바치지만 사실상의 자주국이기 때문에 청이 조선 문제에 간여할 수 없다는 주장과 병인·신미양요 체결 과정에서 보여준 청의 불간섭·불개입 입장이 청조의 조선 문제에 대한 간섭 정책이 시작되는 1880년대 이전까지의 양국 관계를 잘 보여주는 것으로 받아들여져왔다. 그러나 본문의 연구 결과, 1840년대에서 1880년대에 이르는 시기에 청의 종주권에 대한 주장은 보다 탄력적이고 가변적이었다는 것을 확인할 수 있었다. 1840년대의 청조는 열강의 침투에 적절히 대응하지 못하는 상황에서도 난징조약을 비롯한 일련의 조약에서 문호를 개방한 다섯 개의 통상항을 제외한 나머지 항구에 대한 금령이 '천조 속국'의 영역에도 적용된다고 주장하고, 서양인들이 조약이 금하는 속국의 영역에 가서 통상과 선교 행위를 해서는 안 된다고 주장하면서 '속국'의 종속성을 강조했다. 또한 톈진조약(1858) 및 베이징조약(1860) 이후 서양인의 내지 여행권과 기독교 포교권을 허용한 뒤에는 '속국'이 자국의 관할권이 미치지 않는 나라이므로 조약의 적용 대상이 될 수 없다며 선교사와 상인의 속국 진출을 금지하려 하였다.

청의 입장에서 이러한 조치들은 '천조'로서 '번속을 평안하게 하는' 전통적 관념의 실천을 위해 '속국' 조선의 요청에 부응하여 서양 세력의 조선 진출을 억제한다는 일관된 목적을 가지고 있었던 것으로 보인다. 그러나 청의 종주권 주장은 국제법적 시각에서 봤을 때에는 모순과 자가 당착으로 보일 수 있는 가변적이고 탄력적인 것이었다. 동아시아 국제질서가 재편되는 과정에서 유럽인들의 국제법이 담론 권력을 장악하게 되면서 청도 서양인들에게 조약과 국제법의 언어로 청과 속국의 관계를 설명할 필요를 느꼈지만, 근대의 초기에 그러한 설명은 임시방편적이고 편의적인 성격이 강했던 것이다.

그리고 이러한 대응이 프랑스(1866), 미국(1871), 일본(1876)이 조선은 독립국이라고 주장할 수 있는 근거로 작용하게 되면서 청의 설명이 부메랑이 되어 '아시아의 조공국은 속국이 아니다'라는 공격에[56] 시달리게 되었을 때, 청조의 관료와 지식인들은 다시 조선을 '보호'하면서도 동시에 조선이 '속국'으로 남도록 하기 위한 책략을 구상해야 했다. 그 와중에서 그들은 자연스레 독일과 영국 등이 자국의 주권 또는 종주권하에 있는 종속국 또는 식민지를 다루는 사례를 참고하면서 서양의 사례를 학습해갔다. 그리고 '근대 종주권'의 출현으로 표현되는 새로운 제국주의의 정책이 진행되던 시기에 조선에 대한 청조의 종주권의 양상도 근대적 형태로 변용되고 있었으며, 그것은 조선의 사례에 국한되는 것이 아니라 류큐와 베트남, 그 밖에 이미 멸망했거나 조공 관계를 중단한 동남아 국가들에도 광범위하게 적용되었다. 이러한 정책들 중 가장 성공적인 사례가 청일전쟁 직전의 조선이었으나, 과거의 방임적 정책에서 조선에 대한 배타적 보호권을 강조하는 정책으로의 전환은 과거 프랑스와 조선의 전쟁에서는 한 걸음 물러설 수 있었던 청나라가 청일전쟁 개전 당시에는 조선을 둘러싼 일본과의 패권 다툼에서 물러설 수 없게 되는 원

---

[56] 曾紀澤, 2008, 「倫敦再致李傅相」 乙酉七月初九日, 『曾紀澤集』, 嶽麓書社, 198-199쪽.

인이 되었던 것이다.

다시 말해, 아편전쟁 이후부터 진행된 서구 국제질서 관념의 수용과 이를 청조를 중심으로 하는 동아시아 질서의 수호에 응용하려 했던 시도의 부분적 성공은 오히려 청일전쟁 당시 청 조야의 대일 강경론의 원인이 되었다. 그리고 번속 문제에 대한 강경론의 출현은 중국인들이 서구적 종속 관념을 수용하여 주변국과의 관계에 적용하는 과정과 궤(軌)를 같이하였다. 아편전쟁에 의해 강제된 청조의 국제질서관의 변용이 청일전쟁을 통한 동북아시아의 지역 패권 전이를 야기한 셈이다.

참고문헌

• 사료

故宮博物院 編, 1933,『淸光緖朝中法交涉史料』, 故宮博物院文獻館編印.
顧廷龍, 戴逸 主編, 2007,『李鴻章全集』, 安徽敎育出版社.
郭嵩燾 撰, 梁小進 主編, 2012,『郭嵩燾全集』第11冊, 嶽麓書社.
國史編纂委員會 編, 1978,『同文彙考』, 國史編纂委員會.
_____, 1986,『朝鮮王朝實錄』, 國史編纂委員會.
羅應旒, 1961,『光緖五年六月初五日貴州候補道羅應旒奏折』,『洋務運動』(一), 上海人民出版社.
駱寶善 等編, 2013,『袁世凱全集』, 湖南大學出版社.
劉瑞芬,『西軺紀略』雜記, 淸光緖二十二年(1896) 刻本.
馬相伯 著, 朱維錚 主編, 1996,『馬相伯集』, 上海: 復旦大學出版社.
步倫 著, 丁韙良 譯,『公法會通』, 淸光緖戊戌六月長沙南學會刊本.
北平故宮博物院 編, 1963,『淸光緖朝中日交涉史料』, 文海出版社.
薛福成, 1985,『庸盦文別集』, 上海古籍出版社.
吳爾璽著, 丁韙良 譯,『公法便覽』, 淸光緖三年同文館活字本.
王彦威 纂輯, 王亮 編, 1985,『淸季外交史料』, 文海出版社.
王鐵崖 編, 1957,『中外舊約章彙編』第一冊, 北京: 三聯書店.
姚文棟,「上黎星使書」, 葛士濬 輯, 民國61(1972),『皇朝經世文續編』卷一百十, 文海出版社.
張蔭桓 著, 任青, 馬忠文 整理, 2004,『張蔭桓日記』, 上海書店出版社.
蔣廷黻 編, 1934,『近代中國外交史資料輯要』, 上海商務出版社.
中研研究院近代史研究所 編, 1972,『淸季中日韓關係史料』, 中研研究院近代史研究所.
中華書局 整理, 2008,『籌辦夷務始末(道光朝-咸豐朝)』, 中華書局.
曾紀澤, 2008,『曾紀澤集』, 嶽麓書社.
何如璋, 2010,『何如璋集』, 天津人民出版社.
惠頓 著, 丁韙良 譯,『萬國公法』, 淸同治三年京崇實館刻本.
黃遵憲 著, 陳錚 編, 2005,『黃遵憲全集』, 中華書局.
Bluntschli, Johann Kaspar, 1874, *Le Droit International Codifié*, 2e edition, Paris:

Librairie de Guillaumin et Cie, .

Wheaton, Henry, 1855, *Elements of International Law*, sixth edition by William B. Lawrence, Boston: Little, Brown and company.

Woolsey, Theodore D., 1872, *Introduction to the Study of International Law*, Third Edition, Revised and Enlarged, New York: Scribner, Armstrong & Co..

• 연구서

구선희, 1999, 『韓國 近代 對淸政策史 硏究』, 혜안.

권석봉, 1986, 『淸末對朝鮮政策史硏究』, 一潮閣.

권혁수, 2000, 『19세기 말 한중관계사 연구-李鴻章의 조선 인식과 정책을 중심으로-』, 백산자료원.

_____, 2007, 『근대한중관계사의 재조명』, 혜안.

근대한국편찬위원회 편, 2009, 『근대한국외교문서』 제1권, 동북아역사재단.

김기혁 등, 1996, 『淸日戰爭의 再照明』, 한림대학교아세아문화연구소.

김기혁, 2007, 『근대 한·중·일 관계사』, 연세대학교출판부.

_____, 1997, 『세계관 충돌의 국제정치학: 東洋 禮와 西洋 公法』, 나남출판사.

_____, 2001, 『세계관 충돌과 한말외교사(1866-1882)』, 문학과지성사.

_____, 2004, 『임오군란과 갑신정변 : 사대질서의 변형과 한국외교사』, 도서출판 원.

김용구, 2008, 『거문도와 블라디보스토크: 19세기 한반도의 파행적 세계화과정』, 서강대학교출판부.

_____, 2008, 『萬國公法』, 소화.

_____, 2013, 『약탈제국주의와 한반도 : 세계외교사 흐름속의 병인·신미양요』, 도서출판 원.

김창석 외, 2009, 『한중일 학계의 한중관계사 연구와 쟁점』, 동북아역사재단.

김한규, 1999, 『한중관계사』, 아르케.

류영익 등, 1984, 『청일전쟁을 전후한 한국과 열강』, 한국정신문화연구원.

박종근 지음, 박영재 옮김, 1989, 『淸日戰爭과 朝鮮 : 外侵과 抵抗』, 一潮閣.

박천홍, 2008, 『악령이 출몰하던 조선의 바다: 서양과 조선의 만남』, 현실문화.

송병기, 1985, 『近代韓中關係史硏究 : 19世紀의 聯美論과 朝淸交涉』, 檀國大學出版部.

오카모토 다카시 지음, 강진아 옮김, 2009, 『미완의 기획, 조선의 독립』, 소와당.

왕현종 등, 2009, 『청일전쟁기 한·중·일 삼국의 상호전략』, 동북아역사재단.

유용태 엮음, 2013, 『한중관계의 역사와 현실: 근대외교, 상호인식』, 한울.
한국정신문화연구원역사연구실 편, 1984, 『청일전쟁을 전후한 한국과 열강』, 한국정신문화연구원.
柳嶽武, 2016, 『淸代藩屬體係硏究』, 人民出版社.
宋慧娟, 2007, 『淸代中朝宗藩關係嬗變硏究』, 吉林大學出版社.
王明星, 1998, 『韓國近代外交與中國(1861-1910)』, 中國社會科學出版社.
王信忠, 1937, 『中日甲午戰爭之外交背景』, 國立淸華大學.
王如繪, 1998, 『近代中日關係與朝鮮問題』, 人民出版社.
張禮恒, 2012, 『在傳統與現代性之間: 1626-1894年間的中朝關係』, 社會科學文獻出版社.
張存武, 1987, 『淸代中韓關係論文集』, 臺北: 商務印書館.
_____, 1978, 『淸韓宗藩貿易』, 中央硏究院近代史硏究所.
佐藤愼一 著, 劉嶽兵 譯, 2008, 『近代中國的知識分子與文明』, 江蘇人民出版社.
戚其章, 1994, 『甲午戰爭國際關係史』, 人民出版社.
_____, 1994, 『甲午戰爭史』, 上海人民出版社.
_____, 2001, 『國際法視野下的甲午戰爭』, 人民出版社.
岡本隆司 編, 2014, 『宗主權の世界史: 東西アジアの近代と翻譯槪念』, 名古屋大學出版會.
岡本隆司, 2004, 『屬國と自主のあいだ-近代淸韓關係と東アジアの命運』, 名古屋大學出版會.
_____, 2017, 『中國の誕生: 東アジアの近代外交と國家形成』, 名古屋大學出版會.
高橋秀直, 1995, 『日淸戰爭への道』, 東京創元社.
田保橋潔, 1940, 『近代日鮮關係の硏究』, 朝鮮總督府朝鮮史編修會; 김종학 옮김, 2016, 『근대일선관계의 연구』, 일조각.
川島眞, 2004, 『中國近代外交の形成』, 名古屋大學出版會.
Kim, Key-Hiuk, 1980, *The Last Phase of the East Asian World Order: Korea, Japan and the Chinese Empire, 1860-1882*, Berkeley: University of California Press.
Larsen, Kirk, 2008, *Tradition, Treaties and Trade: Qing Imperialism and Choson Korea, 1850-1910*, Cambridge, MA: Harvard University Press.
Wang, Yuanchong, 2018, *Remaking the chinese Empire Manchu-Korean Relations, 1616-1911*, Ithaca: Cornell University Press.

• 연구논문

구선희, 2005, 「19세기 후반 조선사회와 전통적 조공관계의 성격」, 『사학연구』 80.
_____, 2009, 「근대 한중관계사의 연구 경향과 쟁점 분석」, 김창석 외, 『한중일 학계의 한중관계사 연구와 쟁점』, 동북아역사재단.
_____, 2006, 「청일전쟁의 의미-조·청 '속방' 관계를 중심으로-」, 『한국근현대사연구』 37.
김선민, 2012, 「"외국"과 "속국"의 사이-정사를 통해 본 청의 조선 인식-」, 『사림』 41.
김정기, 1994, 「1876-1894年 淸의 朝鮮政策硏究」, 서울대학교 박사학위논문.
김형종, 2017, 「19세기 근대 한중관계의 변용-자주와 독립의 사이」, 『동양사학연구』 140.
박정현, 2003, 「청일전쟁에 대한 중국의 역사인식과 역사교육의 방향」, 『중국근현대사연구』 20.
손성욱, 2018, 「외교의 균열과 모색: 1860~70년대 淸·朝 관계」, 『역사학보』 240.
_____, 2017, 「최근 중국학계의 근대 한중관계사 연구, 2007~2016」, 『동양학』 69.
신승하, 1973, 「청계중국조야의 조선문제 인식: 문호개방을 중심으로」, 『사학지』 7.
유바다, 2016, 「19세기 후반 조선의 국제법적 지위에 관한 연구」, 고려대학교 박사학위논문.
_____, 2016, 「1876년 朝日修好條規의 체결과 조선의 국제법적 지위」, 『한국근현대사연구』 78.
_____, 2016, 「1882년 조약장정의 체결과 속국·반주지국 조선의 국제법적 지위」, 『역사와 현실』 99.
_____, 2017, 「임오군란 이후 조선의 국제법적 지위에 대한 일본의 인식」, 『일본역사연구』 46.
_____, 2017, 「1885년 駐紮朝鮮總理交涉通商事宜 袁世凱의 조선 파견과 지위 문제」, 『史叢』 92.
_____, 2017, 「19세기 주권국가 질서하 半主·屬國 조선의 지위」, 『국제법학회논총』 62(2).
_____, 2017, 「1894년 淸日戰爭의 발발과 조선의 屬國 지위 청산」, 『대동문화연구』 98.
이근관, 2002, 「동아시아에서 유럽국제법의 수용에 대한 고찰-만국공법의 번역을 중심으로-」, 『서울국제법연구』 9(2).
이동욱, 2018, 「청말 국제법 번역과 '藩屬' 관련 개념의 확장」, 『중국근현대사연구』 80.

_____, 2019, 「청말 종주권 관념의 변화와 조선 정책의 전환」, 『사총』 96.

_____, 2019, 「조약 체제 속에서 '천조'의 '속국' 지키기-「南京條約」 체제에서 「天津條約」 체제로-」, 『동양사학회 2019년 춘계연구발표회자료집』.

李動旭, 2018, 「"數邦相合"的天朝: 西方聯邦觀念的引進對晩淸藩屬觀念的影響」, 『四川大學學報(哲學社會科學版)』 2018年 3期.

_____, 2018, 「觀念與體制: 中西語境互動中的淸廷對朝鮮政策演變(1843-1893)」, 北京大學 博士學位論文.

_____, 2018, 「晩淸國際法翻譯中的"藩屬"槪念與藩屬觀念的衍化」, 『近代史學刊』 20.

張存武, 1985, 「淸季中韓關係之變通」, 『中央硏究院近代史硏究所集刊』 14.

曹雯, 2008, 「晩淸政府對外政策的調整與朝鮮」, 『淸史硏究』 2008-2.

姜東局, 2004, 「屬邦」の政治思想史: 19世紀後半における「朝鮮地位問題」をめぐる言說の系譜」, 東京大學 博士學位論文.

劉淸濤, 2017, 「宗主權與傳統藩屬體係的解體-從"宗藩關係"一詞的來源談起」, 『中國邊疆史地硏究』, 2017-1.

茂木敏夫, 1994, 「中華世界の「近代」的再編」, 東京大學 博士學位論文.

Wright, Mary C., 1958, "The Adaptability of Ch'ing Diplomacy: The Case of Korea", *Journal of Asian Studies* 17-3.

2장

청일전쟁 전후 일본 정치가들의 동아시아 세력 변화 인식:
이토 히로부미와 야마가타 아리토모를 중심으로

박영준
국방대학교 안보대학원 교수

I. 머리말

청일전쟁은 일본 정치외교 혹은 동아시아 국제관계의 문맥에서 보면 큰 의미를 지니는 일대 사건이었다. 메이지유신 이후 일본과 청국은 1871년 조약을 체결하여 근대적인 국가 간 관계를 수립하게 되었다. 그러나 조선은 여전히 중국과의 관계에서 조공체제, 혹은 중화체제에 머무른 양절 혹은 이중적 지위에 처해 있었다. 이러한 조선에 대해 일본은 야마가타 아리토모 등을 중심으로 일본의 주권을 방호하는 외곽의 이익선(利益線)에 편입하려는 정책을 추진했다. 이에 반해 청국은 이홍장을 중심으로 조선을 여전히 중국 동북 지방의 안위에 중요한 요충지로 생각하는 인식을 유지하였다.

결국 청일전쟁은 조선에 대한 지정학적 인식이 상이한 일본과 중국이 조선의 국제정치적 명운을 걸고 싸운 일대 국제정치적 사건이었다. 전쟁의 결과 조선에 대한 중국의 전통적 조공체제 혹은 화이체제는 와해되었고, 일본은 조선에 대한 지정학적 권리를 갖게 되었다. 청일전쟁이야 말로 조공체제 혹은 동아시아 전통적 국제질서하에서 패권국가 혹은 주도 국가의 위상을 점하였던 청국이 그 외곽에 처해 있던 일본에게 군사적 패배를 겪고, 조공체제 혹은 중화체제의 균열이 시작된 계기였던 것이다.[1] 또한 이 전쟁은 일본인들의 대중국 인식 혹은 아시아 인식에도 큰

---

* 이 글은 동북아역사재단의 후원(NAHF-2018-기획연구-5 "근대 동북아시아의 전쟁과 세력전이")으로 수행되었다. 기획연구의 참가를 권해준 연구 책임자 김종학 박사 및 공동 연구원 신욱희 서울대 교수 등에게 사의를 표한다.
1 강성학 교수도 청일전쟁이 동북아의 전통적 질서를 붕괴시킨 세계사적 의미를 가진 사건이었다고 평가하고 있다. 강성학, 2005, 「용과 사무라이의 결투: 중(청)일전쟁(1894-95)의 군사전략적 평가」, 『국제정치논총』 제45집 4호 9쪽.

변화를 안겼다. 일본이 아시아의 맹주라는 의식이 일본 정치가 및 일반 대중에게 각인되는 계기가 되었던 것이다.

이 연구에서는 메이지유신 과정, 특히 1880년대 이후 일본 정치 및 외교에서 양대 산맥을 이루는 존재들인 야마가타 아리토모[山縣有朋]와 이토 히로부미[伊藤博文]를 중심으로, 청일전쟁을 전후하여 일본 정치가들의 중국관 및 아시아 인식이 어떻게 변화했는가를 연구하고자 한다.

이토 히로부미와 야마가타 아리토모는 모두 조슈번의 하급 무사 출신으로 요시다 쇼인[吉田松陰] 문하에서 수학하였다. 메이지유신 직후인 1870년대, 이들은 사이고 다카모리[西鄕隆成], 기도 다카요시[木戶孝允], 오쿠보 도시미치[大久保利通] 등 메이지유신 3걸을 보좌하며 메이지유신의 개혁 작업에 관여하였다. 1870년대 말부터 1880년대 초기까지 사이고 다카모리, 기도 다카요시, 오쿠보 도시미치가 각각 사망하면서 정계에서 사라지자, 이토 히로부미와 야마가타 아리토모는 명실상부한 메이지 정부의 실력자로 부상했다.[2]

이토 히로부미는 1885년 조직된 초대 내각의 수상으로 활동하면서 내각 제도를 만들고, 1889년 헌법을 만들고, 정당 제도의 정립에도 기여하였다. 야마가타 아리토모는 1873년 징병령 제정에 결정적 역할을 하였고, 이어 육군과 해군의 참모 제도와 교육제도, 그리고 군사전략 정립에 주도적인 역할을 하였다. 그러한 중요성을 갖는 이 두 메이지시대의

---

[2] 이토 히로부미 및 야마가타 아리토모에 대한 기존의 주요 연구들은 아래를 참조. 한상일, 2015, 『이토 히로부미와 대한제국』, 까치; 德富蘇峰, 1969, 『公爵山縣有朋傳(下卷)』, 原書房; 岡義武, 1958, 『山縣有朋』, 岩波書店; 藤村道生, 1961, 『山縣有朋』 東京, 吉川弘文館; Roger F. Hackett, 1971, *Yamagata Aritomo in the Rise of Modern Japan, 1838-1922*, Cambridge: Harvard University Press.

정치가가 당시의 동아시아 질서 속에서 일본의 위상을 어떻게 파악하고, 그에 따라 어떠한 대외 전략론을 전개하였는가. 특히 1894년부터 개시된 청일전쟁의 과정에서 양 지도자는 청국에 대해서, 그리고 동아시아 및 국제질서에 대해 어떠한 인식을 갖고, 일본의 외교와 군사정책을 추진했는가?[3]

이 글에서는 이토 히로부미의 당대 연설들, 그리고 야마가타 아리토모의 정책 의견서 등을 중심으로 양 정치가가 청일전쟁 전후의 시기에 일본의 위상과 대외정책 방향에 대해 어떠한 인식을 가지고 있었는가를 비교해보고자 한다.[4] 이러한 연구가 청일전쟁 전후 시기 일본의 정치외교를 새로운 시각에서 조명할 수 있으리라 기대한다.

---

[3] 한상일 교수는 청일전쟁 과정 중 일본의 전쟁과 외교정책 수행에 중심적인 역할을 한 인물로 이토 히로부미, 이노우에 가오루[井上馨], 무쓰 무네미쓰[陸奥宗光] 3인을 들고 있으나, 필자는 야마가타 아리토모가 반드시 포함되어야 한다고 생각한다. 한상일, 2015, 앞의 책, 157쪽.

[4] 주요 자료들은 이하와 같다. 大山梓 編, 1966, 『山縣有朋意見書』, 原書房; 平塚篤 編, 1929·1982, 『續伊藤博文秘錄』, 原書房; 平塚篤 編, 1929·1982, 『伊藤博文演說集: 續伊藤博文秘錄』, 原書房. 필자는 다른 논문에서 이토와 야마가타의 전쟁지도론을 대비하여 검토한 바가 있다. 이 글은 이전 연구를 시기적으로 보완하게 될 것이다. 박영준, 2014. 8, 「청일전쟁 전후 일본의 대외전략과 군사정책: '근대화 우선론'과 '대륙팽창론'의 상호 대립과 전개를 중심으로」, 한국정치외교사학회 편, 『한국정치외교사논총』, 제36집 제1호.

II. 메이지 초기 일본 정치가들의 아시아 인식과 정책

1. 메이지유신 참가와 정치적 성장

이토 히로부미와 야마가타 아리토모는 각각 1841년과 1838년에 조슈[長州]번의 하급 사무라이 가정에서 출생하였다. 이들은 10대 청소년기였던 1857년에 요시다 쇼인이 세운 촌숙에 입학하여 다카스기 신사쿠[高杉晋作] 등 조슈번의 영민한 청년들과 함께 쇼인의 문하생으로 학습하였다. 이토와 야마가타는 1868년 조슈번의 기도 다카요시, 사쓰마번의 사이고 다카모리, 오쿠보 도시미치 등이 조정의 이와쿠라 도모미[岩倉具視] 등과 주도한 왕정복고 과정에 조슈번의 하급 무사로 참가하여 도쿠가와 막부를 무너뜨리고 메이지 신정부를 수립하는 데 공을 세웠다.[5]

메이지 신정부의 출범을 전후하여 이토와 야마가타는 당시의 사무라이로는 예외적으로 각각 유럽 국가들을 방문하여 부국강병과 문명 개화의 성취를 거두고 있던 서구 사회의 실상을 체험하는 기회를 가졌다. 이토와 그의 친우 이노우에 가오루는 이미 왕정복고 이전의 시기인 1863년, 조슈번이 비밀리에 영국에 파견한 사무라이 일행에 포함되어 영국의 문물과 제도를 체험했다.[6] 야마가타는 메이지 정부 수립 이후인 1869년

---

5 특히 야마가타는 왕정복고와 무진전쟁 과정에서 조슈번이 조직한 일종의 특수전 부대인 기병대(奇兵隊)를 지휘하며 군사적으로 전공을 세웠다.
6 한상일, 2015, 앞의 책, 제2장 참조. 이들은 1864년 조슈번의 내외 상황 변화에 따라 급거 귀국하였다.

8월에 조슈번주 모리 다카치카[毛利敬親]의 허가를 받아, 후일 메이지 해군에서 활약하게 되는 사이고 스구미치[西鄕從道]와 함께 1년간 프로이센 및 프랑스를 시찰하는 기회를 가졌다. 프랑스에만 머무른 사이고 스구미치와 달리 야마가타는 프로이센을 집중적으로 견문하면서 그 군사 문화에 깊은 인상을 받았다고 전해진다.[7] 이 같은 해외 체험은 이들이 메이지 정부의 주역으로서 문명 개화 및 부국강병 정책을 추진하는 데 큰 영향을 미친 듯하다.

　메이지 정부 초기인 1870년대에 이토와 야마가타는 신정부의 주요 보직을 맡으면서 선배 세대인 기도 다카요시와 오쿠보 도시미치, 그리고 이와쿠라 도모미 등을 보필하는 역할을 담당하였다. 이토 히로부미는 1870년 11월, 신정부의 지폐 발행에 따른 재정과 금융 제도를 연구하기 위해 미국 출장을 가도록 명을 받고 출국했다가 다음 해 5월에 귀국하였다. 그리고 다시 같은 해 11월에는 도쿠가와 막부 시기에 체결된 외국과의 불평등 조약을 시정하고, 겸하여 서구 사회의 문물을 견문하기 위해 조직된 이와쿠라 사절단에 포함되어 2년여 동안 미국, 영국, 프랑스, 독일 등을 시찰하는 여정에 올랐다.[8] 1873년 9월 귀국한 이토 히로부미는 공부경(工部卿), 즉 공업 건설을 담당하는 대신직에 임명되어 식산흥업 정책에 직접 관여하게 되었다.

　한편 야마가타는 유럽에서 귀국한 직후인 1870년 9월, 국방차관보에 해당하는 병부소보(兵部小輔)에 임명되었고, 다음 해 8월에는 국방차관에 해당하는 병부대보(兵部大輔)로 승진하였다. 1872년 2월, 병부성이

7　야마가타는 1870년 9월에 귀국하여 메이지 천황에게 시찰 결과를 보고하였다. 岡義武, 1958, 앞의 책, 21-22쪽; Roger F. Hackett, 1971, 앞의 책, pp. 52-53.
8　한상일, 2015, 앞의 책, 7-71, 73-79쪽 참조.

육군성과 해군성으로 분리된 이후에는 육군대보에 임명되었고, 1873년 6월에는 육군장관에 해당하는 육군경(陸軍卿)에 취임하였다. 메이지 정부의 주요 국방 관련 보직을 맡으면서 야마가타는 1871년 4월에 천황의 근위부대로 조직된 어친병(御親兵) 창설, 1873년 1월에 공포된 징병령 제정 등에 주도적인 역할을 하였다.[9] 또한 그는 병부대보를 맡고 있던 1871년 12월, 같은 직위에 있던 가와무라 스미요시[川村純義], 사이고 스구미치 등과 공동으로 의견서를 작성하여 러시아 등의 군사적 위협에 대비하여 상비군 건설, 육군 및 해군 건설, 장교 요원을 양성하기 위한 군사학교 설치 등을 제언하기도 하였다.[10]

2. 1880년대 메이지 정부의 주역 부상

1870년대 중반까지 메이지 정부의 요직을 맡으면서 각각 경제 건설과 군대 건설 분야에서 역할을 수행하고 있던 이토 히로부미와 야마가타 아리토모는 1870년대 후반, 1880년대 초반으로 접어들면서 메이지 정부의 핵심으로 부상했다. 1878년 메이지유신 3걸 중 한 사람이라 불리던 사쓰마번 출신 오쿠보 도시미치가 불의의 암살을 당하였다. 그리고 기도 다카요시와 이와쿠라 도모미도 각각 1880년대 초반에 사망하였다. 메이지 정부 초기 주역들의 퇴장과 함께 이토와 야마가타가 이들의 공백을 메우게 되었다. 이토 히로부미가 오쿠보의 후임으로 1878년

---

9   1873년 1월에 공포된 징병령은 독일의 징병제와 유사하게 20세 이후의 청장년들에게 3년의 정규군 복무와 4년간의 예비역 복무, 도합 7년의 군 복무를 규정하고 있었다. Roger F. Hackett, 1971, 앞의 책, p. 66.

10 岡義武, 1958, 앞의 책, 25쪽.

내무경(內務卿)에 취임하였고, 그 전해인 1877년 야마가타는 새롭게 창설된 참모본부의 참모총장에 취임하였다. 따라서 1880년대 이후 메이지 정부의 국내 정치 및 법제 분야는 이토 히로부미, 군사 분야는 야마가타 아리토모, 그리고 외교 분야에서는 이노우에 가오루 등이 중심적 역할을 수행하게 되었다.

1880년대 일본에서는 민권파들이 왕성하게 활동하면서 메이지 정부에 의회 개설과 헌법 제정 등을 요구했다. 특히 민권파들은 영국식 의원내각제의 도입을 요구하기도 하여 이러한 요구에 대응하기 위해 메이지 정부는 천황제에 부합하는 헌법 및 내각 제도를 모색했다. 그 일환으로 이토 히로부미가 1882년 3월부터 1883년 6월에 걸쳐 독일에 파견되어, 모세(Isaac Albert Mosse), 폰 슈타인(Lorenz von Stein) 등의 전문가들과 협의하며 메이지 헌법의 골격을 가다듬었다.[11] 이토는 귀국 이후인 1885년에 새롭게 조직된 내각 제도하에서 초대 총리에 취임하였고, 1889년 2월에는 일본 제국 헌법을 공포했다.

이토가 초대 총리로서 내각제를 구성하고 헌법 제정을 추진하는 동안 야마가타는 1883년 12월, 내무상에 취임하여 7년간 재직하면서 경찰 제도 및 지방행정제도를 정비하였다. 이토와 마찬가지로 야마가타도 지방행정제도를 정비하는 과정에서 이 분야 권위자인 독일의 모세 등을 초빙하여 독일식 모델을 적극 수용하였다.[12] 1890년에 수상에 취임한 야마가타는 1891년 5월에 사임할 때까지 교육칙어 제정 등의 업적을 남겼다. 그리고 1892년 8월, 이토 히로부미가 재차 총리에 취임하여 제

---

11 한상일, 2015, 앞의 책, 129쪽.
12 Roger F. Hackett, 1971, 앞의 책, p. 111. 물론 그는 내무장관 재직 시에도 군사 제도에 대한 관심을 계속 가졌다.

2차 내각을 구성할 때에는 사법상에 임명되어 일본의 감옥 제도를 유럽 국가들을 모델로 삼아 개선하는 시책을 추진했다.[13]

이같이 1880년대 이후의 일본에서는 이토 히로부미와 야마가타 아리토모가 각각 내각총리, 내무장관, 사법상, 참모총장 등의 중요 직책을 수행하며 메이지 일본의 정치제도 및 헌법 제정, 군사 제도 정립, 경찰 제도 및 지방행정제도 정비 등에서 주도적인 역할을 수행하였다. 1880년대는 한반도와 동아시아에서 임오군란, 갑신정변 등이 발생하면서 조선을 둘러싸고 청국과 일본 간의 갈등이 생겨나던 시기이기도 했다. 그렇다면 청일전쟁 이전 시기인 1880년대에 이토와 야마가타 등은 한반도와 동아시아에 대해서 어떤 인식과 정책론을 가지고 있었을까.

3. 1880년대의 아시아 인식과 정책론

1878년에 내무경, 1885년에는 초대 내각의 총리를 역임한 이토 히로부미는 앞서도 언급했듯이 이 시기에 주로 헌법 제정, 정치제도 정비 등 주로 국내적 차원에서 정책적 노력을 경주하였다. 대외관계에 관해서 그는 외무경을 담당한 이노우에 가오루 등과 더불어 러시아 등 서구 국가들에 대한 위협 인식을 가지면서 서구 국가들과 체결한 불평등 조약을 개정하기 위한 노력을 기울였다. 청국이나 조선 등 아시아 국가들과의 관계에 대해서 그는 서구 국가들의 서세동점(西勢東漸)에 따른 위협에 대응하기 위해서는 청국과의 양호한 관계 유지가 중요하다고 보았다. 나아가 그는 영국을 포함하여 일본, 청국 등이 협조하여 러시아의 위협

---

13 Roger F. Hackett, 1971, 앞의 책, p. 154.

과 남하에 대응해야 한다고 보았다. 그가 갑신정변 이후 1885년에 청국과 체결한 톈진조약[天津條約]은 이 같은 일본-청국 협조론에 입각한 것이기도 했다.[14]

다만 이토 히로부미는 조선에 대한 청국의 영향력 지속은 바람직하지 않다고 보고, 청국의 종주권으로부터 조선이 독립해야 한다는 입장을 견지하였다. 그는 1905년 11월, 한국 내각의 각료들에게 행한 연설을 통해 1885년 톈진조약 체결 당시 생각하고 있던 조선독립론을 설명했다. 이 연설에 따르면 중국이 조선을 속국으로 지속시키려는 의도를 갖고 있었기 때문에 자신이 단호하게 청국의 야심을 분쇄하고 조선의 독립을 옹호하여 조약문에 반영했다고 주장했다.[15] 이 같은 이토의 조선 독립을 전제로 한 일청협조론은 청일전쟁 직전의 시기에 이르기까지도 지속되었다고 평가된다.[16]

한편 병부대보, 육군경, 참모총장 등 군의 중책을 수행하면서 이토 내각에 협조해오던 1880년대의 야마가타는 아시아 정책론에 대해 이토와는 다른 견해를 보이고 있었다. 그는 1871년 12월, 병부대보로 재직하던 시기에 가와무라 스미요시 등과 공동으로 작성한 의견서에서 러시아가 남하할 가능성에 대비하여 군비를 증강할 필요성을 역설했다. 1882년 참사원 의장 취임 직후 정부에 제출한 건의서에서는 청국의 국

14　大澤博明, 1999, 「明治前期の朝鮮政策と統合力:そのアジア主義的傾向を中心に」, 日本政治学会 編, 『日本外交におけるアジア主義』, 岩波書店, 78-79쪽.

15　Alexis Dudden, 2005, *Japan's Colonization of Korea: Discourse and Power*, Honolulu: University of Hawaii Press, p. 47에서 재인용.

16　이 같은 입장은 大澤博明, 1999, 앞의 글, 그리고 岡義武, 1993, 「日淸戰爭と當時における對外意識」, 『岡義武著作集』, 岩波書店, 167쪽 등을 참조. 岡義武의 논문은 애초 『國家學會雜誌』 68卷 3, 4號(1953年 8月) 5, 6號(1955年 2月)에 게재된 것이다.

세가 활발해지고 있음을 지적하면서 그에 대비하여 군비를 확장하고 상무 정신을 진작할 필요성을 제기하였다.[17]

갑신정변 이후인 1886년에 작성한 의견서에서는 조선에 대해 언급하며, 조선을 청국이나 유럽 강국들이 점유하면 일본으로서는 '직접적으로 불리한 바'가 된다고 지적하면서 일본으로서는 조선이 '지나(支那)와의 관계를 끊고 자주독립의 국가가 되게 하는 것'이 바람직한 정략이라고 주장하였다.[18] 이 같은 야마가타의 청국 및 조선에 대한 정책론은 수상에 취임한 1890년 3월에 작성한 의견서「외교정략론」을 통해 보다 구체화되었다. 이 문서에서 그는 러시아가 건설에 착공한 시베리아철도가 완성될 경우 조선 및 동양 질서가 크게 변동할 수 있다고 지적하였고, 동시에 청국과 영국, 독일 등이 조선을 영구적 중립국으로 하여 보호국으로 삼으려 하는 움직임도 있다고 경계하였다. 이러한 판단하에 그는 일본이 독립 자위를 추구하기 위해서는 그 강토에 해당하는 주권선(主權線)을 방어해야 함은 물론, 주권선의 안위와 긴밀하게 연관된 이익선(利益線)도 방호해야 한다고 주장하였다. 그러면서 그는 일본의 이익선의 초점은 조선에 있으며, 조선의 중립을 유지하는 것이 일본의 국가 이익에 중요하다고 보았다. 이를 위해 청국과 텐진조약을 유지하고, 조선이 국제법상 중립에 머무르게 하는 정책을 취해야 한다고 하였다.[19] 그는 이 같은 외교정책론을 같은 해 12월에 제국의회의 개원식에서 총리로서 행

17　岡義武, 1958, 앞의 책, 36쪽에서 재인용. 이 같은 청국 인식에 따라 그는 1881년 육군 청년 장교들을 중국에 파견하여 군사 태세를 정찰케 하고, 그 결과를 『隣邦兵備略』으로 간행케 하였다.
18　藤村道生, 1961, 앞의 책, 156쪽에서 재인용.
19　山縣有朋,「外交政略論」(1890년 3월), 大山梓 編, 1966,『山縣有朋意見書』, 原書房, 196-199쪽.

한 시정 방침 연설에서도 재차 강조하면서 이 같은 대외정책을 추진하기 위해 육군과 해군의 군비 증강이 필요하고, 그를 위해서는 재원 확보가 필요하다고 역설하였다.[20]

야마가타는 1893년 9월에 작성한 정책 의견서에서도 동양의 정세를 분석하면서 청국의 약체화로 인해 시베리아철도를 건설하고 있는 러시아, 그 외 영국과 프랑스가 각각 몽골, 윈난, 광시 및 광둥 지역을 침탈할 가능성이 있다고 보고, 향후 10년 내에 동아시아에 국제분쟁이 일어날 가능성이 있다고 전망하였다. 그리고 이에 대비하여 해군의 대확장을 포함한 군비 증강을 도모해야 한다고 재차 주장하였다.[21]

이같이 1880년대 이토 히로부미와 야마가타 아리토모는 각각 메이지정부의 중심적인 역할을 수행하면서도 아시아 정책론에 관해서는 입장의 차이를 드러냈다. 이토가 일본-청국 협조론에 바탕한 조선독립론을 제시했다면, 야마가타는 조선을 일본의 이익에 중요한 이익선으로 간주하면서 이를 침범하려는 러시아 등 서구 열강은 물론 청국의 동향 자체를 위협으로 인식하였다.[22] 이토의 일청협조론에 대해서는 외무경 이노우에 가오루 등도 동조하였고, 야마가타의 조선 이익선론과 청국과의 대결 불사론에 대해서는 가와카미 소로쿠[川上操六] 육군참모차장 등

---

20 다만 12월의 시정 방침 연설에서 이익선이 조선에 해당한다는 표현은 포함되지 않았다. Roger F. Hackett, 1971, 앞의 책, p. 138.
21 1893년 의견서는 岡義武, 1958, 앞의 책, 56-58쪽에서 재인용.
22 이 같은 입장 차이는 나카에 조민[中江兆民]이 1887년에 저술한 『삼취인경륜문답(三醉人經綸問答)』에 등장하는 남해선생(南海先生) 및 호걸군(豪傑君)의 입장 차이와 유사한 바가 있다. 대외정책에 대한 논쟁을 전개하면서, 남해선생은 서구 열강의 동점에 대응하여 중국과의 연대 강화를 대응책으로 제시한 반면, 호걸군은 중국 대륙에 대한 침략을 일본이 취해야 할 대외정책으로 주장하고 있기 때문이다.

군부 수뇌부가 의견을 같이하고 있었던 것으로 보인다.[23]

III. 청일전쟁 전개와 일본 정치인들의 전쟁 수행 정책

1. 동학농민혁명의 발발과 청일전쟁 개전

1894년 봄, 조선에서 동학농민혁명이 발발하였다. 조선 정부가 초토사를 파견하여 진압을 시도했으나 여의치 않았다. 결국 6월 1일, 조선 정부는 청국에 동학농민군 진압을 위한 원병을 요청했다. 조선 정부가 청국에 원병을 요청했다는 소식은 즉각 일본에 전해졌고, 다음 날인 6월 2일, 이토 히로부미 내각은 임시 각의를 개최하여 조선의 정세를 논의했다. 이 각의에는 야마가타도 추밀원 의장 자격으로 참석하였다.[24]

각의에서 이토 총리는 의견을 제시하면서 조선의 내란 발생에 대해 청국과 공동으로 일본도 군대를 파견하여 신속하게 혼란을 평정하고, 일·청 양국에서 상설위원 수 명을 파견하여 조선의 재정 상황을 조사하고 관리들의 부패를 척결하도록 하며, 조선의 재정 정비를 위해 공채

---

23 일본 육군은 1887년 이미 청국과의 전쟁에 대비한 복수의 작전 계획을 세워두었고, 1893년에는 참모차장 가와카미 소로쿠가 청국을 시찰하면서 군비 태세를 파악한 바 있다. 그런 점에서 일부 연구에서 일본 군부가 1893년 이전의 단계에서 청국과의 동맹을 고려하고 있었다는 주장은 정확한 것은 아닌 것으로 보인다. 예컨대 Stewart Lone, 1994, *Japan's First Modern War: Army and Society in the Conflict with China, 1894-95*, London: MacMillan Press, p. 25.

24 Roger F. Hackett, 1971, 앞의 책, p. 160.

를 모집하여 국가 사업에 활용하도록 하는 등 조선 내정 개혁을 실시하고, 이 과정에서 혼란을 방지하기 위해 필요한 경비병을 설치할 것을 제의하였다. 무쓰 무네미쓰 외상은 이 같은 제안들에 청국 정부가 찬동하지 않으면 일본 단독으로 개혁을 추진한다는 추가 구상을 포함시켰다. 이 같은 일본 측의 제안은 6월 16일, 일본 주재 청국 특명전권공사 왕봉조에게 통고되었다.[25] 이외에 이토 총리는 조선 주재 특명전권공사에 오토리 게이스케[大鳥圭介]를 임명하였고, 해군대신 및 육군참모본부 등에 내밀히 지시하여 병력 동원을 준비하도록 하였고, 우선공사(郵船公司)에도 군수품을 수송하기 위한 선박 징발을 지시하면서 조선에 병력을 파견하기 위한 실질적인 조치를 취하였다. 이 같은 일본 정부의 조치들은 이토 히로부미가 취해오던 일청협조론에 기반하여 동학혁명을 계기로 청국과 더불어 조선에 대한 공동 내정 개혁을 추진하면서도, 청국의 일방적인 파병으로 조선의 독립적 지위가 재차 청국의 영향권에 들어가는 것을 좌시하지 않겠다는 의지가 담겨 있다.[26]

　내각의 결정에 따라 일본 육해군은 조선에 대한 파병과 청국과의 전쟁 발발 가능성에 대한 군사적 준비에 착수하였다. 6월 5일, 대본영이 설치되었고, 6월 21일에는 청국과의 전쟁에 대비한 육해군 공동작전안이 작성되었다. 이 작전 구상에 따르면 제1단계에서 일본은 황해 상의 제해권을 확보하여 발해만까지의 병력 수송을 가능하도록 하고, 제2단계에서 제해권 장악에 실패한 경우에는 조선을 확보하는 데 주력하며,

---

[25] 무쓰 무네미쓰, 김승일 옮김, 1896·1993, 『건건록(蹇蹇錄)』, 범우사, 57-58쪽.
[26] 무쓰 무네미쓰 외상은 내각의 초기 조치들이 대부분 이토 히로부미 총리의 발안에 의한 것이었고, 최후의 수단을 써야 할 때에는 주저없이 써야 한다고 결심하고 있었다고 기록하고 있다. 무쓰 무네미쓰, 김승일 옮김, 1896·1993, 앞의 책, 39쪽.

제3단계에서 제해권을 청국에 상실한 경우에는 조선에 파견된 군대에 원군을 지원하려 했다.[27] 이 같은 육해군의 공동 작전 구상은 청국과의 외교 교섭에 실패할 경우 지체없이 군사력을 동원하여 청국과 전쟁에 돌입할 수 있는 태세를 갖춘다는 의미였다.

한편 이토 정부의 초동 조치를 지켜보던 야마가타는 6월 24일에 의견서를 제출하여 청국과의 협상에 실패할 경우 부산에 군사기지를 설치하고, 제3사단과 제5사단을 동원하여 청국과의 전쟁에 임할 것을 제의하였다.[28] 즉, 전쟁 발발 전의 단계에서는 이토 히로부미 총리가 중심이 되어 조선에 대한 공동 내정 개혁론에 바탕하여 청국과의 외교 협상을 주도적으로 진행하였고, 야마가타를 위시한 일본 육해군은 전쟁 계획 및 군대 동원 계획을 수립하여 협상이 실패할 경우에 대비한 군사적 대응책을 강구하고 있었던 것이다.[29]

그런데 결국 6월 21일, 청국 북양대신 이홍장이 일본 정부의 제안에 동의할 수 없다며 그 이유를 공문으로 알렸다. 조선 개혁은 조선 스스로가 할 일이며, 조선 내 동학난이 평정되면 각각 군대를 철수하자고 한 것이다.[30] 청국의 통보는 일본 정부 내에서 대청 강경론 및 개전론을 부추겼다. 이토 히로부미 총리도 대청 강경론으로 선회하였다. 이미 병력을 인솔하고 조선에 부임한 오토리 일본 공사는 내각의 지시를 받아[31] 7월

27　齊藤聖二, 2003, 『日淸戰爭の軍事戰略』, 芙蓉書房, 157쪽.
28　Roger F. Hackett, 1971, 앞의 책, p. 161.
29　무쓰 외상도 일본 당국자들이 외교와 군사의 양 측면을 동시에 시행하지 않으면 안 되었다고 회고하고 있다. 무쓰 무네미쓰, 김승일 옮김, 1896·1993, 앞의 책, 55쪽.
30　무쓰 무네미쓰, 김승일 옮김, 1896·1993, 위의 책, 61쪽.
31　7월 12일, 무쓰 외상은 오토리 공사에게 어떤 구실을 붙여서라도 단호한 조치와 실제적인 행동을 취할 것을 훈령하였다. 무쓰 무네미쓰, 김승일 옮김, 1896·1993, 앞

19일, 조선 정부에 대해 ①일본 군대를 위한 경부 간 군용 전신 가설, ②일본 군대를 위한 병영 건설, ③아산에 주둔한 청국 병력의 신속한 철퇴, ④청한수륙무역장정 등 조선 독립에 저촉되는 청국-조선 간의 모든 조약의 폐기 등을 요구하였다.[32] 이 같은 요구는 청국으로부터 조선의 독립을 확보하려는 이토 내각의 방침을 포함하면서도, 더 나아가 청국과의 전쟁을 불사하면서 조선 내 청국 세력을 배제하고 일본의 군사적 영향력을 강화하겠다는 의도를 명백하게 드러낸 것이었다.[33] 같은 날, 일본 정부가 해군의 연합함대 사령장관에게 제해권을 획득하도록 명령을 내린 것을 보아도 이 점을 알 수 있다.[34] 일본의 외교관과 장군 및 제독들이 청국과의 전쟁을 각오하며 동시적인 행동에 나선 것이다.

결국 7월 23일, 용산에 주둔하던 일본 군대가 조선 궁궐에 진입하여 조선 정부를 장악하였고, 일본 연합함대는 사세보 군항을 출항하여 조선 연해로 항행하기 시작했다. 7월 25일, 북상하는 일본 연합함대는 서해의 풍도에서 청국 군함과 최초의 해전을 치러 승리를 거두었고(풍도해전), 7월 29일, 서울에서 남하한 일본 육군은 성환에서 청국 육군을 격퇴하였다(성환전투). 이 같은 일련의 전투 직후인 8월 1일, 일본 정부는 청국에 대해 개전 선언을 하였고, 8월 2일부터 6일에 걸쳐 일본 육군의 제5사단이 부산에 상륙하여 서울 방면으로 행군하였다. 당시 일본 외상

의 책, 61쪽.

32 무쓰 무네미쓰, 김승일 옮김, 1896·1993, 위의 책, 79쪽.

33 기존의 일부 연구에서는 청국의 대조선 출병 조치 이후 일본 내에서 대청 협상파 이토 히로부미와 주전파 가와카미 참모차장 간의 대립이 첨예화되었다고 주장한다. 岡義武, 1993, 앞의 글, 167-168쪽. 그러나 이 시점까지 이토 히로부미와 야마가타 간에는 대외정책상 역할 분담이 잘 이루어졌다고 보인다.

34 齊藤聖二, 2003, 앞의 책, 64쪽.

무쓰 무네미쓰의 표현을 빌린다면 기존 동아시아 문명을 견지해온 청국과 메이지유신 이래 서구 문명을 받아들인 일본 간에 동아적 구문명과 서구적 신문명의 충돌이 발생한 것이다.[35]

2. 전쟁 목적 및 방법에 대한 논쟁

청국과의 전쟁이 본격화하자 이토 히로부미 내각은 일본이 지향하는 전쟁의 목적, 즉 조선의 독립과 관련된 일본의 정책을 확정할 필요가 있었다. 이와 관련하여 8월 17일, 무쓰 무네미쓰 외상은 4가지 방안을 내각 회의에 제출하여 논의에 회부하였다. 그 4가지 방안이란 다음과 같다.

① 전쟁 승패와 관계없이 계속해서 조선의 자주를 인정하고, 장래 그 나라의 운명은 자력에 일임함.
② 조선의 독립 의지가 정착되도록 외부로부터의 간섭이나 권리 침해를 보호하는 임무를 담당함.
③ 조선이 자력으로 독립을 유지하지 못하기 때문에 일본이 조선의 독립을 보호하는 책임을 지는 것이 득책이 아니라면, 장래 조선 영토의 보전은 일·청 양국이 이를 담당함.
④ 장차 조선을 유럽의 벨기에나 스위스와 같이 각 열강 국가들의 담보하에 중립국으로 함.[36]

---

35 무쓰 무네미쓰, 김승일 옮김, 1896·1993, 앞의 책, 65쪽. 무쓰 무네미쓰는 국력이 비슷한 이웃 나라에서 서로에 대한 공명심과 시기심, 증오와 질투가 격화된 것이 청일전쟁의 요인이 되었다고 지적한다.
36 무쓰 무네미쓰, 김승일 옮김, 1896·1993, 앞의 책, 162-163쪽.

이토 히로부미 내각은 이 4가지 방안 가운데 두 번째 방안, 즉 조선의 독립을 일본이 보호한다는 방안을 선택하였다. 조선에 대한 독립 보호의 방침에 따라 무쓰 외상은 8월 20일 대본영을 통해 조선에 파견된 군인 및 외교관들에게 훈령을 내려 조선이 일본의 적이 아니라 동맹임을 유의하면서 현지 주민들과 조화로운 관계를 유지할 것을 지시하였다.[37] 단, 무쓰 외상은 조선 독립 보호의 방안을 수행하는 과정에서 조선에서의 수익성 있는 기업 창설이나 철도의 건설, 전신의 가설은 일본이 주도적으로 관여해야 함을 아울러 강조하였다.

이토 내각과 무쓰 외상은 조선의 독립을 보호함과 동시에 일본의 경제적 이익 확보를 달성한다는 대조선 정책을 실행하기 위해 기존에 파견되어 있던 오토리 공사를 대신하여 10월에 이미 외상을 지낸 거물 정치인이자 이토 수상의 친우인 이노우에 가오루를 조선 주재 공사로 임명하였다. 이노우에 공사는 서울에 부임한 이래 이토 수상에게 보낸 서한을 통해 일찍이 영국이 이집트에 실시했던 식민지 정책을 모델로 하여 조선 정책을 추진하겠다고 밝혔다. 그 일환으로 조선의 내정 개혁을 위해 갑신정변 이후 일본에 망명해 있던 박영효와 서광범 등을 귀국시켰고, 조선 정부에 일본인 고문관들을 배치했으며, 조선에 대규모 차관을 제공하려 하였다.[38] 이노우에 공사의 대조선 정책은 전체적으로 조선의 독립을 보호하면서 동시에 일본의 경제적 이익을 확보하려는 이토 내각

---

[37] Stewart Lone, 1994, 앞의 책, p. 131.
[38] Stewart Lone, 1994, 앞의 책, p. 130. 이노우에는 1895년 2월 17일, 무쓰 외상에게 보낸 서한을 통해 조선에 주재하는 일본 상인들이 일본의 이익만을 추구하는 경향이 있다고 지적하면서, 일본 정부가 조선 독립을 보호하는 목적을 실현하기 위해서는 공동 이익을 병진하는 방침을 취해야 할 것이라고 주장하기도 하였다. 岡義武, 1993, 앞의 글, 170쪽에서 재인용.

의 정책 방침에 따른 것이었다.

청국과의 전쟁이 한반도 북부 및 만주 방면으로 확대될 조짐이 보이자, 이토 내각은 이미 조선에 파견한 제3사단과 제5사단을 지휘하기 위해 8월 30일에 제1군 사령부를 창설하고 사령관에 이미 수상을 역임했던 야마가타 아리토모를 임명하였다. 그리고 추가로 파견한 제1사단, 제2사단, 제6사단을 통합 지휘하는 제2군 사령관에는 오야마 이와오[大山巖] 대장을 임명하였다. 제1군과 제2군은 8월 31일 결정된 작전 방침에 따라 제1군이 압록강을 도하하여 봉황성 방면으로 진격하고, 제2군은 뤼순반도에 상륙하여 다롄 및 뤼순을 공략하기로 결정하였다.[39]

이 같은 군 인사 및 작전 방침 결정에 따라 야마가타 1군 사령관이 9월 12일 인천에 도착하여 9월 15일 치러진 평양성전투와 그 이후의 압록강 도하 작전 등을 진두지휘했다.[40] 이토 총리 및 무쓰 외상은 군사 문제를 총괄할 야마가타 사령관에게 외교 및 국제법에 대한 자문 역할을 제공하기 위해 하버드대학교에서 국제법을 전공하고 베이징에서 외교관으로 활동한 바 있는 고무라 주타로[小村壽太郎]를 배속시켰다.[41] 이토 총리와 무쓰 외상은 한반도와 만주 지역에 파견된 야마가타 지휘하의 야전군이 고무라 주타로 등의 파견으로 인해 외교 정세에 순응하여 군사작전을 수행해주기를 기대했다. 이 같은 영향 때문인지 야마가타 제1군 사령관과 오야마 제2군 사령관은 부하들에게 일본이 1886년

---

39 齊藤聖二, 2003, 앞의 책, 158쪽.
40 왕정복고 당시에 기병대 지휘관으로 무진전쟁에 참가한 이래 평생을 일본의 육해군 건설에 진력해온 야마가타는 후일의 회고를 통해 이 시기가 그의 인생에서 가장 행복한 시기였다고 술회한 바 있다. Roger F. Hackett, 1971, 앞의 책, p. 161.
41 Stewart Lone, 1994, 앞의 책, p. 32.

제네바 의정서의 체약국이므로 그에 따라 청국 병력들과 인민들을 대해야 한다고 훈시하였다.[42]

다만 압록강전투와 만주 지역 전투에서 승전을 거듭하면서 야마가타 제1군 사령관은 조선의 독립 방책 및 향후 전쟁 수행 방향에 대해 이토 총리와는 다른 성향의 정책론을 갖게 되었다. 1894년 11월, 그는 대본영에 제출한 의견서에서 이 점을 보다 명확하게 제시하였다.

우선 그는 조선 인민이 암우(暗愚)하여 산업에 힘쓰지 않고 진취의 기상이 결여되어 있다고 관찰하면서 이를 독립시켜 동아에서 일본의 이익을 보전하기 위해서는 평양 이북 지역에 일본 이주민을 이식하여 지역 내 상업과 농업에 관련된 실권을 장악하고 이를 통해 조선 인민을 교화할 것과 부산에서 경성을 경유하여 의주에 이르는 철도를 부설하여 일본이 운수 교통의 권리를 장악할 것을 주장하였다. 나아가 그는 이 철도가 장차 중국을 횡단하여 인도에 이르는 통로가 되어 일본의 패권을 동양에서 떨치는 대도(大道)가 되어야 한다고 주장하였다.[43] 이를 위해 그는 제2군을 베이징 방면으로 상륙시키고, 제1군을 만주 북쪽으로 진격시켜 결국은 랴오둥반도에서 제1군과 제2군을 합류시킬 것을 향후 작전 방향으로 제안하였다.[44]

만주와 베이징 방면까지 진격할 것을 염두에 둔 야마가타의 작전 구상은 실은 전승 무드에 들떠 있던 일본 국내 강경파들과 의견을 같이하

---

[42] Stewart Lone, 1994, 위의 책, p. 145. 그럼에도 불구하고 1894년 11월, 뤼순을 점령한 일본군은 주민 다수를 학살했고, 그 수는 6만 명에 달하는 것으로 알려지고 있다. 같은 책, p. 143. 무쓰도 뤼순 시내에서 청국 주민 30여 명만 살아남았다고 하여 이 점을 인정하고 있다. 무쓰 무네미쓰, 김승일 옮김, 1896·1993, 앞의 책, 132쪽.

[43] 岡義武, 1958, 앞의 책, 61-62쪽에서 재인용.

[44] Stewart Lone, 1994, 앞의 책, p. 40; Roger F. Hackett, 1971, 앞의 책, p. 163.

는 것이었다. 당시 양대 정당의 하나인 와세다대학교의 설립자 오쿠마 시게노부[大隈重信]가 당수를 맡고 있던 개진당(改進黨)은 1894년 하반기 당보를 통해 승세를 몰아 베이징을 점령하고, 일본 천황이 직접 청국을 정복하고 영구 점령해야 한다는 강경론을 주창하고 있었다.[45]

이토 내각으로서는 야마가타 등을 필두로 하는 야전에서 제기하고, 국내 일부 정치 세력에도 동조하고 있던 대청 강경론에 직면하여 전쟁 수행 방침에 대한 나름의 결정을 강요받게 되었다.

3. 이토 내각의 제한전쟁론과 시모노세키 강화회의

이토 수상과 무쓰 외상은 야마가타 제1군 사령관이나 개진당 유력 정치인들이 제기하고 있던 베이징 무력 점령에 관한 주장들이 "허망에 들뜬 애국심의 발로"라고 냉정하게 평가절하하였다. 무쓰 외상은 "국민들이 우리의 욱일승천하는 군대가 언제쯤 베이징 성문에 진입할까 하는 문제만을 생각"하고 있다고 진단하면서 객관적인 고찰을 하지 않고 "자신에게 도취되어 밖의 형세를 전혀 돌보지 않는" 이러한 "쓸데없는 애국심"이 오히려 국가의 대계를 그르치게 할 수 있다고 경계하였다.[46] 이러한 생각은 이토 히로부미 총리도 공유하고 있었던 것으로 보인다. 사실 일본의 연전연승을 주시하고 있던 러시아 등이 일본이 중국 점령 지역을 확대하면서 중국 내 토지를 할양하게 되면 러시아 등 열국의 이익에 부합하지 않을 것이라는 메시지를 러시아 주재 일본 공사 등을 통해 전달

45　1894년 10월 20일, 12월 8일, 12월 28일 개진당보에 실린 大隈重信, 尾岐行雄 등의 논설. 岡義武, 1993, 앞의 글, 174-175쪽에서 재인용.
46　무쓰 무네미쓰, 김승일 옮김, 1896·1993, 앞의 책, 180-181쪽.

하고 있었기 때문이다.⁴⁷

이토 총리는 결국 11월 29일, 천황에게 칭병을 이유로 제1군 사령관 야마가타를 본국 소환을 건의하였고, 수락을 얻어냈다. 그리고 12월 4일, 이토는 대본영에 의견서를 제출하여 베이징과 톈진을 공략하면 열국의 외교적 간섭을 초래할 위험성이 크기 때문에 군사적으로 곤란하며, 그 대안으로 웨이하이웨이[威海衛]와 타이완 방면을 공략할 것을 제안하였다.⁴⁸ 베이징 공략을 주장했던 야마가타와 달리 이토 히로부미는 대륙에서의 제한 전쟁을 대안으로 제시한 것이다.

이 같은 총리의 방침에 야전의 육군과 해군 지휘관들도 동조하고 나섰다. 제2군 사령관 오야마 이와오 대장과 연합함대 사령장관 이토 스케유키[伊東祐亨] 제독은 12월 6일에 회담을 갖고 동계 기간 중 대륙에서의 작전은 군사상 부담이 크므로, 대안으로 웨이하이웨이를 공략하여 청국 함대를 격파하는 작전을 수행할 것을 대본영에 건의하였다. 이 같은 건의를 받은 대본영은 12월 14일, 발해만에 대한 상륙작전은 보류하고 대신 육군을 산둥반도에 상륙시켜 청국 북양함대가 기지로 사용하는 웨이하이웨이를 공략하기로 결정하였다.⁴⁹ 이 같은 경위를 보건대 청일전쟁 기간 중 일본 정부는 일정 정도 문민 통제의 시스템이 작동한 것으로 보인다. 즉, 야전 군부가 군사적 승리만을 목표로 하는 대청 강경론을 제기하고 일반 여론이 이에 동조하였던 것에 대해 내각이 외교 등 전쟁 전반의 상황을 고려하여 이를 일축하고 제한 전쟁의 방침을 관철

47　齊藤聖二, 2003, 앞의 책, 162쪽.
48　岡義武, 1993, 앞의 글, 176쪽; 齊藤聖二, 2003, 위의 책, 167쪽.
49　齊藤聖二, 2003, 앞의 책, 167-168쪽; Stewart Lone, 1994, 앞의 책, p. 42.

시켰기 때문이다.

어쨌든 이토 내각의 전쟁 수행 방침 변경 이후 일본 육군은 베이징 방면의 톈진이 아닌 산둥반도의 웨이하이웨이에 상륙하였고, 일본 해군과 연합하여 청국 북양함대를 궤멸시켰다. 결국 청국 북양대신 이홍장은 일본 정부에 강화조약 체결을 제안하였고, 1895년 4월, 시모노세키에서 이토 히로부미와 이홍장이 참가한 가운데 강화조약에 관한 협상이 개시되었다. 청국과의 강화조약 관련 협상이 시작되자, 일본 정부 내외에서는 승전국인 일본이 요구해야 할 할양지에 대한 요구가 다양하게 제기되었다.

일본 육군은 자신들이 전승을 거둔 랴오둥반도 할양을 당연하게 요구하였다. 랴오둥반도에서의 전투 과정에서 일본 육군이 적지 않은 희생을 감수했고, 전략적으로도 향후 조선의 보호를 위하고, 청국에 대한 압력을 강화하기 위해서도 필요한 지역이었기 때문이다. 해군은 타이완과 펑후[澎湖]제도에 대한 할양을 요구하였다. 대장상 마스가타 마사요시[松方正義]도 해군과 의견이 같았다.[50] 그런데 외상 무쓰는 육군의 요구에 따라 랴오둥반도 할양을 강화 조건에 포함하면 러시아 등 열강들의 간섭을 초래할 가능성이 있음을 우려하였다. 조선 공사 이노우에 가오루도 같은 견해를 제시하였다. 이토 히로부미를 외교적으로 보좌하던 외상과 조선 공사가 랴오둥반도 할양 이후에 있을 수 있는 유럽 열강들의 간섭 가능성을 예상하고 할양지 요구의 제한을 고려했던 것이다.

그러나 결국 이토 총리는 육군과 승전 무드에 젖은 국민들의 여론을 도외시할 수 없어 4월 17일, 시모노세키강화조약의 조건으로 랴오둥반

---

50 岡義武, 1993, 앞의 글, 179쪽.

도 할양을 배상금 3억 엔과 타이완 및 펑후제도 할양, 조선의 독립 인정 등과 함께 포함시켰다. 결국 이에 대해 4월 23일, 러시아, 독일, 프랑스가 삼국간섭을 가해 왔고, 일본이 와신상담(臥薪嘗膽)의 각오로 이에 굴복하여 5월 4일에 각의 결정을 통해 랴오둥반도를 반환하게 된 것은 잘 알려진 사실이다.

IV. 청일전쟁 이후 일본 정치인들의 아시아 인식과 정책

삼국간섭의 결과 랴오둥반도를 반환하긴 했으나, 청일전쟁에서 승전한 일본의 국제적 위상은 상당히 높아졌다. 청국의 육군과 해군에 대해 승전을 거둠으로써 조선에 대한 청국의 종주권과 영향력을 완전히 배제하는 데도 성공했다. 상대적으로 조선 내정에서도 일본과 연관이 깊은 인사들이 내각을 구성하였고, 일본의 영향력이 상대적으로 증대되었다. 전쟁의 승리는 서구 열강들에 대해 일본의 위상이나 발언권을 강화하는 계기도 되었다. 이제 일본의 정치가들은 청국과의 전쟁 승리 이후에 일본이 취해나갈 대외정책에 대해 새로운 환경을 전제로 전략을 구상해야 했다.

제1군 사령관에서 물러난 야마가타 아리토모는 잠시 감군(監軍)의 직위에 머무르다가 1895년 3월, 이토 내각의 육군대신에 임명되었다. 그는 시모노세키조약 조인 직전인 1895년 4월 5일과 15일에 일련의 건의서를 내각과 천황에게 각각 제출하여 전쟁 이후의 일본 대외정책에 대한 자신의 구상을 피력하였다. 이들 문서에 의하면 야마가타는 일본이 전승

(戰勝)의 기운을 바탕으로 '동양의 맹주'가 되어야 한다고 주장하면서 우선은 청국이 복수 전쟁을 도발할 가능성에 대비하고, 시베리아철도가 완성되는 시점 이후 러시아의 동향에도 대응하여 군비를 확장해야 한다고 하였다. 다만 향후의 군비 확장은 주권선을 유지하는 데 머무르지 않고, 이익선의 확장을 도모하는 일이 되어야 한다고 주장하였다.[51] 시모노세키조약이 체결된 이후에는 육군 참모차장 가와카미 소로쿠[川上操六]에게 지시하여 즉각 만주의 다롄에서 진저우에 이르는 철도를 부설하는 데 착수해야 하며, 이 철도는 장래 중국 대륙을 거쳐 인도에까지 이르러야 하기 때문에 광궤(廣軌)로 해야 한다고 제언하였다.[52] 또한 1896년 2월, 야마가타는 일본 정부의 특사로 선발되어 러시아 황제 니콜라이 2세의 대관식에 참석했다. 이 기회를 이용하여 그는 러시아 외상 로바노프(Lovanov Rostovsky)와 회담을 갖고, 일본과 러시아 양국이 조선의 독립을 상호 인정하고, 양국 군대 사이에 중립 지역을 설정하기로 합의하였다.[53]

   이 같은 구상들은 1898년 11월, 그가 재차 총리에 지명되어 2차 야마가타 내각을 구성하면서 보다 본격화되었다. 그는 이해의 제국의회 시정방침 연설에서 러시아의 동향에 대응하기 위해 육해군을 확장할 필요성이 있다고 역설하고, 이를 뒷받침하기 위한 군사비 증액을 요청하였다. 동시에 조선 내에서 미국인이 소유하는 경인철도 부설권을 매수하기 위

---

51 岡義武, 1958, 앞의 책, 62쪽에서 재인용. Roger F. Hackett, 1971, 앞의 책, p. 168-169.
52 岡義武, 1958, 위의 책, 62쪽.
53 岡義武, 1958, 위의 책, 64쪽 및 Roger F. Hackett, 1971, 앞의 책, p. 174. Hackett는 야마가타가 러시아 방문 도중에 들른 미국과 러시아에서 청일전쟁 영웅이자 세계적인 인물로서 대우를 받았다고 설명한다.

한 예산을 확보하였고, 경부철도 부설에 대해서도 의회의 승인을 획득하였다.[54]

이같이 야마가타는 제1군 사령관 시절인 1894년 11월에 작성한 의견서에서 표명한 바와 같이 청일전쟁 승전의 여세를 몰아 일본이 중국은 물론 인도에까지 영역의 확장을 염두에 두는 '동양의 맹주'로서 위상을 군건히 해야 한다고 주장하였다. 이를 위해 지속적으로 육해군의 군비를 확장하고, 한반도 및 중국에서의 철도 건설을 추진하고, 한편으로는 러시아 남하를 견제하는 외교를 빈틈없이 전개해야 한다는 전략 구상을 표명하였다.

한편 이토 히로부미는 야마가타가 추진하였던 한반도에서의 철도 부설은 러시아를 자극할 우려가 있다고 보아 찬의를 표명하지 않았다. 특히 1896년 1월 11일에 귀족원에서 행한 연설을 통해서 그는 일본이 청국과의 전쟁을 통해 평화를 회복시켰으므로, 이를 바탕으로 향후 역점을 두어야 할 급선무는 '국력을 배양하는 것'이라고 주장하였다. 이러한 관점에서 새롭게 식민지로 편입한 타이완에 일본 인민을 이식하여 장래의 발달을 도모해야 한다고 하였다.[55] 1898년 12월에 행한 연설을 통해서는 중국과 조선의 정세가 여전히 불안하다고 지적하면서 일본으로서는 지금의 시대는 '아직 건설의 시대'라고 규정하였다. 즉, 주변 정세를 관찰하면서 경제력과 군사력을 계속 증강하는 것이 일본의 과제라고 보았다.[56]

---

54 岡義武, 1958, 위의 책, 73, 79쪽.
55 伊藤博文, 1929·1982, 「戰後經營とは何ぞ」(1896. 1. 11, 제9의회 귀족원), 平塚篤 編, 『伊藤博文演說集: 續伊藤博文秘錄』, 原書房.
56 伊藤博文, 1929·1982, 「東洋の時局を論じて余の立場を明にす」(1898. 12. 10, 헌

또한 그는 청일전쟁 승리를 통해 세계 속에서 일본의 지위가 상승하였고, 대국의 반열에 들어섰기 때문에 "타인의 이익을 빼앗고 타인을 압도하는 것보다 우선 자기의 힘을 늘리면서 이로써 일반의 진보에도 공헌한다는 방침"을 정할 필요가 있다고 제언하였다.[57] 이런 관점에서 그는 야마가타가 20세기 접어들어 러시아에 군사적으로 대항할 수 있는 방편으로 영일동맹 체결을 추진하였던 것에 대해 반대하면서 러시아와의 무력 대결을 피하고 외교 협상을 통해 한반도 및 만주에서 상호 이익을 균점하는 방책을 추구했다. 그리고 1904년 3월 13일에는 조선을 방문하여 국왕 고종에게 조선의 문명화와 일본과 연대할 필요성, 그리고 이를 통한 동양의 평화를 운위했다.[58]

이같이 청일전쟁 승전 이후 일본 정계에서는 향후 아시아 정책에 대한 대외 구상이 미묘한 차이를 보이면서 대립하고 있었다. 야마가타를 필두로 하는 군부 수뇌는 청국의 복수 전쟁 가능성과 시베리아철도 건설 이후 러시아가 남하 정책을 적극화할 가능성을 염두에 두면서 지속적 군비 증강과 대륙에서의 철도 건설을 통한 '이익선의 확장'을 추진하려 하였다. 한편 이토 히로부미 등의 민간 정치가들은 청국과 조선 정세의 취약성을 우려하면서 일본 자체의 국력 증강, 그리고 러시아 등과의 외교 협상에 의한 분쟁 회피와 아시아에서의 이권 확보 등을 보다 중시하였다. 승전 이후의 대외정책 구상에 있어 목표와 수단 면에서 메이지 정

정당원 초청회), 平塚篤 編, 위의 책, 24쪽.

[57] 伊藤博文, 1929·1982, 「公平なる日本の政策」(1907. 4. 17, 京城 일본구락부의 한국경제협회에서), 平塚篤 編, 위의 책, 226쪽. 이 연설은 러일전쟁 승리 이후 통감으로 부임한 이후에 행한 것이나, 연설 내용 중에 청일전쟁 승전 이후의 일본 대외정책에 대해 설명한 부분이 있어 인용한다.

[58] 한상일, 2015, 앞의 책, 224-225쪽.

부 내에서도 전략적 내지 전술적 차이가 존재했던 것이다.

V. 맺음말

이토 히로부미와 야마가타 아리토모는 1880년대 이후 일본 메이지 정부의 내정과 대외정책에서 각각 중요한 역할을 수행했다. 이토는 1885년 초대 내각의 총리를 지냈으며, 야마가타 또한 1890년 총리를 역임하였다. 이들은 1894년부터 전개된 청일전쟁 과정에서 각각 총리(이토)와 제1군 사령관 및 육군상(야마가타)으로 외교 및 군사 분야의 정책 실행에 관한 최고책임자로서의 역할을 수행하였다.

그런데 청일전쟁의 이전 시기부터 양자 간에 아시아 정책에 관한 정책이 반드시 일치하지는 않았다. 이토 히로부미는 1885년 스스로가 대표로 참가하여 톈진조약을 체결한 이래 청국과 협조하여 조선을 비롯한 아시아 정책을 수행해야 한다는 입장을 견지하였다. 한편 야마가타는 청국의 군사 동향을 러시아의 그것과 더불어 일본의 주권선에 대한 잠재적 위협으로 간주하고, 일본의 이익선으로 상정된 조선을 보호하기 위해 군사적 대비를 강화해야 한다고 주장하였다.

이 같은 입장은 동학농민혁명이 발발하고 청국 군대가 조선에 파병되면서 청일전쟁 개전 초기에는 수렴되는 양상을 보였다. 즉, 이토는 외상 무쓰 무네미쓰 등과 더불어 조선의 독립을 보호하기 위해 일본도 청국과 마찬가지로 조선에 파병해야 한다고 주장하였다. 단, 청국과 직접적 분쟁을 벌이기보다는 공동으로 조선의 내정 개혁을 도모해야 한다는 정책론을 제시하였다. 야마가타도 청국 군대의 조선 파병에 대응하여 그 자신이 메이지유신 이후 건설해온 육군과 해군의 정예 병력을 조선에 파병해야 한다고 하였다. 이토와 야마가타 양자는 청국이 일본이 제안한 공동 내정 개혁안을 거부하자, 쉽사리 청국에 대한 개전 선언과 교전 행위에 착수하였다.

청일전쟁 초기 단계에 일본군이 연전연승하고 한반도는 물론 만주 지역에 대한 공세를 전개하자, 야마가타와 이토의 아시아 정책론이 차이를 드러내게 되었다. 야마가타는 청국의 베이징에 대한 공세도 불사하면서 한반도, 중국 그리고 인도를 잇는 제국의 확장을 추진해야 한다고 하였다. 이를 위해 조선 북부 지역에 일본 이주민들을 이주시키고, 한반도를 횡단하는 철도 건설도 필요하다고 주장하였다. 반면 이토와 무쓰 외상 등은 이러한 주장에 따를 경우 서구 열강의 개입과 간섭을 초래할 것이고, 결국 일본에 이익이 되지 않을 것이라고 경계하였다. 이 같은 판단에서 야마가타를 제1군 사령관에서 물러나게 하고, 중국에 대한 군사작전도 산둥반도 방면으로 제한하는 방침을 결정했다. 야마가타가 군인의 입장에서 공세적 군사작전 위주의 아시아 정책을 구상했다면, 이토와 무쓰 등은 일본을 둘러싼 국제정세를 고려하면서, 아시아 방면에 대한 제한 전쟁의 정책론을 대안으로 추진했던 것이다.

청일전쟁이 일본의 승리로 귀결되고 시모노세키강화협상이 열리자, 이토와 야마가타는 전후 일본이 취해야 할 아시아 정책에 대해서도 미묘한 차이를 보이게 된다. 야마가타 등 군부는 일본 육군이 전시에 점령한 랴오둥반도 할양을 강력하게 요구했지만, 이토와 무쓰 외상 등은 열강이 간섭할 가능성을 우려하여 랴오둥반도 할양에 대해 신중한 반응을 보였다. 야마가타는 전쟁 승리 이후에도 청국이 복수 전쟁을 일으킬 가능성, 시베리아철도 건설 이후 러시아가 남하 정책을 펼 가능성을 경계하여 지속적인 군비 증강과 러시아에 대한 공세적 외교정책 추진을 주장했다. 반면 이토는 청국 및 조선 정세의 불안정성을 염두에 두면서 일본 스스로의 국력을 증강할 필요성을 환기하고, 나아가 조선과 연대를 강화하여 외교적으로 대응할 필요성을 제기했다. 이 같은 논리의 연장선상에서 그가 러일전쟁 이후 조선 정부와의 병합을 추진하고 초대 통감에 취임하게 되었던 것으로 보인다.

 이상의 연구로 청일전쟁을 통해 아시아의 제국으로 부상한 일본의 대외정책 구상에는 이토와 야마가타 등으로 상징되는 복수의 선택지가 존재했음을 알 수 있다. 메이지 정부 내에서도 대외정책의 목표로서 이익선의 확장과 같은 영역의 확대를 목표로 하는 그룹이 있었는가 하면, 일본 스스로의 문명 개화와 국력 증강을 우선시하는 그룹이 병존하고 있었다. 대외정책의 수단으로 군사력을 중시한 군부 그룹과 외교적 수단을 보다 강조하는 민간 정치가 그룹이 정책적 대결 구도를 이루고 있었던 것이다. 이 두 그룹의 정책 구상 전개를 같이 다룬 이 연구가 이토와 야마가타 개인에 대한 기존 연구에서는 잘 드러나지 않았던 제국주의 시대 일본의 대외정책 및 팽창 메커니즘을 보다 복합적으로 드러나게 하는 성과를 거두지 않았나 생각한다.

참고문헌

• 1차 자료

무쓰 무네미쓰[陸奧宗光], 김승일 옮김, 1896·1993, 『건건록(蹇蹇錄)』, 범우사.

大山梓 編, 1966, 『山縣有朋意見書』, 原書房.

山縣有朋, 「外交政略論」(1890년 3월), 大山梓 編, 1966, 『山縣有朋意見書』, 原書房.

伊藤博文, 1929·1982, 「戰後經營とは何ぞ」(1896. 1. 11. 제9의회 귀족원), 平塚篤 編, 『伊藤博文演說集: 續伊藤博文秘錄』, 原書房.

_____, 1929·1982, 「東洋の時局を論じて余の立場を明にす」(1898. 12. 10, 헌정당원 초청회), 平塚篤 編, 『伊藤博文演說集: 續伊藤博文秘錄』, 原書房.

_____, 1929·1982, 「公平なる日本の政策」(1907. 4. 17, 京城 일본구락부 한국경제협회에서), 平塚篤 編, 『伊藤博文演說集: 續伊藤博文秘錄』, 原書房.

平塚篤 編, 1929·1982, 『續伊藤博文秘錄』, 原書房.

_____, 1929·1982, 『伊藤博文演說集: 續伊藤博文秘錄』, 原書房.

• 2차 자료

강성학, 2005, 「용과 사무라이의 결투: 중(청)일전쟁(1894-95)의 군사전략적 평가」, 『국제정치논총』 제45집 4호(2005 겨울).

박영준, 2014. 8, 「청일전쟁 전후 일본의 대외전략과 군사정책: '근대화 우선론'과 '대륙팽창론'의 상호 대립과 전개를 중심으로」, 한국정치외교사학회 편, 『한국정치외교사논총』 제36집 제1호.

한상일, 2015, 『이토 히로부미와 대한제국』, 까치.

岡義武, 1958, 『山縣有朋』, 岩波書店.

_____, 1993, 「日淸戰爭と當時における對外意識」, 『岡義武著作集』, 岩波書店.

大澤博明, 1999, 「明治前期の朝鮮政策と統合力:そのアジア主義的傾向を中心に」, 日本政治学会 編, 『日本外交におけるアジア主義』, 岩波書店.

德富蘇峰, 1932·1980, 『公爵山縣有朋傳』, 東京: 原書房.

藤村道生, 1961, 『山縣有朋』, 東京: 吉川弘文館.

田保橋潔, 1951, 『日淸戰役外交史の硏究』, 東京: 東洋文庫.

齊藤聖二, 2003, 『日淸戰爭の軍事戰略』, 芙蓉書房.

Dudden, Alexis, 2005, *Japan's Colonization of Korea: Discourse and Power*, Honolulu: University of Hawaii Press.

Hackett, Roger F., 1971, *Yamagata Aritomo in the Rise of Modern Japan, 1838-1922*, Cambridge: Harvard University Press.

Iriye, Akira, 1989, "Japan's Drive to Great Power Status", Marius B. Jansen, ed., *The Cambridge History of Japan, vol.5: The Nineteenth Century*, Cambridge: Cambridge University Press.

Lone, Stewart, 1994, *Japan's First Modern War: Army and Society in the Conflict with China, 1894-95*, London: MacMillan Press.

3장

청일전쟁 직전 영국의 외교적 간섭 실패와 패권적 지위 균열:
영국의 대조선 정책과 관련해서

한승훈
한국예술종합학교 예술교양학부 겸임교원

I. 머리말

이 글은 1894년 청일전쟁을 '세력전이(Power Transition)'의 관점에서 고찰하는 데서 출발하였다.[1] 기존 연구는 청국의 몰락과 일본의 도약이라는 과정으로 세력전이 이론에 주목하였다.[2] 국력과 군사력 등의 지표는 동아시아의 주도권이 청국에서 일본으로 전이되는 과정을 구체적으로 보여주었다. 전통적인 중화 질서의 몰락(청국)과 제국주의 열강으로의 도약(일본)이라는 설명이 갖는 한계를 보완하기에 충분하였다.

하지만 아쉬운 부분도 있었다. 바로 영국의 존재였다. 일반적으로는

---

*   이 글은 필자의 박사학위논문(『19세기 후반 朝鮮의 對英정책 연구 (1874~1895) - 조선의 均勢政策과 영국의 干涉政策의 관계 정립과 균열 -』(고려대학교 한국사학과, 2015)의 VI장의 내용을 수정·보완한 것이다. 아울러 「청일전쟁 직전 영국의 외교적 간섭 실패와 패권적 지위 균열」(『한국동양정치사상사연구』 제19권 제2호, 2020)의 내용을 본서의 집필 목적에 맞게 보완해서 수록했음을 밝혀둔다.

1   지금까지 청일전쟁 연구는 주로 3가지 관점에서 진행되었다. 첫째는 일본의 개전(開戰) 외교에 대한 평가이다. 둘째는 청일전쟁이 일본의 승리로 귀결되는 일련의 과정이 조선에 미친 영향에 대한 연구이다. 셋째는 청일전쟁 이후 변화하는 조선(대한제국)과 동아시아 국제정세를 분석하는 연구이다. 이 글과 직접적인 연관이 있는 일본의 개전 외교에 관한 연구는 크게 2가지로 구분할 수 있다. 하나는 일본에 의해 '준비된 필연적 전쟁'이라는 관점이다. 다른 하나는 '우발적 전쟁'이라는 시각이다. 최석완은 후자의 연구가 일본 학계의 통설로 자리매김한 '우발적 전쟁'이 갖는 문제점을 지적하고, 청일전쟁이 일본에 의한 '능동적 개전'이었음을 밝혔다. 최석완, 2018, 「일본정부의 청일전쟁 개전 정책과 그 성격」, 『일본역사연구』 47.

2   Woosang Kim, 2002, "Power Parity, Alliance, Dissatisfaction and Wars in East Asia, 1860-1993", *Journal of Conflict Resolution*, 46-5; 조한승, 2006, 「상대적 국력이론의 관점에서 바라본 중일전쟁(1894-1895)」, 강성학 편, 『용과 사무라이의 결투』, 리북; 신욱희, 2019, 「전이이론으로 본 청일전쟁: 19세기 말 일본의 대한반도 정책 목표」, 『한국정치외교사논총』 41-1; 정성철, 2020, 「동아시아 세력전이와 한반도 전쟁: 19세기 청일전쟁과 21세기 미중경쟁」, 『담론201』 23-1.

19~20세기 영국에서 미국으로의 평화로운 세력전이에 주목했다.[3] 영국에서 미국으로의 평화로운 세력전이는 동아시아에도 적용이 가능했다. '평화적' 분위기 속에서 영국이 동아시아의 패권적 지위를 미국으로 양도하는 모습을 연출할 수 있었다는 설명이 그것이다.

그런데 1880년대 중반 이후로 영국은 동아시아 국가들로부터 도전을 받았다. 거문도 점령과 철수 과정에서 영국은 지도력을 발휘하지 못하였다.[4] 청일전쟁 직전 영국은 외교적 간섭 정책(the policy of intervention)[5]에 실패하였다. 19세기 후반 영국은 동아시아에서 자국의 정책이 모든 국가에 이익을 준다는 믿음을 심어주지 못하는 상황에 직면하였던 것이다.[6] 즉, 19세기 후반 동아시아에는 전통적인 중화 질서의 고수 및 해체

---

[3] 정재호 편, 2016, 『평화적 세력전이의 국제정치: 19-20세기 영-미 관계와 21세기 미-중 관계의 비교』, 서울대학교출판문화원.

[4] 김현수, 2002, 「영제국 외교력의 쇠퇴와 '포트 해밀턴'사건의 상관관계」, 『영국연구』 7; 김현수, 2011, 『대영제국의 동아시아 외교 주역 해리 S. 파크스』, 단국대학교 출판부; 한승훈, 2016, 「영국의 거문도 점령 과정에 대한 재검토 - 갑신정변 직후 영국의 간섭정책을 중심으로 -」, 『영국사학』 35.

[5] 김현수, 1994, 「영국의 외교정책: 위대한 고립책(Splendid Isolation Policy)」, 『西洋史論』 43-1; 김현수, 2001, 「19세기 영국 외교정책의 근원: 캐닝 외상의 정치·경제·외교관(觀)을 통해 본 대안의 삶」, 『현상과 인식』 25-1.

[6] 19세기 중반 이래 동아시아에서는 영국을 정점으로 위계질서가 형성되었다. 영국은 우세한 군사력과 경제력을 토대로 동아시아에서 패권적 지위를 행사하였다. 그러면서 영국은 자신이 구축한 질서가 안정과 평화, 그리고 역내 국가의 이익에 부합한다는 '지도력'을 동아시아에 발휘하였다. 특히 영국의 '지도력'은 외교적 간섭 정책으로 표출되었다. 영국은 외교적 간섭을 행사함으로써 청국, 일본, 그리고 조선이 영국의 의도에 부합하게 행동하도록 이끌었다. 영국이 외교적 간섭을 통해 달성하고자 한 전략적 목적은 러시아 견제였다. 동아시아에서 영국의 패권 장악에 관해서는 다음 논저 참조. Ian Nish, 1966, *The Anglo-Japanese Alliance, The Diplomacy of Two Island Empires, 1894~1907*, The Athlone Press, pp. 1-19; 임마누엘 C. Y. 쉬, 2007, 「청 말의 대외관계(1866~1905)」, 존 K. 페어뱅크, 류광징 편, 『캠브리지 중국사』 11권 上, 새물결, 127-241쪽(Immanuel C. Y. Hsu, 1980, "Late Ch'ing foreign relations, 1866–1905", John K. Fairbank, Kwang-Ching Liu eds.,

를 둘러싼 청국과 일본의 세력전이뿐만 아니라 영국으로 대표되는 서구의 패권적 지도력[7]과 이에 도전하는 동아시아 국가의 세력전이의 모습이 복합적으로 전개되었다.[8]

그렇다면 조선의 존재는 어떻게 봐야 할까? 세력전이 이론에서 약소국은 패권국이나 강대국에 순응하는 존재로 언급되었을 뿐이다. 패권국과 강대국의 세력전이에서 중요한 변수가 아니었다. 그렇기에 세력전이 이론을 다룬 연구에서는 약소국의 위치가 잘 드러나지 않았다. 청일전쟁을 세력전이 이론으로 설명한 연구에서도 그러하다. 조선의 존재는 미약하다.

The Cambridge History of China Volume 11: Late Ch'ing, 1800–1911, Part 2, Cambridge University Press); 이삼성, 2008, 「동아시아 제국주의의 시대구분」, 『國際政治論叢』 제48집 3호; 小林隆夫, 2012, 『19世紀イギリス外交と東アジア』, 彩流社.

[7] 세력전이 이론에서는 '세력'을 "상대국이 자국이 요구를 따르도록 강제하거나 설득할 수 있는 능력이나 힘"으로 규정한다. 그런데 아리기와 실버는 그람시의 헤게모니(hegemony) 개념을 이용해 세계 패권의 본질을 설명하면서, 패권국가가 세계 체제를 주도하는 '지배'는 강제력뿐만 아니라 지배적 국가의 정책이 자국의 이익뿐만 아니라 종속 국가의 이익에도 부합한다는 믿음을 줄 수 있는 능력, 즉 '지도력'에 의해서 발휘되며, '지배력'을 통해 지배적 국가는 힘을 팽창시킬 수 있다고 설명했다. 지오바니 아리기·비벌리 J. 실버 외 지음, 최홍주 옮김, 2008, 『체계론으로 보는 세계사』, 모티브북, 56-64쪽. 이에 본문에서는 세력전이 이론의 '세력'을 의미하는 용어로 '지도력'을 사용하였음을 밝혀둔다.

[8] 신욱희는 "최근의 논의에서는 전이의 대상이 단순하게 세력에 머무르는 것이 아니라, 패권, 문명 내지는 질서, 그리고 지위 혹은 권위 등 다양한 요인 등이 고려되고 있으며, 전이의 양상에 대한 검토 또한 여러 방식의 시도가 행해지는 것"이라는 문제를 제기하였다. 이는 신욱희의 지적처럼 "물질적 측면의 능력 변화를 주된 독립변수"로 보았던 기존의 세력전이 이론이 갖는 한계에 대한 비판이자 대안적 제시이기도 했다. 신욱희, 2019, 앞의 논문, 48-53쪽. 이에 이 글에서는 19세기 중반 군사력을 토대로 동아시아 패권을 장악하였지만, 이후 외교를 통해 패권적 지도력을 유지하고자 했던 영국의 사례를 통해서 19세기 후반 동아시아에서 발생한 세력전이의 다양한 양상을 살펴보고자 한다.

하지만 청일전쟁 당시 영국을 이해하기 위해서는 영국의 대조선 정책을 규명할 것을 주장한 연구자가 있었다.[9] 이언 니시(Ian Nish)였다. 그는 영국의 거문도 점령 정책의 실패가 영국 자유당 정부에 정치적 당혹감을 안겨준 재앙이었으며, 그 재앙의 그림자가 1894년에 재집권한 자유당의 동아시아 정책에 영향을 끼쳤다고 평가하였다.[10] 이언 니시가 주장한 영국의 정치적 당혹감과 그에 따른 재앙은 무엇일까? 이는 영국이 패권국으로서의 지도력을 동아시아에 관철하기 어렵게 된 상황을 의미한다.

이에 이 글에서는 영국이 동아시아에서 독점적인 헤게모니를 상실하는 단초를 살펴보고자 한다. 구체적으로는 영국이 외교적 간섭 정책을 통해 청국과 일본의 갈등을 조정하고 조선에서 전쟁을 막고자 했던 1894년 청일전쟁 직전 상황을 살펴보고자 한다. 특히 영국이 조선 문제를 염두에 두고 외교적 간섭을 통해 지도력을 행사하지만 결국 중재에 실패한 과정에 주목하고자 한다. 이를 통해 동아시아에서 지도력을 상실해가는 영국, 새로운 패권국으로 부상을 시도하는 일본, 전통적인 중화질서를 고수했던 청국의 몰락이라는 구도 속에서 약소국 조선의 운명을 고찰해보고자 한다.

---

9   Ian Nish, 2004, "Britain and the Sino-Japanese War, 1894-5", *Collected Writings of Ian Nish: Part 1*, Routledge Curzon, p. 34.
10 Ian Nish, 2004, 위의 책, p. 36.

II. 영국의 조선 문제 단독 간섭

1. 지도력 행사를 통한 조선 내정 개혁 구상

1894년 6월 5일 영국 하원에서는 대정부 질의가 있었다. 질의자는 베이든 파월(George Baden-Powell) 의원이었다. 그는 조선에서 반외세 봉기, 즉 동학이 봉기했다는 루머의 진위를 확인하고자 했다. 전날 조선의 반외세 봉기를 다룬 기사가 《타임스 The Times》에 실렸기에 베이든 파월의 질의는 통상적으로 볼 수 있다.[11] 하지만 그가 묻고자 하는 바는 다름 아닌 군함의 파견에 있었다.

…… 영국 군함이 영국의 이익을 보호하기 위해서 (조선) 해안에 있는지를 알려줄 수 있습니까?[12]

답변은 외무부 차관 그레이(E. Grey)가 맡았다.[13] 그는 신문 보도가

---

[11] 1894년 6월 4일자 The Times에는 "The Insurrection in Corea"라는 제목의 기사가 게재되었다. 이 기사의 작성자는 미국 필라델피아 주재 특파원이었다. 그는 미국 측 취재를 통해 조선의 현 상황을 다음과 같이 소개하였다. 첫 번째는 조선에서 반외세 봉기가 발생하였다. 두 번째는 미국 주재 조선 외교관이 미국 당국에 군함 파견을 요청하였다. 셋째, 이에 미국 해군부가 조선 거류 미국인 보호를 목적으로 군함 Paltimore호를 나가사키에서 제물포로 출동시켰다. The Times, June 4, 1894.

[12] Question asked in the House of Commons, June 5, 1894, No. 1, FO 405/60. "To ask the Under-Secretary of State for Foreign Affairs …… whether British ships of war are on the coast for the protection of British interests."

[13] 위의 사료, "Her Majesty's Government have received no information on this subject, and it may therefore be hoped that the reports which have appeared in the newspapers are exaggerated. The Naval Commander-in-

과장되었다고 답하였다. 그는 중국 북부 지역에 6척의 군함이 주둔하고 있으며, 그중에서 어떤 군함이 조선으로 출발할 것인가에 대해서는 알려진 바가 없다고 답변하였다. 그레이는 영국의 이익에 손해를 끼칠 경우, 영국 정부는 조선 문제에 간섭하겠다는 뜻을 우회적으로 밝혔던 것이다. 그렇다면 영국은 동학 봉기로 촉발된 조선 문제에 어떻게 간섭하였을까?

1894년 2월 동학이 고부에서 봉기하였다. 봉기의 출발은 고부군수 조병갑의 탐학과 부정부패에서 비롯되었다. 그런데 군수의 탐학과 부정부패는 비단 고부에만 있는 현상이 아니었다. 매관매직을 한 인물들이 군수 등 관리로 임명되는 경우가 만연하였다. 그렇기에 동학 농민들의 봉기는 동학교단의 조직과 농민들의 적극적 참여 속에서 점차 전라도 전역을 비롯해서 전국 단위로 확대되었다.

봉기한 동학교도들은 탐관오리의 척결만을 내세우지 않았다. 외세를 배격하겠다는 뜻도 밝혔다. 일본이 주요 배격 대상이었지만, 서양인들도 예외는 아니었다. 1893년 초 동학교도들은 주로 서양 선교사 가옥에 방문을 붙였다. 방문에는 서양인들은 조선에서 떠나라는 내용이 담겨 있었다. 서양인들에게는 동학교도가 붙인 방문이 위협적이지 않을 수 없었다. 이에 1893년 당시 조선에 주재하는 서양 외교관들은 동학의 움직임을 예의 주시하였다. 이는 서울 주재 영국 총영사 힐리어(Walter C. Hillier)도 마찬가지였다.[14]

---

chief, with six ships, is now on the northern part on the China Station, but it is not known whether any vessel has been detached for service on the coast of Corea."

14　Hillier to O'Conor, Soul, March 31, 1893, No. 22, FO 228/1128.

1894년 5월 11일 서울 주재 대리총영사 가드너(C. T. Gardner)는 동학 봉기 소식을 오코너(N. R. O'Conor)에게 보고하였다.[15] 그날 보고는 고부에서의 동학 봉기와 조선 관군의 출동 소식을 담고 있었다. 가드너의 동학 봉기 보고는 오코너를 통해서 런던 외무부로 전달되었다. 그런데 가드너의 보고가 런던 외무부에 전달된 날짜는 7월 12일이었다.[16] 그렇기에 앞서 언급하였던 6월 5일 동학 봉기에 관한 언론 보도가 과장되었다는 그레이의 답변은 완전히 틀렸다고 할 수는 없다. 다만 동학 봉기에 관해서 정확한 정보를 입수하지 못했을 뿐이었다.

그럼에도 영국의 동아시아 정책을 주도했던 오코너는 동학 봉기를 우려하고 있었다. 조선 내부 문제가 청·일 갈등과 러시아의 개입으로 비화될 것으로 예상했기 때문이다.

오코너는 5월 29일 런던 외무부에 동학 봉기의 예상 가능한 여파를 다음과 같이 보고하였다.

> (동학 봉기가) 남부에 국한되어 있는 동안에 두 강대국 모두 다른 강대국의 동의 없이 조선에 군대를 파견할 수 없게 되어 있는 협정(텐진조약)과 경쟁하는 두 강대국이 공동 보조에 합의하는 것이 어렵다는 결과로 인한 청국과 일본 양국의 정치적 갈등은 있음 직한 결론입니다. 만약 이 운동(동학 봉기-인용자)이 북부 지방까지 확대된다면 러시아

---

[15] Gardner to O'Conor, May, 11 1893, No. 28, FO 228/1168.

[16] O'Conor to Kimberly, Chefoo, Chefoo, May 29, 1894(Received July 12), No. 65, FO 881/6594 (Nish ed., *British, documents on foreign affairs reports and papers from the Foreign Office Confidential Print. Part I, From the mid- nineteenth century to the First World War. Series E, Asia, 1860~1914*, v. 4. Sino-Japanese War, 1894,

의 행동으로 이어질 수 있는 무질서와 소요를 일으킬 수 있습니다.[17]

먼저 오코너는 동학 봉기가 청국과 일본의 파병 문제를 둘러싼 정치적 혼란을 야기할 것으로 보았다. 그는 텐진조약으로 청국과 일본은 상대의 동의 없이 조선으로 파병이 불가능했으며, 이 문제를 두고 청국과 일본의 공동 보조를 기대하기도 어렵다고 보았기 때문이다. 다음으로 오코너는 러시아의 개입을 우려하였다. 그는 동학 봉기가 조선 북부로 확대될 경우, 무질서와 혼란에 따른 러시아의 남하를 초래할 것으로 예상하였다.

오코너에게 동학 봉기는 청·일 갈등 및 러시아의 조선 개입을 가져올 위급한 문제였다. 이에 그는 청·일 갈등과 러시아의 조선 개입을 차단할 해결책을 제시하였다. 그 해결책은 조선의 내정 개혁이었다.

> 본인은 각하가 (조선-인용자) 국왕에게 더 나은 정부 체제의 필요성과 백성들이 엄청난 고통과 비참함으로 인해서 반란에 빠지게 하는 비난받아야 할 신하들의 폐해를 용인함으로써 국왕이 자신의 왕조와 나라를 위험에 노출시키고 있다는 점을 명심하도록 서울 주재 영국 총영사의 영향력 행사를 생각할 것으로 의심치 않습니다. 이런 의미에서 본

---

17 앞의 사료, "Its possible consequences, while confined to the southern provinces, are political complications between China and Japan consequent upon the agreement by which neither Power shall send troops to Corea without the consent of the other, and the difficulty of two rival Powers agreeing upon joint action; while if the movement extends to the northern provinces it may produce disorder and disturbances which may lead to action on the part of Russia."

인은 가드너에게 지시를 내렸으며, 본인은 이 문제에 관련해 그에게 보낸 서신의 사본을 귀하에게 발송할 수 있어서 영광으로 생각합니다.[18]

오코너는 가드너에게 조선에서 영향력을 발휘하도록 지시하였다. 그 대상은 고종이었다. 오코너는 영국의 지도력을 행사함으로써 조선의 정부 체제를 개혁하고 동학 봉기의 원인을 제공한 관료들의 퇴진을 추구하고자 했다. 오코너는 청·일의 갈등 격화와 러시아의 개입에 대한 우려 속에서 조선의 내정 개혁을 위한 영국의 지도력 행사를 구상하였던 것이다. 하지만 오코너에게는 시간이 부족했다. 청국군과 일본군이 조선에 파병을 단행했기 때문이다.

2. 외교적 중재를 통한 청·일 군대 철수 구상

1894년 6월 초 조선 정부는 청국에 동학 진압을 위한 군대를 파병해 달라고 요청하였다. 이홍장(李鴻章)은 정여창(丁汝昌)에게 군함을 조선에 파견하도록 지시하였다. 동학 봉기 및 청국의 파병 여부를 예의 주시하던 일본도 가만히 있지 않았다. 일본은 5월 말부터 동학 봉기와 청국

---

[18] 앞의 사료, "Apart even from the immediate political dangers above mentioned, I have no doubt that your Lordship will be of opinion that all the influence of Her Majesty's Consul- General at Seoul should be exercised with a view to impressing upon the King the necessity of a better system of government, and the dangers to which he is exposing his dynasty and country by tolerating abuses on the part of his officials of such a reprehensible nature that the people are driven into rebellion from sheer distress and misery. In this sense I am instructing Mr. Gardner, and I do myself the honour to inclose herewith to your Lordship a copy of the despatch I have addressed to him on the subject."

의 파병에 따른 일본군 파병을 고려하고 있었다. 청국의 파병 결정을 확인하자마자, 일본 각의는 6월 6일에 일본군의 조선 출병을 결정하였다. 각의의 결정이 내려지자마자 일본 외무대신 무쓰 무네미쓰[陸奧宗光]는 청국, 조선, 그리고 서구 열강에 일본군의 조선 파병을 통지하였다.

일본 정부의 통지는 영국에도 전해졌다. 6월 7일 일본 외무차관 하야시 다다스[林董]는 주일 영국공사 파젯(Palph S. Paget)에게 비공식적으로 일본군을 조선에 출병하기로 결정했음을 전하였다. 출병 명분은 조선에서의 심각한 봉기, 즉 동학 봉기에 따라 일본의 이익을 보호하는 것이었다. 파젯은 하야시의 통보 내용을 전신으로 외무부장관 킴벌리(Earl of Kimberley)와 가드너에게 전달하였다.[19]

파젯의 전신을 받은 영국 외무부는 바삐 움직이기 시작하였다. 6월 8일 외무부 차관보 버티(F. Bertie)는 각서를 제출하였다.[20] 버티는 각서에 조선의 국제적 환경을 규정하는 조약, 협정 및 약속 등을 정리하였는데 그 내용은 다음과 같다. 첫 번째는 조영조약의 거중조정(제1관 2항)과 외교관 상주(제2관 1항)에 관한 내용이었다. 두 번째는 톈진조약의 조선 주둔 청·일 군대 철병(1조)과 청·일 군사 교관의 조선 임용 배제(2조) 조항, 그리고 조선에 변란이 발생하는 경우 청·일 양국이 조선에 출병하기 전에 미리 상대 국가에 그 사실을 공지해야 하며, 주둔 명분이 사라지면 군대를 조선에서 철수해야 하는 조항(3조)에 관한 것이었다. 그리고 세 번째는 영국이 거문도 철수를 결정하면서 청국이 조선의 영토 보장 및 러시아의 조선 침략 방지를 보증한 이홍장-라디젠스키 회담에

---

19 Paget to Kimberley, June 7, 1894, No. 2, FO 405/60.
20 Memorandum by Bertie to, June 8, 1894, No. 3, FO 405/60.

관한 건이었다.

버티는 조선의 국제적 환경을 규정하는 조약, 협정 및 약속을 정리한 목적을 각서에서 밝히지는 않았다. 하지만 6월 8일 킴벌리가 파젯에게 보낸 전보에서 그 내용을 유추해볼 수 있다.[21] 그 전보에서 킴벌리는 파젯에게 일본이 조선 파병을 청국에 사전에 통지했는가의 여부를 확인할 것을 명령하였다. 일본이 톈진조약 제3조를 준수하고 있는가를 확인하기 위함이었다. 그리고 일본의 조선 파병에 관한 내용을 베이징에 주재하는 영국 공사에게도 통지할 것을 지시하였다. 청국의 대응을 확인하기 위함이었다.

6월 12일 오코너는 킴벌리에게 청국의 동향을 보고하였다.[22] 그 전보에서 그는 이홍장이 고종으로부터 직접 파병 요청을 받았으며, 동학 진압을 위해서 청군 파병을 실행하였음을 전하였다. 이와 더불어 이홍장이 일본이 서울에 군대를 주둔시키는 상황을 걱정한다는 사실과 더불어, 영국이 '영향력을 발휘(use her influence)'해서 일본군의 서울 주둔을 단념하도록 설득해줄 것을 요청한 사실을 보고하였다.

오코너는 이홍장의 요청을 간과하지 않았다.[23] 그는 영국이 결코 청국과 일본의 갈등을 좌시하지 않겠다고 대답하였다. 특히 그는 이홍장에

---

21 Kimberley to Paget, June 8, 1894, No. 4, FO 405/60.
22 O'Conor to Kimberley, June 12, 1894, No. 6, FO 405/60. "The Viceroy is afraid of complications if Japan sends a force to the capital, and wishes very much that England would use her influence to persuade her not to do so."
23 위의 사료, "I assured him of my conviction that no opportunity for strongly recommending the course most likely to prevent estrangement between the two countries would be neglected by your Lordship."

게 영국 외무부장관을 거론하기까지 했다. 영국 정부 차원에서 청·일 양국 문제를 해결하도록 최선의 노력을 기울이겠다는 발언이었다.

6월 13일 오코너의 보고를 받은 킴벌리는 주영 일본 공사 아오키 슈조[青木周蔵]와 면담을 했다.[24] 그 자리에서 킴벌리는 청국 정부가 영국 정부에 일본의 조선 파병을 단념시켜줄 것을 요청한 사실을 전하였다. 이어서 그는 청·일 양국의 충돌이 자칫 '다음 단계'로 확대될 수 있다면서, 그 '다음 단계'를 피하는 것이 중요하다고 역설하였다. 그는 '다음 단계'가 무엇인지를 구체적으로 밝히지는 않았다. 다만 1870년대 이래 조선을 둘러싼 갈등을 러시아의 남하로 직결해서 생각한 영국의 대조선 정책의 기조를 놓고 본다면, '단계'가 청·일의 갈등 고조에 따른 러시아의 개입임을 어렵지 않게 추론할 수 있다.

아오키는 일본 군대가 서울에 주둔한 사실을 이야기했다. 이어서 그는 청국 정부가 영국 정부에 개입해달라고 요청한 사실을 도쿄 외무부에 알리겠다고 대답하였다. 그날 대화를 통해 킴벌리는 조선에서 청·일 양국의 갈등을 사실상 중재할 뜻을 일본 측에 분명히 밝혔던 것이다.

이상과 같이 영국은 청·일 군대의 조선 파병에 기민하게 대응하였다. 도쿄 및 베이징 주재 영국 공사들은 주재국 정부의 대응에 촉각을 기울였다. 영국 외무부는 조선에 관한 각종 조약, 협약, 그리고 회의록을 복기하면서 향후 대책을 구상하였다. 그 후 킴벌리는 조선에서 청국과 일본의 갈등이 고조되는 상황을 막기 위한 영국의 중재를 사실상 결정하였다. 청·일 갈등이 가져올 러시아의 개입을 막기 위함이었다.

그렇다면 영국 정부는 조선에 파병을 단행한 일본의 의도를 어떻게

---

24 Kimberley to Paget, June 13, 1894, No. 7, FO 405/60.

파악하고 있었을까? 이와 관련해서는 6월 16일자 거빈스(J. H. Gubbins)의 각서가 주목을 끈다.25 거빈스는 1870년대부터 일본에서 근무한 외교관이었다. 주로 일본의 조약 개정과 관련해서 일본 외무성과 교섭을 담당했으며, 1894년 6월 당시에는 런던에서 아오키와 함께 조약 개정 협상에 임하고 있었다. 런던 외무부 내에서는 일본에 정통한 인물이었던 것이다.

거빈스는 먼저 지난 20년 동안 일본 내부에서는 정한론, 즉 조선을 정벌해야 한다는 주장과 그에 따른 행동들이 조·일 관계를 악화시켰음을 지적하였다. 그리고 청국의 조선 속방화 정책 또한 조·일 양국의 관계 개선에 걸림돌이었음을 밝혔다. 일본의 대조선 정책을 침략적인 성격으로 규정하되, 조·청 속방 관계 역시 조·일 관계의 악화 요인으로 인식하였다.

한편 거빈스는 1885년 텐진조약을 체결한 이토 히로부미[伊藤博文]가 온건책을 실시하였지만, 일본 조야에서는 이를 굴욕으로 여기는 등 반발이 점차 심화되고 있음을 지적하였다. 아울러 이토 역시 그 반발을 잠재울 정도의 결단력 있는 정치가가 아니기에 일본 내부의 주전론이 점차 힘을 받고 있는 현실을 우회적으로 밝혔다. 그러면서 거빈스는 최근 아오키와의 대담에서 그가 한 발언을 다음과 같이 전달하였다.

최근 대화에서 아오키 자작은 이토 백작이 체결한 협약(1885년 텐진조약)이 단지 일시적인 어려움의 해결책에 불과했다는 것을 본인에게 시인했습니다. 그리고 그(아오키)와 대다수 일본 정치인들의 견

---

25 Memorandum by Mr. Gubbins, June 16, 1894, No. 8, FO 405/60.

해에 따르면, 조선의 평화적 발전을 촉진하고, (조선) 반도에서 청·일 양국의 경쟁을 진정시키고, 러시아의 남하를 억제하기 위해서 긴급하게 필요한 것이 무엇인가를 확고하게 납득시키는 데에 미치지 못했습니다. 일본이 안정된 정부를 가져야 한다는 것이 우리(영국)의 이익인 것처럼, 동일한 조건들이 조선에서 확보되어야 한다는 것이 후자(일본)의 이익인 것처럼, 청국은 말할 필요도 없고 만약 그렇지 않고 이들 국가에 약점이 있다면, 러시아는 그들의 기회를 포착할 것입니다.[26]

아오키는 우회적으로 청국이 러시아의 조선 진출을 저지할 수 없다고 주장하였다. 그의 발언은 영국이 거문도 철수를 단행하면서 청국으로부터 받아낸 약속, 즉 청이 러시아의 진출로부터 조선의 영토와 안보를 지키겠다는 내용 자체를 부정한 것이었다. 나아가 아오키는 러시아의 개입이 일본의 안보와 직결되는 사항임을 거론하였다. 앞서 언급한 야마가타의 '이익선' 개념을 킴벌리에게 강조한 것이다. 아오키는 일본이 주권을 지키기 위해서는 무엇보다 러시아의 위협으로부터 조선을 지켜야 한

---

[26] 앞의 사료, "In a recent conversation Viscount Aoki admitted to me that the Convention concluded by Count Ito was simply the solution of a temporary difficulty, and fell short of the definite understanding which in his opinion, and in that of many Japanese statesmen, is so urgently needed in order to promote the peaceful development of Corea, to compose the rivalry in the peninsula between China and Japan, and to check the southern advance of Russia. Just as it is in our interests that Japan should have a stable administration, so is it in the interests of the latter that the same condition of things should be secured in Corea, while on the other hand it is in the weakness of each of these countries — not to speak of China — that Russia will find her opportunity."

다는 논리를 내세우면서 일본이 추진하고 있는 조선 내정 개혁, 즉 조선에 대한 내정간섭을 정당화하였던 것이다.

III. 영국의 외교적 공동 간섭 추진과 실패

1. 서구 열강 공동의 일본 철수 추진

한편 조선 정부는 홍계훈을 초토사(招討使)로 임명하고 군대를 전라도로 출동시켰다. 고종은 윤음을 통해서 봉기의 일차적 원인을 제공한 탐관오리를 처벌하겠다고 약속하였다. 농민군이 본업으로 돌아가도록 선무책을 함께 사용하였다. 하지만 조선 정부는 동학농민군의 전주 입성을 막을 수 없었다.

그렇다고 동학농민군 역시 봉기를 지속할 수 없었다. 조선 정부는 계속해서 진압군을 봉기 지역으로 투입했다. 농번기를 맞이하여 군의 대부분을 이룬 농민들도 마냥 봉기에 참여할 수 없었다. 게다가 봉기를 진압한다는 명분으로 청국이 군사를 파병하고, 뒤이어 일본이 자국민 보호를 명복으로 제물포와 서울에 군대를 주둔시킨 사실이 전해졌다. 조선 내정 문제가 강대국 간의 충돌로 비화할 우려를 염려하지 않을 수 없었다. 즉, 전주화약을 통해서 동학농민군이 폐정개혁안을 정부에 제시하고, 개혁안을 정부가 받아들임으로써 동학 봉기로 촉발된 내부적 위기는 진정 국면에 접어들었다.

조선 정부와 동학농민군이 전주화약을 체결함으로써, 청국과 일본은 조선에 군대를 주둔시킬 명분이 사라졌다. 외아문 독판 조병직은 청국과 일본에 동학 봉기가 종료하고 농민군이 해산했음을 알리면서 조선에 주둔한 군대를 조속히 철수하도록 요구할 수 있었다.

하지만 청국과 일본은 조선의 철수 요청을 받아들이지 않았다. 일본은 조선의 내정 개혁을 주장하면서 동학의 진압 혹은 해산 이후로도 조선 내정에 개입할 명분을 세우기 시작하였다. 이를 통해 일본은 궁극적으로 조선에서 청국의 영향력을 제거하고, 한반도에서 독점적인 영향권을 세우고자 했다. 조선에서 종주국의 지위를 유지하고자 했던 청국도 일본의 철수 반대를 빌미로 철병을 거부하였다. 결국 청·일 양국은 조선에서 주도권을 둘러싸고 양보 없는 대립을 전개하였다. 오히려 조선으로의 파병 규모를 확대함으로써 전쟁 가능성은 더욱 커지기 시작하였다.

청국과 일본이 철병을 거부하자, 6월 19일 조병직은 가드너에게 향후 대책을 문의하였다. 그러자 가드너는 조선 정부 명의의 성명서를 작성하도록 권유하였다. 성명서 발표를 통해서 조선이 처한 상황, 즉 청국과 일본군의 명분 없는 주둔을 알리고 외교적 공조를 요청하도록 제안한 것이다.

가드너의 제안을 받은 조병직은 이를 고종에게 보고하였다. 그러자 고종은 6월 20일과 21일 양일에 걸쳐서 인편을 보내어 가드너에게 재차 외교 격식에 맞게 성명서를 작성해줄 것을 요청하였다. 고종의 요청을 수락한 가드너는 성명서 초안을 작성하였다. 그 후 그는 주조선 미국공사 실(J. M. Sill)과 성명서 초안을 공유한 후 최종적으로 실이 작성한 초안을 고종에게 보냈다. 6월 24일 고종은 실의 초안을 토대로 영국을 비롯한 미국, 독일, 프랑스, 러시아에 청·일 양국의 동시 철병을 위한 거중조정을 요청하였다. 성명서의 주요 내용은 다음과 같다.

청군은 조선의 원병 요청으로 조선에 도착했지만, 일본은 조선의 반대에도 불구하고 거류민을 보호한다는 명목으로 조선에 군대를 파병했습니다. 현재는 청·일 양군이 존재할 필요성이 사라졌습니다. 청국 당국자는 이러한 환경에서 일본이 철수한다면 조선에서 철수할 의향을 밝혔습니다. 그러나 일본은 청이 철수할 때까지 군대를 철수시키지 않을 것이며 양군 동시 철수를 위한 어떠한 제안도 거절했습니다. 평화의 시기에 기병과 포병을 앞세운 대병력의 주둔과 요새화는 국가에 대한 도전이고 평화를 해치는 것이며, 평화로운 조선 왕국에 위협을 가하는 것입니다. 전하(고종)는 조선과 일본이 평화로운 상황에서 전쟁 선포 없이 엄청난 수의 일본 군대가 주둔하고 점령하는 현 상황이 국제법에 부합하는지 여부에 관해 각국 외교관과 각국 정부의 의견을 받도록 지시를 내렸습니다. 그리고 고종은 현 상황을 잘 알고 있는 외국 외교대교들이 조약에 제시된 거중조정을 행사해서 현 어려움을 원만하게 해결하는 데 효과를 거둘 수 있도록 요청합니다.[27]

---

[27] O'Conor to Kimberley, June 25, 1894, No. 17, FO 405/60; Gardner to O'Conor, June, 26 1894(Received July, 6 1894), No.41, FO 228/1168, "…… China and Japan are in occupation of Corean soil, the first by invitation to aid in quelling the recent rebellion, the other without invitation and in spite of the protest of the Corean Government, but on account of solicitude for the safety of her own citizens resident here. The necessity for the presence of both of these has now ceased. The Chinese authorities under the circumstances, are now willing to remove their troops from Corean soil, providing Japan will remove hers. But Japan will not remove her troops until the Chinese have been removed and refuses also to entertain any proposition for the simultaneous removal of both. The presence of a large army in time of peace, the landing of cavalry and artillery, the placing of batteries and the fortification of strategic points after internal quiet is assured, is a challenge to the nations and a menace to the peace and quiet of the Majesty's realm. His Majesty directs me to

조선 정부는 일본이 파병의 명분으로 내세운 거류민 보호가 동학의 해산으로 더 이상 필요하지 않게 되었음을 부각시켰다. 그리고 일본의 군대 주둔이 조선의 독립을 위협하고 평화를 위협하는 행위임을 강조하였다. 이어서 영국을 비롯한 각국 정부가 선전포고 없이 조선에 파병한 일본의 행동을 국제법적으로 판단해줄 것을 요청하였다.[28] 조선 정부는 일본군 파병의 불법성을 강조함으로써 일본군이 철수해야 한다는 여론을 서구 열강이 형성해주고 이를 관철해주기를 희망했던 것이다.

가드너는 조선 정부의 거중조정 요청에 따른 후속 작업으로 서울 주재 각국 외교관 공동 명의의 서신을 작성하였다. 그 서신의 발신자는 조선에 주재하는 미국 공사, 프랑스 공사, 영국 총영사, 그리고 러시아 공사였다. 독일 정부의 승인을 받은 독일 영사도 추후 합류하였다.[29] 조선

---

    invite the opinions of the Foreign Representatives and of their Governments as to whether at a time when Japan and Corea are at peace, the presence and occupation of her troops in extraordinary numbers without a declaration of war, is in accordance with the law of nations. And His Majesty asks that the Foreign Representatives being fully acquainted with the facts of the situation, will use their friendly offices as proffered by treaty in effecting an amicable solution of the present difficulties."

28 위의 사료, "His Majesty directs me to invite the opinions of the Foreign Representatives and of their Governments as to whether at a time when Japan and Corea are at peace, the presence and occupation of her troops in extraordinary numbers without a declaration of war, is in accordance with the law of nations."

29 O'Conor to Kimberley, June 26, 1894, No. 19, FO 405/60. 독일 총영사 크리엔(F. Krien)은 독일 정부의 승인을 얻어야 하는 문제로 빠졌다. Gardner to O'Conor, June, 25 1894(Received June, 26 1894), No. Telegram, FO 228/1168; Gardner to O'Conor, June, 26 1894(Received July, 6 1894), No.41, FO 228/1168. "2. the Foreign Representatives(the United States, Russian, France, England) to Yuan Shih kuai and Otori, June 25, 1894; 3. Otori to Sill, June 25, 1894; 4. Yuan Shih kuai to Foreign Representatives(the United

에 주재하는 서구 열강 외교관들이 모두 참여하였다. 그 서신의 발신자는 조선에 주재하는 청국 대표인 위안스카이[袁世凱]와 일본 공사 오토리 게이스케[大鳥圭介]였다. 서구 열강 외교관들은 서신의 서두에서 조선 정부로부터 거중조정을 요청받았으며, 그 요청의 내용이 조선에서 청국군과 일본군이 철수하는 것임을 밝혔다. 하지만 비판의 화살은 일본을 향해 있었다.

> 우리는 외국 군대의 지속적인 조선 주둔이 자국민 보호에 불리한 분규를 용이하게 초래할 수 있기 때문에 우리 정부의 이익에 깊은 영향을 끼친다는 것을 귀하께서 충분히 이해하실 것으로 확신합니다. 귀하께서 가능한 한 빠른 시일 내에 귀하 정부에 이 전언을 전할 수 있도록 우리는 기꺼이 부탁을 드립니다. 우리는 물론 조선 정부의 요청을 각각의 정부에 즉각적으로 동시에 전달할 것입니다.[30]

서울 주재 서구 외교관들은 청·일 군대의 주둔에 따른 분규를 우려

States, Russian, France, England), (22days 5th moon, 1894): 5. Yuan Shih kuai to Foreign Representatives(the United States, Russian, France, England), (23days 5th moon, 1894)"

[30] Gardner to O'Conor, Söul, June 26, 1894, No. 41, FO 228/1168, "We feel confident that Your Excellency will fully understand that the interests of our Governments are deeply affected, as the continued presence of foreign troops on Corean soil may easily lead to complications disadvantageous to the security of our nationals. We should esteem it a favour if Your Excellency would be pleased to present this communication to Your government at your earliest convenience. We will of course at the same time communicate immediately this request of the Corean government to our respective governments."

하였다. 서구의 이익에 손해를 끼치기 때문이었다. 서구 외교관들은 자국의 이익에 손상을 끼치지 말 것을 청국과 일본에 경고하였던 것이다. 그런데 서구 외교관들은 조선 정부의 거중조정 요청을 본국 정부에 보고하였음을 밝혔다. 조선 정부의 거중조정 요청은 사실상 철병을 거부한 일본에 대한 비판이 핵심이었다. 즉, 서구 외교관들은 본국 정부 차원의 대응도 있을 것임을 암시함으로써 사실상 동시 철병을 거부한 일본을 우회적으로 압박한 것이다.

1894년 6월 26일 오코너는 서울 주재 서구 외교관들의 공동 대응을 런던 외무부로 타진하였다. 런던 외무부도 서울의 상황을 인지하고 있었다. 6월 29일 외무부 차관보 샌더슨은 런던 주재 독일 대사 하츠펠트(Paul von Hatzfeldt)에게 조선의 상황과 영국의 정책을 다음과 같이 설명하였다.

> 샌더슨은 청국 정부와 서울 주재 외국 대표들이 조선에 상륙한 일본 군대의 철수를 원한다고 본인에게 알려주었습니다. …… 그런데도 일본 정부는 지금까지 철수를 거부하고 있다는 것입니다. …… 청국은 폭동이 진압되었으니 양쪽 군대가 물러나야 한다는 주장을 관철시키려 한다고 합니다. 그러나 일본은 반란의 재발을 방지하기 위한 확실한 대책이 마련되지 않았다고 답변한다는 것입니다. 그러니 일본은 조선의 질서와 평화를 지속적으로 유지하기 위해 청국과 대책을 논의하고 협상하기를 원한다는 것입니다. 차관보 샌더슨의 말에 따르면, 일본 정부는 청국과 공동으로 조선을 통제하려는 의도를 품고 있다고 합니다. 샌더슨은 청국과 일본이 조선을 공동 관리하려는 시도를 위험하다고 여기고 있습니다. 그러다가는 자칫 일본이 청국과의 전쟁에 휘

말릴 가능성이 많다는 것입니다. 그러므로 이곳 영국 정부는 일본 정부에 정책을 바꾸어 일본 군대를 철수시키라고 권유한다 합니다.[31]

샌더슨은 서울에서 서구 외교관들이 공동으로 일본의 철병을 추진한 사실을 인지하고 있었다. 아울러 그는 청국군과 일본군이 조선을 공동으로 관리하려는 시도 자체가 양국 간 갈등과 전쟁을 부추길 것으로 영국이 판단한다고 전하였다. 이를 통해 샌더슨은 영국 정부가 일본에 조선에서 철병하도록 권유한다는 사실을 독일 측에 알려주었던 것이었다.

7월 4일 킴벌리는 하츠펠트에게 영국의 외교적 중재 목적이 영국의 무역상 이익 수호에 있음을 분명히 밝혔다. 그는 영국 정부가 "일본 정부와 청국 정부가 조선에서 심각한 불화를 빚지 않도록 온갖 수단을 동원할 것"이라고 다짐하기도 했다. 이어서 그는 영국의 중재가 독일의 이익에도 부합한다고 주장하였다.

킴벌리는 청국과 일본의 갈등으로 인해 독일의 무역도 마찬가지로 크게 손해를 입을 것이라고 강조했습니다. 그러니 평화를 유지하려는 노력을 지원하는 것은 우리 독일의 이익에도 부합한다는 것이었습니다.[32]

킴벌리는 청·일 갈등이 동아시아에서 독일의 무역에도 손해를 입힐 것으로 단정하였다. 그러면서 영국이 외교적 간섭을 통해 청·일 군대의 철수를 단행하도록 지도력을 발휘하는 것이 동아시아의 안정과 평화, 그

---

31 고려대 독일어권문화연구소 편, 2019, 『독일외교문서 한국편』 5, 136쪽.
32 고려대 독일어권문화연구소 편, 2019, 위의 책, 148쪽.

리고 모든 국가의 이익에 부합한다는 점을 독일에 강조하고자 했던 것이다. 즉, 런던 외무부는 일본군 철병을 권유한다는 측면에서는 서울의 서구 외교관들과 공동의 입장을 취했지만, 런던 차원에서 서구 국가들과 공동으로 조선 문제, 특히 일본군 철병을 요구하기 위한 준비를 취하지 않았다.

하지만 7월 6일 러시아의 단독 개입설이 영국에 전해졌다. 오코너는 러시아가 청국 및 일본과 공동으로 회의를 추진한다는 첩보를 입수하였다. 러시아 남하를 억제한다는 차원에서 청·일 양국의 갈등을 조정하고 있었던 영국으로서는 좋은 소문이 아니었다. 자칫 동아시아 국제질서의 주도권을 러시아에 빼앗길 수도 있기 때문이었다. 이에 오코너는 킴벌리에게 다음과 같이 제안하였다.

> 조선으로부터 계속해서 다음 보고가 들어오고 있습니다. 주일 러시아 공사가 러시아에 자유롭게 배상하는 비밀 협정을 체결하였다고 합니다. 비록 영국에 대한 일본의 태도는 이 비밀 협정의 체결을 단호하게 부정하는 것 같아 보이지만, 이 루머를 뒷받침하는 몇 가지 징후가 있습니다. …… 주청 러시아 공사는 이홍장에게 세 이웃 국가(청국, 일본, 러시아)의 회의를 수용하라고 압력을 행사하는 중입니다. 여기(베이징)에서 봤을 때, 만약 5개국 열강(영국, 러시아, 독일, 프랑스, 미국)이 연합해서 간섭하면 비교할 수 없을 정도로 좋을 것입니다. 그러나 본인은 총리아문과의 대화에서 취했던 본인의 입장을 외무장관에게 알리게 된 것을 기쁘게 생각합니다. 총리아문은 러시아 공사의 제안을 찬성하고 싶어 하지 않을 것입니다. 그러나 그들은 어떠한 일이든지 기회를 잡기가 어려울지도 모릅니다. 러시아 공사는 현재 톈진에 머물

고 있습니다.³³

오코너는 소문을 전제로 하면서 주청 러시아 공사가 이홍장에게 청국, 일본 그리고 러시아가 함께하는 회의를 수용하도록 압력을 행사하고 있다고 전하였다. 이어서 오코너는 러시아 공사의 계획을 좌절시키기 위한 방안으로 5개국 열강이 함께 청·일 양국의 갈등을 간섭하는 것이 좋을 것이라고 제안했다.

오코너의 보고를 받은 킴벌리 외무부장관은 베이징과 도쿄 정부에 다음 메시지를 전달하였다. 첫째는 청국과 일본의 지체 없는 협상 개시를 이끌어낼 것, 둘째는 조선의 주권과 영토 보장을 약속할 것, 셋째는 영국이 배제된 상태에서 러시아와 협상할 경우, 영국은 이에 대한 모종의 조치를 취할 것이다. 킴벌리는 조선의 독립과 영토 보장을 통해서 실질적으로 조선에서 청·일 양국의 군사적 행동을 억제하고자 했던 것이다. 이와 더불어 무력 개입을 언급함으로써 청국 혹은 일본의 영국 배제와

---

33 O'Conor to Kimberley, July 6, 1894, No. 44, FO 405/60. "It is persistently reported from Corea that the Russian Minister to Japan is urging her to conclude a secret arrangement liberally indemnifying Russia. There are some signs which seem to support this rumour, although the attitude Japan assumes towards Great Britain would seem to flatly contradict it. …… The Russian Minister is pressing the Viceroy to accept a conference of the "three neighbouring States" (that is, China, Japan, and Russia). As things look from here, it would be incomparably better if five Powers would interfere in combination, but I shall be glad to know from your Lordship what my attitude should be on this point vis-a-vis the Yamen. They seem indisposed to assent to the Russian Minister's proposal, but in the difficulties they are in they may grasp at anything. He remains for the present at Tien-tsin."

러시아의 단독 개입을 차단하고자 했다.[34]

그 대신 런던 외무부는 오코너가 제안한 5개국 공동 간섭을 추진하였다.[35] 킴벌리는 베를린, 파리, 워싱턴 그리고 페테르부르크에 주재하는 영국 대사에게 급히 명령을 내렸다. 명령의 주요 내용은 청·일 갈등을 공동으로 중재할 수 있는가의 여부였다. 아울러 런던에 주재하는 영국, 러시아, 독일, 프랑스, 미국 외교관에게도 청·일 군대를 조선에서 철수시키기 위한 공동 간섭을 각각의 본국에 전해줄 것을 당부하였다.

독일과 러시아는 영국의 공동 중재안에 찬성하였다. 프랑스 외무부는 비공식적으로 러시아, 영국과 함께 공동 개입에 나설 것임을 전달하였다.[36] 미국은 공동 중재에 참여할 수 없다는 입장을 취하였다. 영국은 러시아를 포함해서 4개국이 공동으로 조선을 둘러싼 청·일 양국의 갈등을 중재하는 방안을 추진하였다.

그렇다고 미국이 영국이 제안한 청·일 군대 철수라는 목적 자체에 반대한 것은 아니었다. 미국 정부는 7월 7일에 청국과의 분쟁을 조정하도록 압박하는 한편, 일본의 대조선 정책에 반대하는 내용의 서신을 도쿄 정부에 발송한 사실을 영국 측에 알렸다.[37] 그러면서 미국 대통령은 영국이 제안한 공동 간섭에 참여할 수 없다는 뜻을 전달한 것이었다. 즉, 영국 정부는 5개국 공동 간섭을 추진할 수 없었지만 주요 열강의 여론이

---

34 Kimberley to O'Conor, July 7, 1894, No. 46, FO 405/60.
35 Kimberley to Malet, July 9, 1894, No. 57, FO 405/60; Howard to Kimberley, July 10, 1894, No. 59, FO 405/60.
36 Kimberley to O'Conor, July 11, 1894, No. 64, FO 405/60.
37 Pauncefote to Kimberley, Washington, July 9, 1894(Received July 10), No. 58, FO 405/60.

청·일 군대의 철수, 특히 일본군의 조선 철병에 있음을 각인시킬 수 있었다.

그렇다면 영국이 5개국의 외교적 공동 간섭을 통해 달성하고자 한 바는 무엇이었을까? 킴벌리는 하츠펠트에게 다음과 같이 이야기하였다.

> 킴벌리는 청국과 일본이 가령 어떤 식으로 합의할 수 있을지 기본적인 틀은 아직 구상하지 않았습니다. 그러나 본인이 킴벌리에게 들은 말에 의하면, 다음과 같이 생각하고 있습니다. 청국과 일본 양국이 동시에 서서히 군대를 철수하고 조선의 행정 개혁에 대해 협의하는 것입니다.[38]

킴벌리는 일본과 청국이 조선에서 철수하기를 거부하면서 협상 자체를 거부하는 국면을 전환하는 구체적 방안을 수립하지는 않았음을 고백하였다. 청국과 일본이 조선을 둘러싸고 극한 대립을 하는 상황에서 그 대립을 타개하기가 쉽지 않다는 뜻을 밝힌 것이다. 하지만 킴벌리가 공동 간섭을 통해 달성하고자 한 바는 분명하였다.

하나는 청·일 군대의 조선 철수였다. 다른 하나는 청·일 군대 철수 이후 조선의 내정 개혁을 협의하는 것이었다. 청·일 군대가 조선에 주둔하기 직전에 오코너가 킴벌리에게 했던 제안, 즉 동학 봉기의 근원적 원인을 제거하기 위한 방안으로 조선의 내정을 개혁하고 부정부패한 관리를 제거해야 한다는 점을 고종에게 전하고 이를 관철하기 위한 지도력을 서구 열강이 공동으로 행사해야 한다는 점을 밝힌 것이었다. 아울러

---

[38] 고려대 독일어권문화연구소 편, 2019, 앞의 책, 140쪽.

조선의 영토적 보전과 독립을 보장하였지만, 동학 봉기의 재발을 막는다는 명분으로 개혁을 제기하고자 했던 것이다.

하지만 영국이 추진한 외교적 공동 간섭을 통한 청·일 군대의 철수는 이루어지지 않았다. 일본은 조선의 내정 개혁을 주장하면서 사실상 철병을 거부하였다. 일본과 동시 철병을 주장하였던 청국은 일본의 내정 개혁 주장을 거부하면서 철병 또한 받아들이지 않았다. 일본의 사실상 거부로 영국을 필두로 한 서구 열강의 공동 중재도 힘을 발휘하지 못하였다. 그러한 상황에서 영국은 청국과 일본의 조선 공동 점령안을 구체화하기 시작했다.

2. 지도력 부재와 청·일 '조선 공동 점령' 제안

킴벌리는 청·일 군대의 철병이 어렵다고 생각하게 되었다. 7월 14일 그는 청·일 중재의 마지막 카드로 청국과 일본의 '조선 공동 점령(joint occupation of Corea)'안을 제기하였다.

> 현재 청국과 일본 정부가 조선에서 철군하기로 합의할 희망은 없는 것으로 보입니다. 그래서 귀하는 일본과의 단절을 방지하고 두 열강 사이의 협상의 시간을 주기 위한 방책으로, 양국 군대가 충돌할 위험을 피하기 위해서 별도의 지역에 주둔한 상태에서 청·일 군대가 공동으로 조선을 점령할 것을 청국 정부에 권고하시기 바랍니다. 본인이 이 제안을 아오키에게 언급했으며, 아오키는 지체 없이 본국 정부에 전보를 보내기로 약속했습니다. 귀하는 본인의 전보를 주일 영국공사

에게 그대로 전달하십시오.³⁹

킴벌리는 청국과 일본이 한반도 내 별도 지역에 주둔할 것을 권고하였다. 청·일 양국을 설득하기 불가능한 상황에서 나온 고육지책이었다. 킴벌리는 청·일 양군의 충돌을 피한 상황에서 협상의 여지를 마련하고자 했던 것이다. 그렇기에 '조선 공동 점령'안은 향후 청·일 협상에 방점이 찍힌 것으로 보이기도 한다.

그렇다면 영국은 어떠한 형태의 '조선 공동 점령'을 구상했을까? 7월 16일 오코너에게 보낸 전보에서 킴벌리는 '공동 점령'의 형태를 다음과 같이 명시하였다.

> …… 일본군은 서울과 제물포에서 철수하여 수도 이남의 지역을 점령하고, 청국은 청국군을 북쪽 지역에 주둔시키되 동일하게 서울과 제물포를 점령하는 것을 삼가는 것입니다.⁴⁰

---

39 Kimberley to O'Conor, July 14, 1894, 1894, No.80, FO 405/60. "There does not at present appear to be any hope of the Chinese and Japanese Governments agreeing to withdraw their troops from Corea, and you may recommend to the Chinese Government, as an expedient to prevent a rupture with Japan and to give time for negotiation between the two Powers, that the Chinese and Japanese troops should remain in joint occupation of Corea, the danger of a collision to be avoided by keeping the forces of each Power in separate parts of the country. Viscount Aoki, to whom I mentioned this suggestion, has promised to telegraph it to the Japanese Government without delay. You should repeat this telegram to Her majesty's Chargé d'Affaires at Tokio."

40 Kimberley to O'Conor, July 16, 1894, 1894, No.95, FO 405/60. "… the Japanese troops were withdrawn from Seoul and Chemulpo, and only occupied the country south of the capital, while China kept her troops to

영국은 서울을 중심으로 조선을 구분하였다. 서울 이남 지역에는 일본군이 주둔하고, 서울 이북 지역에는 청국군이 주둔하도록 했다. 각각 일본 본토와 청국 본토와 가깝기에 합리적인 대안으로 보이기도 한다. 청국군과 일본군의 서울 및 제물포 주둔을 금지함으로써 청·일 군대가 정치적 급변에 휘말리지 않는 가운데 무역의 폐해를 줄이려는 의도도 있어 보인다.

청국 정부는 킴벌리의 '조선 공동 점령'안을 사실상 수용하였다. 오코너는 청국 정부가 조선의 내정개혁이 효과적으로 완수될 때까지 청국과 일본이 각각 북쪽 지역과 남쪽 지역을 점령 내지는 주둔한다는 안을 받아들일 뜻이 있음을 킴벌리에게 보고하였다. 킴벌리는 오코너의 보고 내용을 아오키에게 전달하였다. 이와 더불어 킴벌리는 아오키에게 다음과 같이 제안하였다.

> 본인은 아오키와 금일 인터뷰를 가졌습니다. 그 자리에서 본인은 아오키에게 오코너가 총리아문으로부터 전해들은 내용은 전달해주었습니다.: 총리아문은 조선의 내정 개혁이 효과적으로 이루어지는 동안 영국이 제안한 조선 공동 점령안을 받아들이고자 합니다. 조선은 청국과 일본이 공동으로 점령해야 하며, 일본은 서울과 제물포에서 철수해서 수도의 남쪽 지역을 점령하며, 청국은 현재 두 주둔지로부터 벗어나서 조선의 북쪽 지역을 점령해야 합니다. …… 본인은 아오키에게 다음 사항을 지적했습니다: 매우 극단적인 수준의 갈등에 도달했습니다. 본인은 다음과 같이 이야기를 했습니다: 본인이 가장 강력하

---

the north and equally refrained from occupying Seoul and Chemulpo."

게 일본 정부에 보내는 충고는 청국과 함께 즉각적인 이해에 기초해서 본인의 제안을 받아들여야 하는 것입니다. 본인은 이 전보를 주청 영국공사에게도 발송할 것을 요청합니다.[41]

킴벌리는 아오키에게 현 상황이 긴급하다는 사실과 더불어 더 이상 대안이 없음을 지적하였다. 이와 더불어 그는 일본 정부가 '조선 공동 점령'안을 지체없이 수용할 것을 강력하게 요구하였다. 나아가 청·일 양국이 추가적인 파병을 멈추고 영국의 안을 수용하는 것이 전쟁을 피하는 유일한 길임을 전하였다. 사실상 영국은 일본에 최후의 통첩을 하였던 것이다.

그렇다면 킴벌리가 제안한 청·일 군대의 '조선 공동 점령'의 구체적인 모습은 무엇일까? 영국이 일본, 청국, 그리고 유럽 열강과 왕복한 서신에는 앞에서 인용한 내용, 즉 '서울 이남 지역은 일본군 주둔, 서울 이북 지역은 청국군 주둔'을 벗어나지 않는다. 일본 외무성와 일본 외교관들이 주고받은 서신에도 비슷한 내용들이 언급되었다. 즉, 킴벌리의 '조선

---

41 Kimberley to Paget, July 18, 1894, No.110, FO 405/60. "I stated to Viscount Aoki, with whom I had an interview today, that I had been informed by Her Majesty's Minister at Peking that the Tsung-li Yamen are willing to accept the proposal made by me that, pending the discussion of the reforms to be effected in the administration of Corea, that country should be jointly occupied by China and Japan, Japan to evacuate Seoul and Chemulpo and to occupy the country to the south of the capital, and China to refrain from occupying those two places, and to hold the northern portion of the country. … I pointed out to him in the strongest terms that a crisis of extreme gravity had been reached, and I said that my urgent advice to the Japanese Government was that they should make my proposal the basis of an immediate understanding with China. I have to request you to repeat this telegram to Her Majesty's Minister at Peking."

공동 점령'안은 1894년 청일전쟁을 앞둔 짧은 시기에 나온 방책이었다. 청·일 양국의 전쟁을 막기 위한 미봉책이기도 했다.[42]

하지만 영국이 제안한 청·일 군대의 '조선 공동 점령'안은 1887년 거문도 철수 이후 유지해온 영국의 대조선 정책, 즉 청으로 하여금 조선의 영토 침탈을 막고 안보를 담당하도록 한 정책에서 후퇴한 것이기도 했다. 달리 말하면 조선에 대한 청국의 독점적 권리 내지는 속방화 정책을 지지해주었던 영국이 이 정책적 기조를 포기하고 조선에서 일본의 영향력을 일정 부분 인정한 것에 다름 아니었다. 조선에서 청·일 양국의 군사적 충돌, 즉 전쟁만큼은 막겠다는 관점에서 지도력을 행사한 것이기

---

[42] 킴벌리가 제안한 청·일 군대의 '조선 공동 점령'안을 '분할 점령'으로 규정하기란 쉽지 않다. 군대의 점령이 주둔만을 의미하는지, 아니면 지배 혹은 통치를 동반한 것인지가 분명하지 않기 때문이다. 다만 영국 측 안을 분단의 의미를 갖는 '분할 점령'으로 이해하게 된 배경에는 워싱턴 주재 일본 공사의 건의안이 일정 부분 역할을 한 것으로 보인다.
『주한일본공사관기록(駐韓日本公使館記錄)』에는 1894년 6월 20일 워싱턴 주재 일본 공사가 무쓰에게 보내는 "朝鮮 8道의 分割 보호에 관한 在美公使의 건의안"이 포함되어 있다. 이 건의안에는 청·일 양국에 의한 분할 점령의 구체적인 내용이 담겨 있다. "분할 보호는 항상 바람직한 것이기 때문에 본인은 남부 4개道의 대외 및 대내 문제를 우리의 단독 감독권의 보호하에 넣고 동시에 북부 3개도도 동일한 조건하에 청나라의 보호를 인정해주어야 할 것임. 한편 京畿道는 이 지역에 대한 어떤 권리를 얻으려 하거나 주장하려는 제삼세력의 여하한 책동도 방지한다는 양대 보호국의 상호 의무 조항을 붙여 잠정적으로 조선 국왕의 전적인 통제하에 둘 것을 건의함"(「朝鮮 8道의 分割 보호에 관한 在美公使의 건의안」,『주한일본공사관기록(駐韓日本公使館記錄)』4권, 23쪽) 이 건의안은 영국이 제안한 '조선 공동 점령'안과 유사해 보인다. 청국이 북부, 일본이 남부, 그리고 서울은 청·일 모두 제외시킨다는 내용이 들어가 있기에 더욱 그렇다. 그렇기에 최덕수는 당시 영국 측 안을 '분할 점령안'으로 설명하기도 했다. 최덕수, 1996,「1894년 농민전쟁기 열강세력의 동향」,『1894년 농민전쟁연구』5, 역사비평사, 256-257쪽.
하지만 워싱턴 주재 일본 공사의 건의안은 영국 측 '조선 공동 점령'안보다 한 달 먼저 나왔다. 더군다나 위 문건은 미국에 주재하는 일본 외교관의 건의일 뿐, 영국 정부와는 아무런 상관이 없어 보인다. 그렇기에 이 글에서는 킴벌리가 제안한 안을 외교문서에 나와 있는 용어를 이용해서 '조선 공동 점령'안으로 표기하였다.

도 했다.

킴벌리가 제안한 '조선 공동 점령'안은 1894년 6월부터 영국이 취한 중재안이 실패하는 과정에서 나온 방책이기도 했다. 앞서 언급한 바와 같이 영국은 청·일 양국의 갈등을 중재하는 목적을 러시아의 개입을 방지하는 데에 두었다. 그런데 일본이 반대하자 영국은 러시아가 포함된 서구 열강의 공동 중재로 전환을 시도했다. 그 와중에 영국은 조선의 독립과 영토 보장을 유지하고자 했다. 이는 조선에서 어느 특정 국가의 독점을 인정하지 않겠다는 기본 정책의 연장선이기도 했다. 하지만 영국은 러시아가 포함된 4개국 공동 중재도 성공시키지 못하였다. 결국 영국이 선택한 최후의 방안은 청·일 군대의 '조선 공동 점령'안이었다. 이는 19세기 중반 이래로 동아시아 패권을 장악하였던 영국이 지도력을 발휘하지 못하는 상황을 보여준 것이라 할 수 있다.

영국이 제안한 청·일 군대의 '조선 공동 점령'안은 청국을 비롯해 러시아,[43] 프랑스[44]의 동의를 이끌어냈다. 킴벌리는 독일 외교관인 메테르니히(P. Metternich)에게 러시아와 공동으로 청·일 군대의 '조선 공동 점령'안을 추진하는 사실에 흡족했음을 감추지 않았다.[45] 그만큼 기대가 컸다.

하지만 프랑스와 러시아가 청·일의 '조선 공동 점령'안에 동의한다는 서신이 런던 외무부에 전달되었을 무렵, 동아시아에서는 영국의 외교적 간섭이 효과가 없음을 알리는 전보가 도착하였다. 일본의 경복궁 점령,

---

43 고려대 독일어권문화연구소 편, 2019, 앞의 책, 243쪽.
44 Phipps to Kimberley, Paris, July 27, 1894(Received July 27), No. 173, FO 405/60.
45 고려대 독일어권문화연구소 편, 2019, 앞의 책, 251쪽.

청·일 함대가 조선 해안에서 충돌했다는 소식, 그리고 청국과 일본의 선전포고 소식이었다. 결국 청·일 전쟁 발발로 영국은 외교적 간섭에 실패하였다. 영국은 동아시아 국가를 상대로 지도력을 발휘하지 못하였다. 그러면서 동아시아에서 영국의 지도력은 점차 균열하기 시작했다.[46]

IV. 맺음말

19세기 중반 동아시아에서는 영국을 정점으로 위계질서가 형성되기 시작했다. 영국은 우세한 군사력과 경제력을 토대로 동아시아에서 패권적 지위를 획득하였다. 이를 토대로 영국은 자신이 구축한 질서가 안정과 평화, 그리고 역내 국가의 이익에 부합한다는 '지도력'을 동아시아에

---

[46] 영국은 세계 최강의 해군력을 보유하고 있었다. 1889년 3월에 만들어진 해군 방위법(The Naval Defence Act)은 영국의 해군력 성장에 기틀을 세우기도 했다. 영국의 해군력은 양적으로나 질적으로 라이벌 국가들을 압도했다. 이는 동아시아에서도 마찬가지였다. 동아시아에서 영국 해군은 청국, 일본뿐만 아니라 러시아, 프랑스, 독일, 미국을 압도하는 함대를 갖추고 있었다. 하지만 영국은 지도력을 관철하기 위한 수단으로 해군력을 활용하지 않았다. 중국에서 무역상 이익을 수호하기 위해서 영국 함대를 상하이에 주둔시키는 소극적 모습만 보였을 뿐이다. 청일전쟁기 중국에 주둔한 영국 해군에 대해서는 다음 논문 참조. Kwong Chi Man은 청일전쟁기 영국의 로즈베리(The Earl of Rosebery) 수상과 킴벌리 외무장관의 소극적 대응을 지적하면서, 그 결과로 중국에 주둔한 영국 해군이 중국에서 무역상 이익을 수호하기 위한 목적으로 상하이를 방어하는 역할만을 수행했음을 밝혔다. Kwong Chi Man, "'They Are a Little Afraid of the British Admiral," The China Station of the Royal Navy during the First Sino-Japanese War, 1894–1895", *International Bibliography of Military History*, 35-2(2015); 19세기 말에서 20세기 초까지 동아시아 정세 변화와 영국 해군과의 관련성에 관해서는 다음 논문 참조. 김원수, 2017, 「영국의 해양 패권과 동아시아 외교 전략의 전환: 의화단사건과 극동위기와 연계하여」, 『세계 역사와 문화 연구』 45.

발휘하였다. 그런데 영국의 '지도력'은 군사력과 경제력에서만 비롯되지 않았다. 영국은 동아시아에서 외교적 간섭 정책을 행사함으로써 청국, 일본 그리고 조선이 영국의 의도에 부합하게 행동하도록 이끌었다. 이를 통해 영국은 러시아를 견제하는 전략적 목적과 무역을 통한 이익 확대라는 경제적 목적을 달성하고자 했다.

19세기 후반 동아시아에는 전통적인 중화 질서의 고수 및 해체를 둘러싼 청국과 일본의 세력전이뿐만 아니라 영국으로 대표되는 서구의 패권적 지도력과 이에 도전하는 동아시아 국가의 세력전이의 모습이 복합적으로 전개되었다. 이에 이 글에서는 영국이 동아시아에서 지도력을 상실하는 단초로서 청일전쟁에 주목하였다. 구체적으로는 영국이 외교적 간섭 정책을 통해 청국과 일본의 갈등을 조정하고 조선에서 전쟁을 막고자 했던 1894년 청일전쟁 직전 상황을 살펴보았다.

청일전쟁 직전, 영국은 외교적 중재를 통해 청국과 일본의 전쟁을 억제하고자 했다. 특히 영국은 러시아가 조선 문제에 개입할 가능성을 언급하면서 일본의 전쟁 개시를 방지하고자 했다. 하지만 일본은 영국의 중재에 불만을 표시하였다. 그러면서 일본이 내세운 논리는 조선과 청국이 동학 봉기로 촉발된 문제를 해결하지 못하는 상황이 오히려 러시아의 개입을 부추긴다는 것이었다. 일본은 영국이 동아시아에서 지도력을 발휘하였던 배경인 러시아 견제를 역이용함으로써, 영국의 패권적 지위에 도전한 '불만족 국가'로 모습을 보였던 것이다.

그렇다면 약소국 조선의 지위는 어떻게 되었는가? 조선은 청국과 일본의 전쟁을 막고자 노력하였다. 전주화약을 통해서 조정과 동학농민군은 청국과 일본이 조선에 파병한 명분을 제거하였다. 그럼에도 불구하고 청국과 일본이 조선에서 철병을 거부하자, 조선은 거중조정을 통해서 영국과 미국을 비롯한 서구 열강의 지지를 이끌어내고자 했다. 조선 정부의 거중조정 시도는 성공하는 듯 했다. 서울 주재 영국 총영사 대리 가드너와 미국 공사 실은 거중조정의 초안 작성을 도왔다. 서울 주재 외교관들은 별도 성명서를 통해서 청국군과 일본군의 조선 철수를 요구하였다. 영국이 런던 외무부를 중심으로 청국과 일본의 전쟁 발발을 억제하기 위한 외교적 중재를 시도하였다. 영국을 위시한 열강들이 조선의 바람처럼 움직이는 것 같았다.

하지만 조선과 영국이 추구한 궁극적 지향점은 달랐다. 조선은 거중조정에 의지해서 국가의 독립을 유지하고자 했다. 반면에 영국은 패권국의 지위를 지키기 위해서 현상 유지를 추구하였다. 영국이 현상 유지의 최종적 대안으로 선택한 것은 바로 청국과 일본의 '조선 공동 점령' 안이었다. 영국은 현상 유지를 통해서 자국의 경제적 이익을 유지하기 위한 목적으로 조선의 독립보다는 분할을 구상했던 것이다.

참고문헌

• 1차 자료

고려대 독일어권문화연구소 편, 2019, 『독일외교문서 한국편, 1874~1910』 5, 보고사.
FO: Records created and inherited by the Foreign Office in UK.
   - FO 405/60, FO 228/1142, 1143, 1168

• 2차 자료

강만길, 2013, 『분단고통과 통일전망의 역사』, 선인.
구대열, 2003, 「자유주의 열강의 한반도 진출과 그 성격」, 『韓國思想과 文化』 21.
김현수, 1994, 「영국의 외교정책 : 위대한 고립책(Splendid Isolation Policy)」, 『西洋史論』 43-1.
_____, 2001, 「19세기 영국 외교정책의 근원 : 캐닝 외상의 정치·경제·외교관(觀)을 통해 본 대안의 삶」, 『현상과 인식』 25-1.
_____, 2002, 「영제국 외교력의 쇠퇴와 '포트 해밀턴'사건의 상관관계」, 『영국연구』 7.
_____, 2011, 『대영제국의 동아시아 외교 주역 해리 S. 파크스』, 단국대학교 출판부.
신욱희, 2019, 「전이이론으로 본 청일전쟁: 19세기 말 일본의 대한반도 정책 목표」, 『한국정치외교사논총』 41-1.
왕현종, 2002, 『한국 근대국가의 형성과 갑오개혁』, 역사비평사.
이삼성, 2008, 「동아시아 제국주의의 시대구분」, 『國際政治論叢』 제48집 3호.
임마누엘 C. Y. 쉬, 2007, 「청 말의 대외관계(1866~1905)」, 존 K. 페어뱅크, 류광징 편, 『캠브리지 중국사』 11권 上, 새물결.
정성철, 2020, 「동아시아 세력전이와 한반도 전쟁: 19세기 청일전쟁과 21세기 미중경쟁」, 『담론201』 23-1.
정재호 편, 2016, 『평화적 세력전이의 국제정치 : 19-20세기 영-미 관계와 21세기 미-중 관계의 비교』, 서울대학교출판문화원.
조한승, 2006, 「상대적 국력이론의 관점에서 바라본 중일전쟁(1894-1895)」, 강성학 편. 『용과 사무라이의 결투』, 리북.
지오바니 아리기·비벌리 J. 실버 외 지음, 최홍주 옮김, 2008, 『체계론으로 보는 세계사』, 모티브북.

최덕수, 1996, 「1894년 농민전쟁기 열강세력의 동향」, 『1894년 농민전쟁연구』 5, 역사비평사.

한승훈, 2016, 「영국의 거문도 점령 과정에 대한 재검토-갑신정변 직후 영국의 간섭정책을 중심으로-」, 『영국사학』 35.

_____, 2017, 「9세기 후반 조선의 대외정책 기조와 그 실현-균세정책과 거중조정의 추진」, 『한국근현대사연구』 83.

小林隆夫, 2012, 『19世紀イギリス外交と東アジア』, 彩流社.

細谷千博, 田中孝彦 編, 2000, 『日英交流史 1600-2000』 1, 政治, 外交 Ⅰ, 東京大學出版會.

Duss, Peter, Ramon H. Meyers, and Mark R. Peattie eds., 1989, *The Japanese Informal Empire in China, 1895-1937*, Princeton University Press.

Kim, Woosang, 2002, "Power Parity, Alliance, Dissatisfaction and Wars in East Asia, 1860-1993", *Journal of Conflict Resolution*, 46-5.

Kiernan, E. V. G., 1939, *British Diplomacy in China 1880 to 1885* (Cambridge: Cambridge Univ. Press.

Nish, Ian, 1966, *The Anglo-Japanese Alliance, The Diplomacy of Two Island Empires, 1894~1907*, Athlone Press.

Nish, Ian, 2004, "Britain and the Sino-Japanese War, 1894-5", *Collected Writings of Ian Nish : Part 1*, Routledge Curzon.

4장

전이이론으로 본 청일전쟁:
19세기 말 일본의 대한반도 정책 목표

신욱희
서울대학교 정치외교학부 교수

I. 머리말

국제정치 이론의 논의에서 전이(transition)는 중요한 분석 대상이 되어왔다. 가장 대표적인 예는 힘의 균등함(power parity)이 가져오는 결과에 관한 세력균형론의 입장에 대한 세력전이론의 반박이라고 할 수 있다. 세력전이론은 세력균형론과 함께 많은 역사적 사례 연구의 틀로도 사용되어 왔는데, 동아시아의 전쟁과 평화를 설명하는 데도 활용되었다 (Kim 2002). 이 중 청일전쟁의 사례는 세력의 전이와 부상 국가의 불만족 변수가 결합한 대표적인 예로 지적되었다.[1]

하지만 최근의 논의에서는 전이의 대상이 단순하게 세력에 머무르는 것이 아니라 패권, 문명 내지는 질서, 그리고 지위 혹은 권위 등 다양한 요인 등이 고려되고 있으며, 전이의 양상에 대한 검토 또한 여러 방식으로 시도되는 것으로 생각된다. 이 연구는 이와 같은 다양한 전이이론의 내용과 전이 양상의 분석 유형의 적실성을 청일전쟁이라는 역사적 사례를 통해 고찰해보고자 한다. 이 글은 먼저 전이이론의 다양한 논의를 살펴본 후, 청일전쟁의 사례가 보여주는 여러 가지 전이 양상을 알아보고, 일본의 대한반도 정책 목표에 대한 분석을 통해 지위와 권위 전이의 관점에서 청일전쟁을 보는 접근법의 의미를 강조하고자 한다.

---

*   이 글은 『한국정치외교사논총』 41, 1, 2019에 게재되었다.
1   조한승은 자신의 연구에서 CINC(Composite Index of National Capabilities) 수치, 세계 제조업 생산에서 청과 일본이 차지한 비율, 그리고 청의 군사력과 일본의 군사비 지출에 관한 자료를 통해 두 나라 사이의 세력전이 양상을 보여주었다. 조한승, 2006, 「상대적 국력이론의 관점에서 바라본 중일전쟁(1894-1895)」, 강성학 편, 『용과 사무라이의 결투』, 리북, 115-120쪽.

II. 전이이론의 다양성

가장 많은 논의의 대상이 되었던 전이이론은 앞에서 언급한 세력전이론이라고 할 수 있다. 세력전이론자들은 국가들 사이의 세력 변화와 그에 따른 국제 체제의 전환, 그리고 국가들 사이의 분쟁 가능성에 대한 세력균형론의 설명이 적절하지 못하다고 비판한다. 그에 따르면, 동맹의 형성을 통한 국력 증대라는 가정은 비현실적이며, 국력의 증대는 산업화를 통한 경제성장과 같은 내적인 요인에 의해서 이루어진다는 것이다. 그리고 체제의 위기는 불만족 국가군에 속해 있던 강대국 중 하나가 국력을 급격하게 신장시킬 때 나타난다고 본다(김우상 2004). 따라서 세력균형론이 그 결과가 안정적이라고 보는 변화의 양상에 대해 세력전이론은 상반된 주장을 제시한다고 할 수 있다.[2]

하지만 일부 학자들은 세력전이론이 세력균형론과 마찬가지로 물질적 측면의 능력 변화를 주된 독립변수로 하고 있다고 비판하고, 국제관계에서 관념적 요인의 역할을 포괄적으로 고려할 필요성을 강조하였다. 세력보다는 패권의 개념을 차용하여 체제의 전환 양상을 고찰하는 패권전이론은 이와 같은 지적에 부합할 수 있다. 한 예로 길스(B. Gills 1993)는 세계 혹은 지역 질서를 지배하는 패권의 구조는 물질적 요인뿐만 아니라 문화적, 관념적, 그리고 역사적 요인으로 이루어져 있다는 그람시(Antonio Gramsci)적 관점을 수용하여 동아시아 패권 이전의 양상을 고

---

2   다른 한편으로 무정부성을 전제로 하는 세력균형론에 비해 위계성의 요인을 인정하는 세력전이론은 동아시아 국제 체제 전환의 설명에 있어 상대적인 적실성을 가질 수도 있다.

찰하였다. 그에 의하면, 전통 중화 질서에서 경계적 위치에 놓여 있던 일본은 서구 근대 질서의 침투기에 빠르게 적응하여 자신을 중심으로 한 패권적 질서를 동아시아에 구축하려 하였다는 것이다.

나아가서 청일전쟁이 단순하게 권력 정치의 변환이나 패권의 이전만을 가져온 것이 아니라 지역 체제의 문명 기준, 그리고 질서의 원칙 자체를 전환했다고 보는 학자들도 있다. 김용구(1997)는 자신의 저서에서 청일전쟁의 중국에 대한 충격을 다음과 같이 묘사하였다.

> 1894~1895년 청일전쟁에서 대중국이 일개 섬나라 일본에게 패배한 것은 중국인들에게는 참을 수 없는 모욕감과 아울러 크나큰 시련을 안겨주었다. 중국을 일대 개편하지 않으면 국제사회에서 중국이 생존할 수 없다는 자각이 팽배하게 되었다(김용구 1997: 167).

이러한 영향은 캉유웨이를 중심으로 한 변법운동으로 이어졌고, 그의 주장은 마틴(William A. P. Martin)의 『만국공법』의 내용을 반영하여 당시의 국제정치를 열국병립의 연합 세계로 서술한 『대동서』에 잘 나타나 있다고 지적하였다(김용구 1997: 169-170).

강상규(2008)는 청일전쟁을 통해 청과 조선이 만국공법으로 상징되는 주권 체제로 편입되는 과정을 다음과 같이 설명했다.

> 19세기 천하 질서는 근대 국제질서라는 상이한 대외 질서 관념과 마주하게 된다. 흔히 서세동점으로 집약되는 거대한 전환의 과정은 그동안 오래도록 지속되어오던 천하 질서가 동아시아 지역에서 현실적으로 붕괴되고, 서구의 근대 국제질서로 재편되어가는 과정이었다.

한·중·일 동아시아 삼국은 이 과정에서 이른바 '예의 관념'에 기반한 천하 질서로부터 '국가 평등 관념'에 근거한 근대 '국제'질서로 동아시아 세계를 구성하는 패러다임의 변동을 겪어야 했다.

이것은 동아시아 국가 '간' 관계의 패러다임 변동이 천하 질서하의 '조공책봉 관계'에서 근대 국제질서의 수평적이고 독립적이며 그런 만큼 '무정부적인 관계'로 변환하는 것을 의미했고, 이러한 국가 '간' 관계의 새로운 패러다임으로 번역되어 등장한 것이 바로 만국공법이었다. 주지하는 것처럼, 19세기 동서 문명이 대면하는 현장은 물리적 폭력과 갈등을 수반하고 있었고 그 어지러운 현장의 한복판에는 서양 국가와의 '조약' 체결이라는 문제가 어김없이 얽혀 있었다. 만국공법은 이처럼 서구와의 대규모 물리적 충돌과 그에 따른 불평등 조약의 체결이라는 새로운 위기 상황의 접점에 놓여 있었다(강상규 2008: 28-29).

이와 같은 문명 내지는 질서 전이의 거시적 전환과 함께 등장한 것은 구질서의 여러 국가가 갖고 있었던 서로 다른 지위와 권위의 이동이라고 할 수 있을 것이다. 최근 국제정치 이론에서 많이 논의되는 '지위이론(status theory)'의 주장은 이러한 미시적 전환의 모습을 이해하는 데 유용한 틀을 제공한다.[3] 다음에서 보는 것처럼 지위이론이 보는 부상국과 질서의 문제는 단순한 안보적, 경제적 요인을 넘어서는 관념적 측면과 밀접하게 연관되어 있다.

---

[3] '한 국가의 지위 추구가 갈등, 나아가서 전쟁의 원인이 될 수 있는가'라는 질문에서 출발한 지위이론은 아직까지 청일전쟁의 사례에 충분히 적용되지 못한 것으로 보인다. 이 질문에 대한 대표적인 논문으로 A. Dafoe et al., 2014, "Reputation and Status as Motives for War", *Annual Review of Political Science*, 17을 볼 것.

현재 진행 중인 학문적이거나 정책적인 논의는 만약 사람들이 단순하게 경제적인 번영과 기본적인 국가 안보에만 신경을 쓴다면 설명하기 어려운 부상하는 국가와 세계 질서에 대한 상당한 수준의 우려를 나타내주고 있다. 변화하는 세력균형에 대한 담론은 안보와 물질적인 후생을 극대화하는 행위자에 대한 실용적 접근의 관심과 위대함과 우월함에 관한 상충하는 국가적 주장에 대한 좀 더 모호한 이해 사이의 혼합을 보여준다. 좀 더 중요하게 이러한 우려는 부상하는 국가들에 의한 높은 지위의 추구와 이러한 시도가 기존의 강대국과의 사이에서 야기할 수 있는 갈등에 대한 것이다(Larson et al. 2014: 3).[4]

지위이론가들은 지위를 '가치 있는 속성들에 있어서 한 국가의 주어진 순위에 대한 집합적 신념'으로 정의하면서(Larson et al. 2014: 7), 이를 기본적으로 상대적이고 주관적인 것으로, 그리고 단순히 물질적인 속성으로만 판단되는 것이 아니라 다른 국가들의 인식에 의해 좌우되는 것으로 설명한다. 그들에 의하면 "지위는 따라서 위계와 경의를 포함하는 집합적이고 주관적인, 그리고 상대적인 사회적 관계에 해당하는 것"이다(Larson et al. 2014: 13). 이러한 점에서 지위 요인은 레이크(D. Lake 2009)가 제기해온 위계성과 권위에 대한 논의와 연결된다.

라슨(D. Larson), 폴(T. V. Paul), 월포스(W. Wohlforth)가 권위를 '다른 국가들을 통제하는 정당한 권리'라고 보편적으로 정의하고 지위의 개념과 연결한 것에 비해서(Larson et al. 2014: 15), 레이크는 지위와 권위를

---

4 부상국의 사례에 대한 역사적 사례 연구로는 S. Ward, 2017, *Status and the Challenge of Rising Powers*, Cambridge University Press를 볼 것.

구분해서 자신의 주장을 전개하고 있다. 그에 의하면,

> 지위는 클럽의 재산이며, 어느 정도는 멤버 국가들에 의해서 균등하게 보유될 수 있다. 지위는 부분적으로 국가들이 어떤 행동을 하고 그들이 그것을 어떻게 인식하는가의 산물이며, 고정적이고 지속적이라기보다는 유동적인 면을 갖는다. 다른 한편에서 권위는 전형적으로 배타적이고 하나의 국가 또는 초국가적 기구가 소유하며, 동일한 주제 영역이나 정치체에 대해 동시에 두 행위자가 보유하지 않는다. 권위는 모든 면에서 지위보다 더 중요하다(Lake 2014: 247-249).

레이크는 중국이 동아시아의 위계성에 있어 권위에 대한 오랜 열망을 가져왔다고 지적하는데(Lake 2014: 248), 천하 질서에서 근대로의 이행에 있어 서구 열강과 일본이 이와 같은 권위의 침탈과 이전을 행했다고 볼 수 있는 것이다. 레이크는 위계성의 측면에서 지위와 권위의 차이를 다음과 같이 설명한다.

> 지위와 권위 위계성은 태생적으로 사회적 개념이다. 사회적 개념으로서 그들은 처음부터, 그리고 끝까지 관계적이다. 능력의 분포와는 구별되지만 그럼에도 불구하고 지위는 국제체제는 무정부적이며 따라서 체계 내 국가들의 관계도 마찬가지로 권위를 결여하고 있다는 많은 국제관계 이론들의 가정과 양립 가능하다. 권위는 종속적인 국가들의 승인을 수반하는 지배적인 국가들에 의한 주장인데 그 내용은 후자가 특정한 제한적 통제를 발의하고 수행하는 정당한 권한을 가진다는 것이다. 지위 위계성과 마찬가지로 권위 위계성도 동시에 관계적이고 간

주관적이나 더 나아가서 규칙의 정당성을 강조하게 되며, 이는 종속적인 국가들이 지배적인 국가들의 통제를 정당한 것으로 받아들인다는 것을 의미한다(Lake 2014: 249-252).

청일전쟁의 사례가 단순한 세력의 전이를 넘어서서 패권, 문명, 그리고 질서의 전이를 포괄한다는 점에서 볼 때 이는 지위의 전이에 더하여 권위의 전이 측면을 보여준다고 할 수 있을 것이다.

III. 전이이론과 청일전쟁: 전이 양상의 분석

다양한 전이의 양상을 청일전쟁의 사례와 연결하여 어떻게 분석할 것인가는 이를 어떠한 방식으로 나누어 볼 것인가에 달려 있다. 그 첫 번째는 전쟁의 원인과 결과로 구분하는 것이다. 이러한 점에서 19세기 중엽 이후 청과 일본의 세력전이 추세와 일본의 기존 질서에 대한 불만족, 그리고 일본의 새로운 지위 내지 권위의 추구가 청일전쟁의 원인으로 작용했다고 할 수 있다. 그리브(A. Greve)와 레비(J. Levy)는 그들의 논문에서 세력전이 이론과 지위 불만족 요인을 연결하며 이렇게 이야기한다.

우리는 지위 불만족이 부상 국가의 체제에 대한 전반적인 불만족 중에서 중요한 하나의 요인이라고 주장한다. 우리는 우리의 수정된 세력전이의 틀을 1894~1895년의 청일전쟁의 사례에 적용한다. 일본의 수정주의적 외교정책은 조선에 대한 청의 통제에 의해 부과된 경제적·군사적 위협, 중국 주도의 동아시아 위계성에 있어서의 일본의 위치에 대한 불만족, 서구에 의해 강대국으로 인정받으려는 욕구, 지위와 연관된 국내적 압력, 그리고 세력의 전이에 내재되어 있는 신념의 전의에 의해 유도되었다. 이전의 몇 차례 위기에도 불구하고 일본의 개전은 청과 힘의 균형을 이룬 이후에야 행해졌으며, 이는 세력전이의 조건에서 힘의 균형이 하나의 충분조건이라는 세력전이론의 가설과 일치한다(Greve et al. 2018: 148).

다른 한편으로 청의 패권 쇠퇴와 일본의 상대적 패권 획득, 그리고 중국 중심의 종주권 체제/천하 질서에서 서구의 규칙과 그 식민주의적 적용이 혼합된 주권 체제/베스트팔렌 질서의 동아시아적 형태로의 이선, 즉 패권과 질서의 전이는 청일전쟁의 결과로 해석하는 것이 보다 적절할 것이다. 다른 한편으로 지위 전이의 문제도 결과의 측면으로의 해석이 가능할 수도 있다. 한 예로 최석완(2006)은 청일전쟁 전의 일본은 외교를 통한 청과의 불평등 관계의 창출을 목표로 삼고 있었다고 지적한다. 그의 주장에 따르면,

> 출발 당시 일본의 동아시아 외교는 조선은 물론 청과의 불평등 관계의 창출을 목표로 삼고 있었다. 다시 말하면 일본은 전쟁보다는 불평등 조약 체결이라는 외교적 수단에 의해 동아시아의 패권을 장악하려는 보다 현실적인 외교 노선을 중시하고 있었다. 일본의 동아시아 외교의 성격을 규명하고, 나아가 청일전쟁의 의의를 보다 명확하게 하기 위해서는 무엇보다 먼저 이러한 출발 당시의 일본 외교 노선의 전개 과정을 면밀히 검토하는 일에서부터 시작해야 한다(최석완 2006: 316).

요컨대 일본의 동아시아 질서 재편 정책은 청일조약 개정 문제를 중심으로 전개되었으며, 청일전쟁은 이러한 노선을 적극화하는 계기가 되었다. 그리고 이러한 정책은 '청일강화조약' 및 '청일항해통상조약'의 체결로 양국 간의 불평등 조약 체제가 수립됨으로써 일단락되었다. 그러나 청, 조선 간의 신조약 체결, 조선에 대한 배타적 보호권의 획득, 이익선의 범위 확대, 열강 이상의 권익 확보와 같은 과제를 해결하는 데는 실패하였다. 일본의 입장에서 본다면 청일전쟁은 절반의 성공이었다(최석완 2006: 347).

두 번째 구분의 기준은 분석 수준, 즉 지구적, 지역적, 그리고 국지적 차원의 양상을 나누어보는 것이다. 당시 영국과 러시아의 그레이트 게임의 구도 아래서의 청과 일본의 위상, 그리고 청일전쟁 이후 삼국간섭에 대한 일본의 순응 사례를 고려할 때 청일전쟁이 지구적 차원의 전이로 이어졌다고 보기는 어렵다. 또한 지역적 차원의 세력이나 패권 전이의 부분도 이후 러일전쟁을 통해서 전이가 이루어졌다고 보는 것이 적절하며, 한반도의 국지적 차원에서의 청·일 양국 사이의 지위 내지는 권위의 전이 문제가 청일전쟁의 사례와 좀 더 밀접하게 연결되어 있다고 할 수 있을 것이다.

하지만 이와 같은 구분과 함께 각 분석 수준의 상관관계를 상정해 보는 것도 가능하다. 톰슨(Thompson 2014)은 서로 다른 수준의 위계성 사이의 관계를 다음과 같이 지적했다.

지역적, 지구적인 위계성이 서로 다르고 어느 정도는 독립적이라 할지라도 각 지역이 오래전에 그랬던 것처럼 전적으로 자율적이지는 않다고 한다면, 그들은 또한 일련의 지속적인 상호 의존성을 가지게 된다. 위계성을 '역전시키려는' 과정은 지역적·지구적, 그리고 지역적-지구적인 리더십에 있어서의 전환을 관찰함에 의해서 포착될 수 있는 것이다(Thompson 2014: 231-232).

이러한 연결의 예로 거문도 사건과 1886년의 러·청 텐진회담이 일본의 강경한 대조선 정책의 채택으로 연결되어 이후 청일전쟁의 근원을 제공했다는 점을 들 수 있을 것이다. 김원수(2014)는 이에 대하여 다음과 같이 서술한다.

이미 1880년대의 조선 문제는 지역적인 문제를 넘어 영·러의 그레이트 게임하에서 국제적인 문제로 전환되고 있었다. 따라서 이 시기 한반도의 문호 개방을 둘러싸고 전개된 국제관계는 재고찰의 대상이 된다. 러시아는 거문도 사건 이후 한·러 관계 및 극동 정책을 전반적으로 재검토하였고, 그 단초가 된 것이 바로 이(홍장)-라디젠스키 협약과 극동문제 특별회의였다. 텐진협약과 특별위원회의 구상은 그레이트 게임의 차원에서 보면, 러시아의 한반도에서 현재적 우위를 확보키 위한 지전략으로서 타당성이 있었다. 하지만 다른 한편, 일본의 외교·군사적 행보와 연계하여 본다면, 한반도에서의 러·일의 공조는 물 건너간 사안이었다. 왜냐하면 텐진협정으로 러·청 공조 체제가 구축됨에 따라 일본의 한반도에서의 대청/대러 견제력이 상실되고 말았기 때문이었다. 따라서 러시아가 대한 정책을 구상하고 있던 동 시기에 일본은 생존적 자구책을 구상해야만 했다. 1890년 3월 작성된 야마가타 아리모토의 외교정략론의 '주권선', '이익선'의 개념화가 바로 그것이었다(김원수 2014: 67).

세 번째 기준은 청·일 두 나라의 국가적, 정책적 목표 내지는 의도로 구분하는 것이다. 이 관점에서 청은 전형적으로 현상의 유지, 그리고 일본은 다양한 내용의 전이에 대한 수정주의적 목표를 갖고 있었다. 이종호(2015)는 청일전쟁의 원인과 근인을 구분하여 설명하면서 청과 일본의 국가적 목표를 다음과 같이 정리하였다.

청일전쟁의 개전 전야에 청이 국가 전략의 차원에서 추구했던 국가 목적은 첫째, 외교적 수단을 통해 전쟁의 위기를 극복하는 것이었으며, 둘째, 청국의 조선에 대한 종주권의 유지, 셋째, 산업화를 통해 부국강병을 추구하는 일본의 대외 팽창 정책을 조기에 차단하는 것이었다(이종호 2015: 33).

국가 전략적 차원에서 일본이 추구했던 청일전쟁의 목적은 첫째, 청국의 조선에 대한 종주권 제거 후 조선을 정치적·군사적으로 지배, 둘째, 산업화(공업화) 진행 중인 일본의 경제적 이익(시장 확보, 천연자원 공출)을 달성하는 것이었다(이종호 2015: 35).

청일전쟁 직전의 국제정치사적 상황의 전개는 외교적 중재를 바랐던 청과 이를 적절하게 제어하고 무력행사를 통해 자신의 목적을 달성하려 했던 일본의 서로 다른 정책적 입장을 잘 보여준다. 현상 유지를 바랐던 청의 입장은 종주권의 유지와 더불어 1880년대 초반부터 1894년까지에 걸쳐 확립된 근대 국제정치적 맥락의 조선에서의 우위라는 현실에 입각한 것이었다. 이 시기의 대표적인 중국 연구자인 장팅푸[蔣廷, 1991]는 이를 다음과 같이 서술하였다.

> 1894년 봄에 청의 실제적인 조선 지배는 완성되었지만 명목상으로 그 상황은 1882년의 상황 바로 그것이었다. 조선에서 일본과 러시아의 세력균형을 위해 서구의 관심을 끌어들이려는 정책에서 시작하여 이홍장은 실제로 모든 외국 세력을 축출하는 것으로 끝을 맺었다. 위안스카이[袁世凱]의 9년에 걸친 조선 총독 재임 기간 일본 세력의 쇠퇴는 가장 현저하였다(장팅푸 1991: 138).

따라서 1894년 이홍장의 대일 정책의 기조는 후지무라 미치오[岡村道熊, 1997]가 지적한 것과 같이 "자국의 전쟁 준비의 부족과 그것에 대한 일본 군비의 충실을 비교, 계산한 뒤 열국에게 조정을 부탁하여 전쟁을 회피하고 현상 유지를 도모하는 것"이 되었다(후지무라 1997: 123). 이에 대한 일본의 대응 역시 1882년에서 시작되었는데, 모리야마 시게노리[森山武德]에 따르면,

> 청일전쟁까지의 일본 군부의 군략에서 결정적으로 전환점이 된 것은 1882년에 일어난 임오군란이었다. 그 이유는 그때까지 가상적으로 생각해온 러시아에다 청국이 새로운 가상적이 되었기 때문이다. 그러므로 일본은 임오군란을 계기로 '외정'을 고려한 본격적인 군확에 착수한다(모리야마 1996: 172).

한마디로 말하면 그것은 임오군란, 갑신정변에서 청국에 뒤진 것을 되

풀이하지 않겠다는 것이었다. 만약, 한국에서의 일조 유사시에는 청국을 능가하는 군세를 한국에 보내 청국보다도 군사적으로 우위에 서는 것, 이것이 당초의 군략이었던 것이다(모리야마 1996: 186).

김창수(1985) 역시 이에 관해 다음과 같이 유사한 서술을 했다.

일병의 진출은 임오군란과 갑신정변을 거치면서 한국에 있어서의 정치적 주도권을 청국에 빼앗긴 것을 만회한다는 의미와 또한 동학농민혁명을 기회로 청국에 개전할 수 있는 구실로 삼아 그들의 침략 의도를 본격화한 것이라고 할 수 있다(김창수 1985: 22).

그는 구체적인 전쟁 개전에 대해서 이렇게 이야기한다.

일본 정부는 조선 정부에 대하여 내정 개혁을 요구하는 한편 군사 정책을 추진하여 7월 13일에는 무츠 외무대신이 "청·일 간의 충돌을 촉진하는 것은 오늘날의 급선무이므로 이를 단행하기 위해서는 어떠한 수단이라도 꾀하라"고 공사에게 훈령을 내려 전쟁 도발을 재촉하였다(김창수 1985: 21).

하지만 이와 같은 개전 과정을 이해하기 위해서는 일본 내의 논의에 관한 더 상세한 고찰이 필요하다. 최석완(2002)에 의하면 즉각적 파병론과 피동적 파병론, 혹은 능동적 개전론과 수동적 개전론 사이의 논쟁은 영국과의 조약 개정 문제와 조선에 대한 러시아의 간섭 가능성에 대한 견해 차이에 국한된 것이었다. 그에 따르면,

일본 정부는 (6월 2일의) '운용 방침'을 통해 당초 확정된 즉각 파병책을 다소 수정하여 피동적 파병과 피동적 개전 전략을 확정하게 된다. 이러한 과정에서 조선 주재 일본 공사관, 무츠, 그리고 군부와 이토 사이에 개전이냐 아니냐를 놓고 결정적인 대립을 연출하는 상황은 벌어지지 않았다. 대청 개전 전략은 일본 정부 전체의 합의하에서 수립된 것이었다(최석완 2002: 120).

하지만 청·일 간의 평화적 교섭을 희망했던 러시아가 일본의 선철병 거부에 대해 긍정적인 입장을 표시하고, 일본이 철병하지 않으면 교섭에 응하지 않겠다고 했던 청의 태도가 영국의 중재 여지를 좁히게 됨에 따라 사실상 일본의 교섭 무산 정책과 강경책이 수렴되는 결과를 가져왔으며, 이는 궁극적으로 청·일 양국의 교전으로 이어지게 되었다(최석완 2009).

IV. 일본의 대한반도 정책 목표: 지위/권위 전이의 관점

청일전쟁 직전의 국제정치적 상황은 한반도의 국지적 수준에서의 청과 일본 사이의 물질적이고 관념적인, 그리고 전통적이고 근대적인 지위 내지 권위를 둘러싼 경쟁의 형태를 띠고 있었다고 보는 것이 적절할 것이다. 구선희(1997)는 이를 기본적으로 '속방' 문제로 해석하면서 다음과 같이 지적한다.

조선 '속방' 문제가 조선과 청, 그리고 일본 사이에 어떻게 이용될지는 전혀 고려의 대상이 안 될 정도로 이홍장은 조선에 대해 자국의 속방이라는 인식이 확고하였다. 이것은 국제법에 준한 법적 근거에서라기보다는 전래적으로 내려오던 조공 관계에서의 속방 관념에 기인한 것이었기 때문에 일본은 이런 인식을 적절히 이용하며 대조선 내지는 대청 정책을 전개하고 있었다. 조선이 청의 '속방'이란 문제는 이후 청과 개전하기 위한 빌미로 일본이 이용하는 하나의 안건이 되었다(구선희 1997: 154).

조선의 농민전쟁을 빌미로 일어난 청일전쟁은 청과 일본이 조선을 서로 자신의 속방 내지는 보호국으로 편입시키고자 일으킨 전쟁이었다. 청은 전근대 동아시아 사회에서 조선이 속방이었다는 것을 이용하여 근대 국제법 체제하에서의 속국으로 만들고자 노력하였다(구선희 1997: 165).

서구 열강들 또한 일본군 파병과 이에 따른 청일전쟁 개전을 조선에서의 일본의 차등적 지위의 전복을 위한 것이라고 파악했다.[5] 영국은 청일전쟁을 '특정한 지역에서의 우위의 문제(the question of supremacy on the spot)'에 대한 경쟁이며, '두 아시아의 경쟁국 사이의 불가피한 전

---

[5] 이유송은 영국이 한반도에서 청이 무너지고 러시아가 침투하는 것을 우려하여 일본에 청의 종주권을 인정하도록 종용했다고 지적하면서, 청일전쟁에서 일본이 승리함에 따라 이는 유동적이 되었고 이후 청·일의 각축은 러·일의 각축으로 변화했다고 지적했다. 이유송, 2018, 「청일전쟁 전후 청일의 지위 변화: 영·로·불·미의 외교문서 분석을 중심으로」, 미발표 논문.

쟁(an inevitable war between the two Asiatic rivals)'으로 간주하였다.[6] 영국은 한반도에서의 일본의 정책적 의도를 다음과 같이 설명하였다.

그들의 의도는 자신이 한반도에서의 차등적인 지위(position of secondary)로부터 벗어나 그것에 대해 청과 공동의 규율(joint integrity)을 획득하게끔 하는 것이었다.[7]

그들은 한반도에서 청의 유일한 우위(sole supremacy)를 인정할 수 없다.[8]

따라서 일본 철병의 배경이 되는 이와 같은 한반도에서의 정책적 목표는 단순한 자국민 보호의 문제에 국한되는 것이 아니었으며, 조선에서의 세력균형과 내정 개혁에 대한 강조는 청과의 지위/권위 경쟁의 핵심적 요소였다고 할 수 있는 것이다. 무츠(무쓰)의 주일 러시아 공사 히트로프(Mikhail A. Khitrovo)에 대한 발언과 주청 일본 공사 고무라 주타로에 대한 훈령은 이를 잘 보여준다.

첫 번째로 일본 정부가 조선에 관한 본의(本意)를 침묵에 부쳤던 이

---

6 "Memorandum by Baron von Siebold on Question between China and Japan re Korea, 1894. 6. 29.", 1984, Il Keun Park ed., *Anglo-American and Chinese Diplomatic Materials Relating Korea, 1887-1897*, Pusan University Press, pp. 14-16.
7 "Mr. O'Conor to the Earl of Kimberley, 1894. 6. 22.", 1984, Il Keun Park ed., 위의 책, p. 10.
8 "The Earl of Kimberley to Mr. Paget, 1894. 6. 23." 1984, Il Keun Park ed., 위의 책, p. 11.

유를 설명 드리겠습니다. 본 정부가 처음부터 취한 주의(主義)는 금일까지 조금도 변경된 바가 없었기 때문에 이 건에 관해 굳이 러시아 공사에게 협의하지 않았던 것입니다. 또 처음에 말씀드린 것처럼, 이 주의는 조선으로 하여금 독립의 지위를 유지시키려는 데 기초한 것입니다. 그리고 이 목적을 달성하기 위해선 조선에서 대등한 세력권형(勢力權衡)을 유지해서 청국이 홀로 그 위력을 행사하지 못하게 하는 것이 필요하다고 생각됩니다. 그리고 제국 정부는 항상 이 주의를 지켜서, 금일에 이르기까지 감히 변경하지 않았습니다.[9]

하나, 권고만으로는 쓸모가 없다. 왜냐하면 조선국 정부는 청국의 강대한 위력 아래 있기 때문에 청국은 겉으로는 일본국과 협동해서 조선국에 권고하면서도, 속으로는 은밀히 조선이 개혁을 거절하도록 설득할 수 있기 때문이다.

둘, 청국의 대표자는 특별한 특권을 향유하기 때문에 일본국의 권익에 큰 해를 미칠 수 있으며, 부당한 유도를 할 수 있기 때문에 일본국의 대표자가 조선국의 궁정에서 같은 대우를 받는 것이 필요하다.

셋, 청국은 일본국으로 하여금 어쩔 수 없이 독단적인 조치를 취하게 했다. 그러므로 만약 청국이 이미 조선국이 사의를 표한 우리 제의를 인정하지 않는다면, 일본국은 최초의 지위로 돌아갈 수 없다. 1885년의 조약(텐진조약)은 단지 조선국에 군대를 파견하는 절차를 규정한 것으로, 체맹국에 대해 조선 사건과 관련하여 상호 협의할 의무를 부

---

9 "무쓰의 주일 러시아 공사 히트로프에 대한 발언, 1894. 6. 25.", 근대한국외교문서편찬위원회 편, 근간(近刊), 『근대한국외교문서: 청일전쟁』.

과한 것이 아니다.¹⁰

아래 무츠(무쓰)의 재외 공사에 대한 전문 내용은 영국이 관찰한 한반도의 국지적 수준에서의 지위 전이를 위한 일본의 노력을 나타낸다.

> 일본은 조선에서 통상뿐만 아니라 정치적인 모든 문제에 대해 청과 동등한 권리와 특권을 향유해야 한다.¹¹

1894년 7월의 영국 문서들은 한반도에서의 '정치적' 권리의 소재에 대한 청·일의 논쟁을 잘 드러내고 있다. 이홍장은 조선의 보호와 반란 진압에 대한 일본과의 공동 책임, 그리고 동등한 통상의 권리에 대해서는 동의하였으나 '정치적'이라는 단어의 사용은 거절하였다. 이에 대해 일본이 조선에 대한 '청과 동등한 정치적 원리(equal political rights with China)'를 요구하자, 청은 '다른 열강과 동등한 정치적 권리(equal political rights with other posers)'라는 표현을 제안하였다. 일본은 재차 '동등한 대우(equal treatment)'에 대한 내용을 상세하게 열거하면서 실질적으로 같은 지위와 함께 동등한 정치적 권리, 즉 권위를 획득하고자 하였다.¹²

---

10 "무츠의 주청 일본 공사 고무라에 대한 훈령, 1894. 7. 22.", 근대한국외교문서편찬위원회 편, 근간(近刊), 『근대한국외교문서: 청일전쟁』.
11 "무츠의 주청 일본 공사 고무라와 주영 일본 공사 아오키에 대한 훈령, 1894. 7. 3.", 근대한국외교문서편찬위원회 편, 근간(近刊), 『근대한국외교문서: 청일전쟁』.
12 "From Mr. O'conor to the Earl of Kimberley, 1894. 7. 18."; "From Mr. O'Conor to the Earl of Kimberley, 1894. 7. 24."; "From Mr. Paget to the Earl of Kimberley, 1894. 7. 26.", 1984, Il Keun Park ed., 앞의 책, pp. 56-78.

V. 맺음말

　기존 국제정치 이론 논쟁의 한 부분을 차지하고 있었던 국제정치에 있어 전이에 대한 논의는 그 대상이 세력을 넘어 패권, 문명/질서, 지위/권위로 확대됨에 따라 더욱 포괄적인 적용이 가능하게 되었다. 19세기 말 동아시아 국제체제의 결정적 전환점이 되었던 청일전쟁의 사례는 여러 측면에서 그 적절한 사례라고 할 수 있다. 전이의 양상 역시 전쟁의 원인과 결과, 각기 다른 분석 수준, 그리고 양 국가의 정책적 목표에 따라 나누어 보는 다양한 분석이 가능할 것으로 생각된다. 이 논문은 그 중에서도 한반도에서의 지위 내지는 권위의 전이를 향한 일본의 정책적 목표를 청일전쟁의 핵심적인 원인으로 보는 접근 방식의 유용성을 보여주고자 하였다.[13] 지위/권위 전이의 이론은 정책적 목표의 물질적 측면과 관념적 측면을 포괄할 수 있다는 점에서 의미를 갖는데, 이는 무츠(무쓰)의 회고록에서 다음과 같이 잘 나타나고 있다.

　　조선 내정의 개혁이라는 것이나 청한 종속 문제는 모두 다 그 근원을 찾아 올라갈 때, 일·청 양국의 조선에서의 권력투쟁이라는 세력 경쟁의 결과라고 할 수 있는데, 사실 이 문제가 어떻게 진행됐던 것인지를 살펴보면 다음과 같다.

---

[13] 최석완은 이 사례가 동아시아에서 새로운 근대적 관계 구축과 패권의 향배에 연관되어 있다고 지적하면서도, 일본의 정책적 목표는 조선에 대한 보호권을 단독으로 확립하기 위한 것이라고 주장하였다. 이는 청일전쟁이 지역적인 질서 전이나 패권 전이보다는 좀 더 명확하게 한반도에서의 지위와 권위 전이를 위해 수행되었다는 것을 의미한다고 할 수 있다. 최석완, 2018, 「청일전쟁과 일본 외교」, 동북아역사재단 한국외교사편찬위원회 편, 『한국의 대외관계와 외교사: 근대편』, 동북아역사재단.

…… 예로부터 우리 나라 유학자들은 중국을 중화 또는 대국으로 지칭했으며, 자기 나라가 굴욕적인 위치에 놓여 있음을 생각지 않고, 그저 중국을 존경하기만 했던 그런 시대도 있었으나, 지금에 와서는 우리가 중국을 깨어나지 못한 일대 보수적인 국가라고 비하하고 있는 형편이다. 이에 대해 그들도 우리를 보고 경솔하게 유럽 문명의 겉모습만을 모방하고 있는 하나의 섬놈들이라고 얕잡아 보고 있는데, 이러한 양국의 감정은 흡사 얼음과 숯불처럼 상반된 상태인지라, 언젠가는 일대 충돌이 있을 것으로 예견되어왔던 것이다. 그러나 표면상의 언쟁은 어떻든 간에, 그 내면적인 논쟁의 근본은 서구적 신문명과 동아석 구문명과의 충돌임에 틀림없는 사실이라 할 수 있다(무츠 1993: 64-65).

청일전쟁의 개전은 일본에 있어 여러 분석 수준에 걸친 다양한 전이의 달성을 위한 시도였고, 그것은 일차적으로 한반도에서 청으로부터의 지위/권위 전이의 목표를 갖는 것이었다. 하지만 전쟁의 승리에도 불구하고 러시아의 지속적인 영향으로 말미암아 그 목표는 또 다른 전쟁의 수행을 필요로 하게 되었다. 한반도를 둘러싼 열강의 '영향력의 영역'에 대한 경쟁은 이후에도 계속되어 현재에까지 이르고 있고, 이는 일차적으로 지위 내지는 권위의 전이를 목표로 하는 것으로 보인다.[14] 즉, 북핵 문제의 해결에 관한 모색에서 나타난 미국과 중국의 대한반도 정책과 그를 둘러싼 갈등의 양상 역시 각각의 국가가 한국과 북한, 그리고 한반도에서 차지하고 있는 지위 위계성을 재구성하려는 노력으로 이해될 수 있는 것이다.

---

14 현재의 상황에 대한 이와 같은 분석으로 D. Kang, 2010, "Status and Leadership on the Korean Peninsula", *Orbis*, Fall을 볼 것.

참고문헌

• 1차 자료

근대한국외교문서편찬위원회 편, 근간(近刊), 『근대한국외교문서: 청일전쟁』.
무쓰 무네미쓰[陸奥宗光], 김승일 역, 1993, 『건건록』, 범우사.
Park, Il Keun ed., 1984, *Anglo-American and Chinese Diplomatic Materials Relating Korea, 1887-1897*, Pusan University Press.

• 2차 자료

강상규, 2008, 『19세기 동아시아의 패러다임 변화와 한반도』, 논형.
구선희, 1997, 「청일전쟁 직전 조선 '속방' 문제와 조청관계」, 『사학연구』 제54호.
김용구, 1997, 『세계관 충돌의 국제정치학: 동양 예와 서양 공법』, 서울대학교출판문화원.
김우상, 2004, 「세력전이론」, 우철구·박건영 편, 『현대 국제관계이론과 한국』, 사회평론.
김원수, 2014, 「그레이트 게임과 한러관계의 지정학 ―거문도 사건과 이홍장-라디젠스키 협약(1886)을 중심하여」, 『서양사학연구』 제30호.
김창수, 1985, 「청일전쟁 전후 일본의 한반도 군사침략정책」, 한국사연구회 편, 『청일전쟁과 한일관계: 일본의 대한 정책형성에 관한 연구』, 일조각.
모리야마 시게노리[森山茂德], 1996, 「청일전쟁 중 일본 군부의 대한정략」, 김기혁 외, 『청일전쟁의 재조명』, 한림대학교 아시아문화연구소.
이유송, 2018, 「청일전쟁 전후 청일의 지위 변화: 영·로·불·미의 외교문서 분석을 중심으로」, 미발표 논문.
이종호, 2015, 「청일전쟁의 개전원인과 청과 일본의 군사전략 비교연구」, 『한국동북아논총』 제77호.
쟝팅푸[蔣廷黻], 김기주·김원수 공역, 1991, 『청일한외교관계사』, 민족문화사.
조한승, 2006, 「상대적 국력이론의 관점에서 바라본 중일전쟁(1894-1895)」, 강성학 편, 『용과 사무라이의 결투』, 리북.
최석완, 2002, 「청일전쟁기의 일본정부의 동아시아질서 재편정책 - 조약개정외교와 「6·2 조선 파병 결정」, 『일본역사연구』 제15호.
_____, 2006, 「일본의 동아시아 질서 재구축과 청일전쟁 - 청일조약 개정을 중심으로」, 역사학회 편, 『전쟁과 동북아의 국제질서』, 일조각.

_____, 2009, 「일본정부와 청일전쟁 개전 과정 —열강의 간섭과 일본의 교섭 무산 전략」, 『일본역사연구』 제29호.

_____, 2018, 「청일전쟁과 일본 외교」, 동북아역사재단 한국외교사편찬위원회 편, 『한국의 대외관계와 외교사: 근대편』, 동북아역사재단.

후지무라 미치오[藤村道生], 허남린 역, 1997, 『청일전쟁』, 소화.

Dafoe, A. et al., 2014, "Reputation and Status as Motives for War", *Annual Review of Political Science*, 17.

Gills, B., 1993, "The Hegemonic Transition in East Asia: A Historical Perspective", S. Gill ed., *Gramsci, Historical Materialism and International Relations*, Cambridge University Press.

Greve, A. and J. Levy, 2018, "Power Transition, Status Dissatisfaction, and War: The Sino-Japanese War of 1894-1895", *Security Studies*, 27, No. 1.

Kang, D, 2010, "Status and Leadership on the Korean Peninsula", *Orbis*, Fall.

Kim, W., 2002, "Power Parity, Alliance, Dissatisfaction, and Wars in East Asia, 1860-1993", *Journal of Conflict Resolution*, 46, No. 5.

Lake, D., 2009, *Hierarchy in International Relations*, Cornell University Press.

_____, 2014, "Status, Authority, and the End of the American Century", T. V. Paul et al. eds., *Status in World Politics*, Cambridge University Press.

Larson, D., T. V. Paul and W. Wohlforth, 2014. "Status and World Order", T. V. Paul et al. eds., *Status in World Politics*, Cambridge University Press.

Thompson, W., 2014, "Status Conflict, Hierarchies, and Interpretation Dilemmas", T. V. Paul et al. eds., *Status in World Politics*, Cambridge University Press.

Ward, S., 2017, *Status and the Challenge of Rising Powers*, Cambridge University Press.

5장

동아시아 세력전이와 한반도 전쟁:
19세기 청일전쟁과 21세기 미·중 경쟁

정성철
명지대학교 정치외교학과 부교수

I. 머리말

왜 한반도에서 전쟁이 발발하였는가? 어떻게 한반도 전쟁은 종결되었는가? 이 연구는 한반도 전쟁의 특성을 동아시아 세력전이와 지정학의 관점에서 살펴본다. 양차 대전 이후 국가 간 전쟁에 대한 체계적 연구가 본격적으로 촉발되었다. 냉전기까지 전쟁의 '발발' 원인을 둘러싸고 파워, 제도, 아이디어에 기초한 설명이 등장했다면, 소련의 붕괴 이후 전쟁의 '종결'에 대한 연구가 등장하기 시작하였다. 이러한 전쟁의 발발과 종결에 대한 연구는 다양한 분석 수준-체제, 국가, 개인-에 주목하면서 복수의 인과 경로를 제시해왔다(Levy & Thompson 2010; Reiter 2018: 168-77). 한편 체제 수준 변화(힘의 균형, 세력전이 등)와 국가/사회 수준 변수(국내 불안, 특정 이념 등)의 '결합(interaction)'을 통해 국제정치와 외교정책을 설명하는 연구가 점차 증가하고 있다(Lobell, Ripsman & Taliaferro 2009; Rose, 1998). 더불어 민주주의와 무력 분쟁, 국내 청중과 외교정책과 관련된 상관관계의 원인과 영향을 둘러싼 다양한 논쟁이 지속되고 있다(Elman 1997; Schultz 1999; Snyder & Borghard 2011).

그렇다면 한반도에서 발생한 전쟁의 발발과 종결은 무엇이었는가? 왜 한반도에서 대규모 전쟁이 반복되었는가? 어떠한 과정을 통해 전쟁이 고조되었고 종식되었는가? 동아시아에서 '세력이동(power shift)'이 일어날 때 불만과 불신에 휩싸인 강대국은 한반도를 둘러싼 각축을 벌였다. (잠재적) 적대국에 대한 완전한 승리가 어려운 상황에서 강대국은 '전략적 영토'인 한반도를 차지하고자 충돌하면서 지역 질서의 근본적 변화를 초래하거나 예견하였다. 21세기에 들어 중국의 부상과 미국의 쇠퇴가 지속되자 아시아 국제질서에 대한 논의와 전망이 급속도로 증가하고 있다.

이러한 상황에서 한반도 전쟁의 역사를 체계적으로 검토하는 작업이 필요하다. 더구나 군사와 경제, 기술과 문화를 둘러싼 미·중 경쟁이 본격화하면서 '안미경중(安美經中, 안보는 미국, 경제는 중국)' 전략이 지속되기 어려워지면서 우리의 전략적 선택의 중요성이 커지고 있다.

이 연구는 세력전이와 완충지대에 대한 이론적 논의를 바탕으로 한반도 전쟁의 발발과 종결 과정을 분석한다.[1] 이후 청일전쟁 사례를 검토하여 앞서 제시한 설명의 타당성을 살펴보고 21세기 미·중 경쟁 시대의 한국 외교에 대한 함의를 도출한다. 한반도 전쟁에 대한 가설을 제시하는 시론적 작업을 통하여 향후 한국 국제정치 연구의 과제와 방향을 모색하고자 한다.[2] 동아시아 세력전이 상황에서 강대국은 상대국에 대한 우위를 달성하고 지역 패권을 차지하기 위해 한반도에 대한 영향력을 추구하였다. 중국은 과거 청일전쟁에서 조선에 대한 종주권을 상실하고 '치욕의 세기'를 경험하였지만 현재 회복한 국력을 바탕으로 지역 질서

---

* 이 글은 한국사회역사학회, 2020, 『담론201』 제23권 1호에 게재된 「동아시아 세력전이와 한반도 전쟁: 19세기 청일전쟁과 21세기 미중 경쟁」 연구의 일부를 보완한 논문임.
[1] 이 글에서 '세력이동(power shift)'은 국가 간 상대적 힘의 균형이 빠르게 변하는 것을 의미하며, '세력전이(power transition)'는 세력이동으로 인해 양국의 국력이 동일해지는(power parity) 현상을 지칭한다. 따라서 세력이동이 일어나지만 세력전이가 발생하지 않을 수 있지만, 그 반대의 경우는 성립할 수 없다.
[2] 이 연구는 한반도 전쟁의 발발과 종결에 대한 가설을 제시한 후 해당 가설의 설명력을 가늠하기 위해 청일전쟁 사례를 살펴본다. 따라서 '타당성 조사 사례 연구(plausibility probe case study)'이자 '가설 생성 연구(hypothesis-testing case study)'를 추구하고 있다고 할 수 있다. 국제정치학에서 사례 연구 방법의 구분과 기능에 대해서는 정성철, 2017, 「사례 연구 방법론의 발전과 동향: 국제 및 비교정치 연구를 중심으로」, 『담론201』 20권 1호; Jack S. Levy, 2008, "Case Studies: Types, Designs, and Logics of Inference", *Conflict Management and Peace Science*, 25-1 참조.

의 변화를 꾀하고 있다. 미국은 태평양전쟁 이후 동아시아에 대한 영향력을 증대시켰으며 최근 들어 인도태평양 지역에 대한 집중도를 높이고 있다. 이러한 상황에서 과거 한반도를 둘러싼 강대국들의 충돌을 이해하고 현재를 이해하는 작업의 필요성은 시급하다고 할 수 있다.

II. 한반도와 대규모 전쟁: 임진왜란부터 한국전쟁까지

한반도 전쟁은 동아시아 역사 속에서 반복되었다(주명건 외 2014; 역사학회 2006). 중국은 5대 10국과 남·북송 시대 이후 분할되지 않았고, 한반도에서는 후삼국시대 후 고려와 조선의 지배가 이어졌으며, 일본 열도의 전국시대는 도요토미 히데요시에 의해 종결되었다. 그렇다면 16세기부터 동아시아는 한·중·일 삼각구도 속에서 임진왜란(1592~1598), 정묘호란(1627), 병자호란(1636~1637), 청일전쟁(1894~1895), 러일전쟁(1904~1905), 태평양전쟁(1941~1945), 한국전쟁(1950~1953)을 경험하였다.[3] 16~20세기까지 전쟁이 동아시아 국가들 간 역내 충돌이었다면,

---

3 동아시아 국가의 삼각관계에 대해서는 신욱희, 2017, 『삼각관계의 국제정치: 중국, 일본과 한반도』, 서울: 서울대학교출판문화원; 이병희, 2010, 「한국·일본·중국 3자 전쟁 모델: 패권이론에 의한 역사성과 교훈」, 『정치정보연구』 13권 1호; Seongji Woo, 2003, "Triangle Research and Understanding Northeast Asain Politics", *Asian Perspective*, 27-2. 국제정치의 삼각관계를 이론화하고 제2차 세계대전을 분석한 연구로는 Randall L. Schweller, 1998, *Deadly Imbalances: Tripolarity and Hitler's Strategy of World Conquest*, New York: Columbia University Press. 국제관계 연구의 국가쌍(dyad) 분석의 한계와 양자를 넘어선 다자 분석의 필요성에 대해서는 Paul Poast, 2010, "(Mis) Using Dyadic Data to Analyze Multilateral Events", *Political Analysis*, 18-4; Paul Poast, 2016,

20세기부터 역외 국가를 포함한 본격적인 국제전이 펼쳐졌다고 이해할 수 있다. 특히 2000년대부터 동아시아에서 일어난 전쟁을 일국사 관점에서 벗어나 국제사의 측면에서 이해하고 설명하려는 시도가 두드러지게 지속되고 있다(기미모토·미야지마 2014; 김시덕 2015; 정두희·이경순 2007; Lewis 2014).

이러한 한반도 전쟁의 특징은 무엇인가? 전쟁을 "정치 조직 간 지속되고 조율된 폭력(sustained, coordinated violence between political organizations)"으로 본다면(Levy & Thompson 2010: 5), 한반도에서 일

⟨그림 1⟩ 국가 간 전쟁의 규모, 1823~2003년

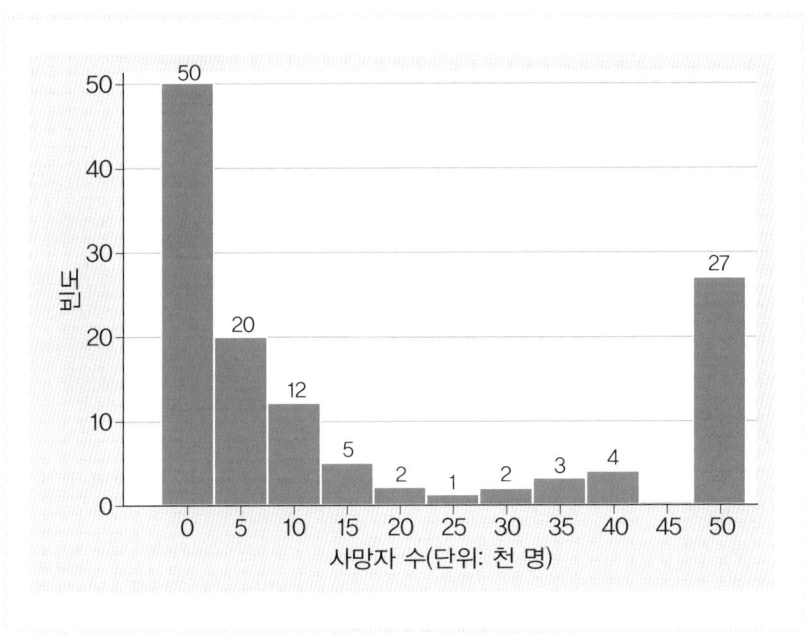

출처: Weisiger(2012)를 활용하여 저자가 작성.

"Dyads Are Dead, Long Live Dyads! The Limits of Dyadic Designs in International Relations Research", *International Studies Quarterly*, 60-2 참조.

어난 전쟁은 다른 국가 간 전쟁(interstate war)과 비교하여 어떠한 특징이 있는가? 우선 심대한 인명 피해를 낳은 '대규모' 충돌이었다. 1823년부터 2003년까지 126회의 전쟁을 전사자 5천 명을 단위로 11분류로 나누면(Weisiger 2012), 최소 규모 전쟁(전사자 1천~5천 명)이 50회로 가장 많으며, 최대 규모 전쟁(전사자 5만 명 이상)이 27회로 두 번째로 많았다(〈그림 1〉 참조, 중간값: 8,000, 평균: 337,693.7).[4] 이러한 U 자형 분포는 다른 데이터에 기초한 전쟁 분류에서도 확인할 수 있다(〈그림 2〉 참조).

〈그림 2〉 국가 간 전쟁의 규모, 1823~2003년

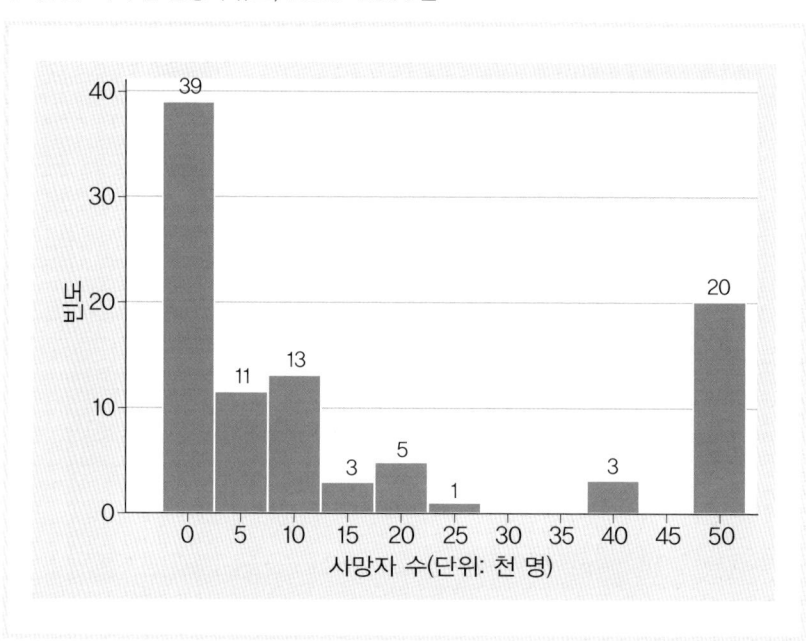

출처: COW War Data v4.0(www.correlatesofwar.org/data-sets/COW-war)을 활용하여 저자가 작성.

---

[4] 이 연구가 활용하고 있는 전쟁 데이터는 전사자가 1천 명 이상인 무력 충돌을 전쟁으로 인정하는 조작적 정의(operational definition)를 채택했다. 따라서 무력 충돌로 인한 전사자가 1천 명 미만인 사례는 전쟁으로 간주하지 않는다.

〈표 1〉 한반도 전쟁의 사망자 수

	전쟁	사망자 수
1	임진왜란(1592~1598)	27만 487
2	정묘호란(1627)	N/A
3	병자호란(1636~1637)	N/A
4	청일전쟁(1894~1895)	1만 5천
5	러일전쟁(1904~1905)	15만 1,831
6	태평양전쟁(1941~1945)	1백만
7	한국전쟁(1950~1953)	91만 84
	평균	47만 2,543

출처: 임진왜란은 최호균(2000, 44 〈표 6〉)의 임진왜란과 정유재란 시기 조선군·명군·일본군(의병이나 일반인은 제외)의 손실 병력; 청일전쟁과 한국전쟁은 COW War Data v4.0의 전투 사망자(battle death); 태평양전쟁은 Weisiger(2012)의 전투 사망자.

이처럼 국가 간 전쟁의 충돌 규모가 상이한 가운데 대규모 충돌과 소규모 충돌을 양분하여 살펴보는 것이 유의미할 수 있다.

그렇다면 한반도 전쟁의 규모는 어떠했는가? 대부분 전쟁은 5만 명 이상의 전사자를 낳은 대규모 전쟁이었다(〈표 1〉 참조). 정묘호란·병자호란의 전사자에 대한 정보가 부족하여 제외한다면, 임진왜란은 27만 명, 러일전쟁은 15만 명, 태평양전쟁은 백만 명, 한국전쟁은 91만 명의 전사자를 낳은 심대한 비극이었다. 청일전쟁은 1만 5천 명의 전사자를 낳은 것으로 알려져 있지만, 일본군에 맞선 동학군의 피해를 고려할 때 소규모 전쟁으로 보기는 어렵다.[5] 물론 한반도 국경과 해안에서 발생한 무력

---

[5] 동학농민운동의 인명 피해에 대해 박맹수는 다음과 같이 추정한다. "동학농민혁명은 당시의 조선 총인구(약 1,050만 명이라는 기록이 남아 있습니다)의 3분의 1에서 4분의 1의 농민이 일으킨 것입니다. 희생자가 30만 명 이상 나왔다고 알려져 있습니다.

충돌에 대한 기록과 자료가 제한되어 있고 소규모 전쟁이 다수 발생했을 가능성도 있다. 실제로 고려와 조선 시대에는 왜구와 여진을 상대로 군사 정벌을 펼쳤으며, 이를 일정 수준 이상의 전사자가 발생한 무력 충돌로 평가할 수 있다(임홍빈·유재성·서인한 2015). 하지만 자료와 기록의 한계를 고려하더라도 한반도에서 16세기 이후 대규모 전쟁이 반복해서 일어났다는 사실은 부인하기 힘들다.[6]

둘째, 한반도에서 양자 전쟁은 상대적으로 드물었다. 조선과 후금(청)이 충돌한 정묘호란과 병자호란, 러시아와 일본이 충돌한 러일전쟁을 제외하면, 한반도 전쟁은 다자가 참여했다는 특징을 보인다. Correlates of War 프로젝트의 데이터에 따르면, 1823~2003년까지 국가 간 전쟁의 60%(95회 중 57회)가 양자전이었다(〈그림 3〉 참조). 3개국이 참여한 전쟁은 14회, 4개국이 참여한 전쟁은 9회에 불과하다. 하지만 한반도에 발발한 전쟁의 경우 양자 전쟁보다 다자 전쟁이 상대적으로 빈번했다. 청일전쟁 당시 일본은 '일청한(日淸韓) 전쟁'으로 바라보기도 했으며 실제로 동학농민군과 일본군의 전투가 치열하게 전개되었다(김시덕 2015: 284-289; 나카츠카·이노우에·박맹수 2014: 25-37). 한편 양자 전쟁으로 분류할 수 있는 정묘호란과 병자호란의 경우에도 후금(청)과 조선의 충

최근 연구에서는 일본의 진압 부대인 후비보병 독립 제19대대에 의해 살해당한 농민이 적어도 3만 명입니다." 나카츠카 아키라·이노우에 가쓰오·박맹수, 한혜인 역, 2014, 『동학농민전쟁과 일본: 또 하나의 청일전쟁』, 모시는사람들, 154쪽 참조.

6 데이비드 강(David C. Kang)과 그의 동료들은 군사편찬연구소의 『한민족전쟁통사』에 기초하여 조선은 근대 초기(1368~1841)에 두 차례-임진왜란과 "청의 평정(Qing pacification)"-의 전쟁만을 경험했다고 주장한다. David C. Kang, Meredith Shaw and Ronan Tse-Min Fu, 2016, "Measuring War in Early Modern East Asia, 1368-1841: Introducing Chinese and Korean Language Sources", *International Studies Quarterly*, 60-4, p. 772.

돌 배후에는 조선의 종주국 명이 존재했으며, 러일전쟁에서 한반도는 전장이었을 뿐 아니라 한국의 의병은 러시아군과 함께 일본군과 전투를 벌였으며 다양한 도움을 제공하였다(박 2010: 675-686). 이렇듯 한반도 전쟁의 경우 다자국이 관여하는 가운데 장시간에 걸쳐 대규모 사망자가 발생했다고 추측할 수 있다. 달리 말해 한반도에서 왜구와 여진족의 약탈과 이에 대한 군사 분쟁이 존재했지만, 대규모 무력 충돌의 경우 다수 국가가 직간접적으로 참여한 국제전의 양상을 보였다.

셋째, 한반도 전쟁은 지역 질서의 변화를 촉진하거나 예견하였다. 〈표 2〉에서 정리한 바와 같이, 한반도 전쟁은 동아시아 패권국과 도전국 간 갈등의 맥락 속에서 발발했다. 일본은 조·명 연합군에 도전하여 명의

〈그림 3〉 전쟁별 참전국 수, 1823~2003년(총 전쟁 수: 95)

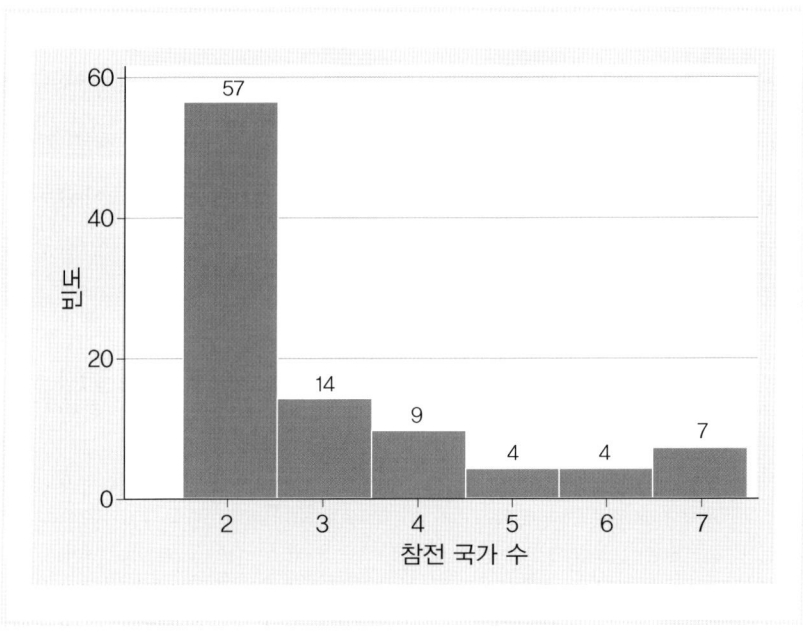

출처: COW War Data v4.0을 활용하여 저자가 작성.

〈표 2〉 동아시아 세력전이와 한반도 전쟁

	한반도	동아시아 패권국	동아시아 도전국	승리국 -패전국	전쟁 이후 동아시아 질서
임진왜란	조공국	명	일	조·명-일	천하 질서 유지
정묘·병자호란	조공국	명	청(후금)	청(후금) -조선	천하 질서 약화
청일전쟁	조공국	청	일	일-청	천하 질서 붕괴
러일전쟁	약소국 (반식민지)	러/일	러/일	일-러	제국 질서 심화
태평양전쟁	식민지	일	미국	미국-일	제국 질서 붕괴
한국전쟁	동맹국 (한국-미국, 북한-소련/중국)	미국/ 소련	소련/미국	휴전	냉전 질서 고착

패권을 약화시켰으며(임진왜란), 청은 조선을 굴복시킨 후(정묘·병자호란) 명·청 교체를 이루어냈다. 근대화 이후 일본은 청일전쟁에 승리하여 한반도에 대한 영향력을 확보하였고, 이후 러시아에 승리를 거두고 동아시아 강대국으로 인정받았다(청일·러일전쟁). 제1차 세계대전 이후 일본의 역내 영향력은 미국에 의해 종결되었고(태평양전쟁), 한국전쟁에 참전한 이후 미국은 아시아 세력균형의 한 축을 차지했다. 이렇듯 한반도 전쟁은 천하 질서의 약화와 붕괴, 제국 질서의 등장과 퇴장, 냉전 질서의 고착과 연계되면서 동아시아 패권국의 부상과 쇠락의 역사 속에서 발발했다. 따라서 동아시아 질서의 변화와 지속의 관점에서 한반도에서 일어난 대규모 무력 충돌을 이해하는 것은 바람직하다고 할 수 있다.

III. 이론적 논의: 세력이동과 전략적 영토

1. 세력이동과 강대국 갈등

왜 한반도 전쟁은 다자가 참여한 대규모 갈등으로 동아시아 질서의 변화를 이끌게 되었는가? 한반도에서 이러한 대규모 전쟁이 발발하고 종결에 이르는 과정은 어떠했는가? 이에 관해서는 무엇보다 앞서 언급한 강대국 간 세력이동을 고려해야 한다.[7] 임진왜란부터 한국전쟁까지 동아시아 지역 패권을 둘러싼 강대국의 각축이 존재했다. 임진왜란은 명나라에 대한 일본의 직접적 도전이었으며, 정묘·병자호란은 후금(청)이 명나라에 도전하기 위해 조선을 포섭하기 위해 일으켰으며, 청일전쟁은 일본이 한반도에 대한 청의 종주권을 빼앗기 위해 일으켰으며, 태평양전쟁은 일본이 미국에 맞서 역내 영향력을 유지하기 위한 예방 조치로 시작되었고, 한국전쟁은 동아시아 패권을 둘러싼 미·소 간 불신과 갈등을 배경으로 일어난 국제전이었다.

이렇듯 강대국 세력전이를 배경으로 발발한 한반도 전쟁은 동아시아 질서의 변화·유지·쇠퇴와 연관되었다(〈표 2〉 참조). 임진왜란에서 조·명 연합군은 일본의 공격을 막아냈지만, 정묘·병자호란은 명·청 교체가 임박했음을 의미했다. 청일전쟁에서 일본이 청에 승리하며 천하 질서

---

7 본 절에서는 세력전이와 강대국 전쟁에 대한 단일 이론을 한반도 전쟁에 적용하기보다는 세력이동(power shift), 세력전이(power transition), 패권 안정(hegemonic stability), 장주기이론(long cycles theory), 권력 순환(power cycle)에 대한 기존 논의를 폭넓게 활용하여 한반도에 대한 가설을 개발하는 것을 시도한다.

는 막을 내리면서 제국 질서의 등장을 공식화하였다. 일본이 한 축을 담당한 동아시아 제국 질서는 태평양전쟁에서 미국이 승리하고 미·소가 한반도를 공동 점령하면서 냉전 질서로 이행하기 시작했다. 한·미·일 자유진영과 북·중·소 공산진영이 충돌한 한국전쟁은 냉전 질서의 고착을 의미하였다. 이러한 지역 질서의 변화 속에서 한반도는 16세기부터 현재까지 '조공국', '약소국', '식민지', '약소 동맹국(junior alliance partner)'의 역할을 수행했다.

그렇다면 이러한 강대국 세력전이가 대규모 전쟁을 발생시키는 이유는 무엇인가? 전통적으로 세력전이 이론가들은 부상국(rising power)의 '불만'에 주목하였다(Organski 1958; Organski & Kugler 1980). 국력이 증가할수록 자국의 영토와 지위에 대한 요구가 커질 수밖에 없지만, 상승국의 선호에 따라 패권국이 행동할 가능성은 낮다. 특히 과거 전쟁이 실패하여 영토와 지위를 상실한 경험이 있는 국가는 빼앗긴 것을 되찾는 것이 정의로우며 필요하다는 논리를 내세우게 된다. 1970년대 후반부터 눈부신 경제성장을 이룩한 중국은 근대화 과정에서 경험한 '치욕의 세기'를 강조하면서 공세적인 남중국해 정책을 펼치고 있다. 나치 독일도 제1차 세계대전으로 잃어버린 영토와 위신의 회복이라는 목표 속에서 팽창을 지속한 결과 제2차 세계대전을 일으킨 바 있다.

물론 모든 상승국이 패권국에 도전하여 현상 변경을 시도하지는 않는다. 대표적으로 영·미 세력전이는 평화로운 패권 교체라는 결과를 낳았다. 따라서 다수의 세력전이 이론가들은 상승국의 만족 수준에 대한 연구에 집중한다.[8] 결국 상승국이 언제, 왜 기존 질서에 만족하는지에 대

---

8 상승국의 만족 수준을 경제적 이익과 영토의 획득과 관련해서 접근한 연구로는

한 답을 찾을 때 패권 전쟁의 발발 여부를 가늠할 수 있기 때문이다. 따라서 최근 중국의 부상에 대한 국제정치 연구자들의 핵심 질문은 과연 미국이 주도하는 세계 질서 속에 중국이 편입되는가이다. 일부에서는 중국의 국제기구 가입과 국제 규범 수용을 언급하면서 현상 변경국이 아닌 현상 유지국의 모습을 보인다고 주장하지만(Johnston 2003), 다른 학자는 국가의 의도는 국력의 함수로서 이해할 수 있기에 중국의 부상은 평화롭지 않을 것이라고 예측한다(Mearsheimer 2006).

하지만 상승국에 의한 패권 전쟁의 발발은 하나의 충돌 경로에 불과하다. 다수의 학자들은 쇠락하는 패권국의 예방 행위(preventive action)라는 상이한 충돌 가능성을 강조한다(Chan 2008; Copeland 2000; Levy 1987). 상승국과 비교하여 쇠퇴국은 시간이 흐를수록 자국에 불리한 상황이 도래한다는 '불안'에서 벗어나기 힘들다. 따라서 상승국의 부상을 가로막을 수 있는 예방 공격은 매력적인 옵션이 될 수밖에 없다. 더구나 손실 영역(loss domain)―손실을 경험하고 있거나 예상―에 놓인 정책 결정자는 높은 리스크를 감수하는(risk acceptant) 경향이 있다(Levy 1997; McDermott 1998). 따라서 일본의 1941년 진주만 공습에서 드러난 것처럼 자국의 지위와 영향력을 상실하게 되는 상황에서 국가는 모험적인 정책을 펼칠 가능성이 높아진다(Levi & Whyte 1997).

물론 패권국이 항상 상승국에 대한 적대 정책을 취하는 것은 아니다. 적어도 상승국의 부상이 지속될 것이며, 예방 행위가 자국의 쇠퇴를 효과적으로 막아줄 것이라는 확신이 필요하다. 그렇지 않은 경우 협상과

Susan G. Sample, 2018, "Power, Wealth, and Satisfaction: When Do Power Transitions Lead to Conflict?", *Journal of Conflict Resolution*, 62-9 참조.

양보, 동맹 형성을 통해 '우아한 쇠퇴(graceful decline)'를 추구할 개연성이 높다(MacDonald & Parent 2011). 비록 지역 패권을 잃을 수 있지만 패권 전쟁을 피하면서 생존과 번영을 추구하는 전략을 예상할 수 있다. 특히 쇠퇴하는 패권국이 강건한 동맹 연합을 유지하고 있다면-세력 전이와 동맹 전이가 동시에 일어나지 않는다면-패권국은 상승국에 대한 무력 옵션을 배제할 가능성이 높다(Kim 1991; Schweller 1992). 실제로 미·중의 힘의 격차는 1980년대부터 꾸준히 줄어들었지만 미국은 아시아 동맹 세력을 유지하는 것을 통해 중국을 견제하면서 직접적 충돌은 피해왔다.[9]

이렇듯 상승국의 '불만'과 패권국의 '불안'은 양국 간 불신의 문제(commitment problem)를 격화시킨다. 비록 협상을 통해 합의에 도달하여 갈등을 낮추더라도 상대가 약속을 이행한다는 믿음이 없게 된다. 국가 간 불신의 문제가 심화될 경우 국가는 협상보다는 무력을 통한 문제 해결을 선호한다(Powell 2006; Weisiger 2013). 지도자의 비이성적 결정이나 사적 이익 추구와 같은 상황을 배제하더라도, 국가는 불신이 깊은 상태에서는 갈등을 협상으로 해결하는 것을 선호하지 않는다(Fearon 1995). 세계화가 진행되어 상호 의존 관계가 확산하고 심화했지만 세력 전이는 여전히 강대국 간 불신과 갈등을 유발하는 요인으로 주목받고 있다. 다수의 현실주의자들이 경제적 이익의 공유와 기대를 고려하면서도 미·중 관계와 북·미 관계를 회의적으로 전망하는 이유가 여기에 있다. 중국의 눈부신 경제성장과 북한의 핵무장 심화로 이들의 상대적 국

---

9 동맹 전이(alliance transition)의 관점에서 미국과 중국의 국력을 비교하고 분석한 연구로는 Sung Chul Jung, 2018, "Lonely China, Popular United States: Power Transition and Alliance Politics in Asia", *Pacific Focus*, 33-4 참조.

력이 빠르게 성장할 때 국가 간 신뢰는 약화될 수밖에 없다는 논리이다.

이러한 '불신의 문제'는 대규모 전쟁의 주범으로 평가받는다. 웨이시거(Alex Weisiger)에 따르면 '사적 정보의 문제(private information)'와 '주인-대리인 관계(principal-agent)'도 전쟁을 일으키지만 대규모 충돌을 야기하지는 않는다(Weisiger 2013). 국가가 적국 혹은 자국을 오인하여 전쟁이 발발했을 경우(Levy 1983), 국가는 전쟁을 통해 능력과 의도에 대한 정확한 정보를 파악한 후 전쟁을 끝내게 된다. 예를 들어 A국이 B국의 전력을 과소평가하여 전쟁을 일으킨 경우 곧 자국의 열세를 확인하게 되면 종전 협상에 적극적으로 임한다. 한편 지도자가 국내 결집 효과를 위해 전쟁을 일으킨 경우 과대한 전쟁 비용과 국내 반발에 대한 우려로 전쟁을 신속히 마무리한다. 국내 문제로 위기에 처한 지도자는 국내 청중의 관심을 외부로 돌리고 국내 지지만 확보한다면 더 이상의 전쟁은 불필요하기 때문이다.

그렇다면 국가가 서로 불신하여 낳은 전쟁은 어떻게 종결되는가? 양국이 신뢰가 없는 상황에서는 종전이나 휴전에 대한 합의가 이루어지기 힘들다. 오늘의 합의가 내일 이행될 것이라는 믿음이 없기 때문이다. 따라서 이러한 상황에서 국가는 '절대적 승리(absolute victory)'를 추구한다(Reiter 2008). 상대국의 소멸 혹은 정권 교체(regime change)를 이룩하면 상대국이 종전 합의를 파기할 가능성 자체를 우려할 필요가 없다. 만약 종전에 대한 합의를 상대국이 곧 깨뜨릴 것이라고 믿는다면, 완전한 승리를 거두는 것만이 합리적 선택으로 남게 된다. 따라서 전투에서 지고 있더라도 종전 협상에서 완화된 태도를 보이지 않으며, 전장에서 승리를 거두고 있더라도 상대를 더욱 몰아붙이는 전략을 택한다.[10] 결국 한쪽이 완전히 승리를 거두기까지 종전은 이루어지 않은 채 전쟁은 장기화되고 사망자는 늘어난다.

2. 한반도와 대규모 전쟁

동아시아 세력전이로 인한 대규모 전쟁이 한반도에서 발발하는 이유는 무엇인가? 일반적으로 한반도의 지정학적 위치, 즉 강대국에 둘러싸인 환경에 주목한다. 한반도는 완충지대로 강대국 충돌의 전장이었다는 것이다[Morgenthau 1960(1948): 177]. 임진왜란, 청일전쟁, 러일전쟁, 한국전쟁은 동아시아의 완충지대를 둘러싸고 강대국들이 충돌한 사례들이다(김연지 2013). 실제로 아프가니스탄과 폴란드와 같은 완충 국가는 세계 역사 속에서 강대국 정치의 희생양이었다. 파잘(Tanisha Fazal)의 연구에 따르면 라이벌 국가 사이에 놓인 완충 국가는 다른 국가보다 망국(state death)을 경험할 가능성이 높다(Fazal 2011). 총 66개국이 사라진 1816년

---

10 전쟁 종결에 대한 국내 정치적 설명은 H. E. Goemans, 2000, *War and Punishment: The Causes of War Termination and the First World War*, Princeton: Princeton University Press. 고어먼스는 권위주의와 민주주의보다 혼합 체제에서 지도자가 전쟁을 장기화할 가능성이 높다고 주장한다. 권위주의 지도자는 전쟁에서 패배해도 권력을 유지할 수 있고, 민주주의 지도자는 선거에서 패배한 후 일반 시민으로 돌아가면 된다. 하지만 혼합 체제에서 전쟁에서 패배한 지도자는 망명과 추방과 같은 비극적 종결을 맞이할 가능성이 높기 때문에 패전이라는 결과를 받아들이기 힘들다. 이러한 전쟁 종결에 대한 국내 정치 접근에 대한 정리는 Dan Reiter, 2018, "Unifying the Study of the Causes and Duration of Wars", *Polity*, 50-2, pp. 172-3. 전쟁 종결(war termination) 연구 전반에 대한 개관은 Dan Reiter, 2018, "Unifying the Study of the Causes and Duration of Wars", *Polity*, 50-2을 비롯한 *Polity*, 50-2(April 2018)의 "Symposium on War Duration"에 수록된 논문들을 참조.

부터 2000년까지의 국제정치를 살펴보면 '1945년 이후(정복의 정당성에 대한 인식 변화)'와 '국제적 정당성(외교 관계를 통한 인정 수준)' 변수와 더불어 '완충 국가'는 망국 여부를 설명하는 유의미한 독립 변수이다.

그렇다면 한반도와 같은 완충 지역을 강대국이 차지하려는 이유는 무엇인가? 앞서 논의한 바와 같이, 세력전이 상황에서 강대국 간 불신이 심화되면 전쟁에서 완전한 승리를 거두는 것을 추구한다. 하지만 현실적으로 상대국을 병합 혹은 전복시키기가 어려운 상황에서는 '전략적

⟨그림 4⟩ 전략적 영토의 효용

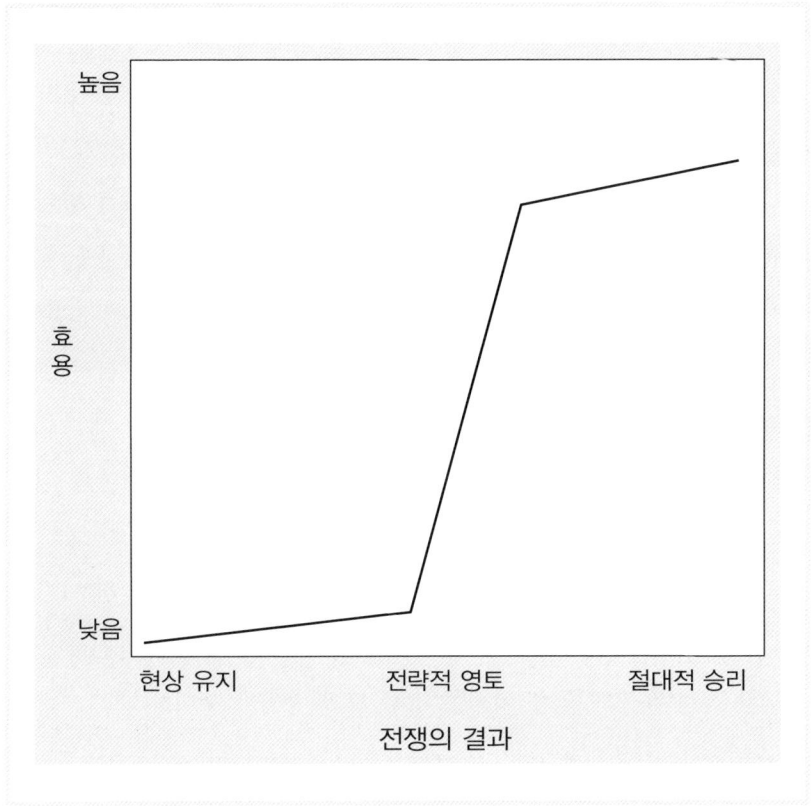

출처: Reiter(2008: 44)의 Figure 3.2를 저자가 재작성.

영토(strategic territory)'를 차지하는 것이 중요하다(Reiter 2008: 42-47). 전략적 영토를 확보할 경우 방어가 손쉽기 때문에 상대국의 공격에 대한 우려를 낮출 수 있다. 반대로 전략적 영토를 빼앗긴다면 종전 후 상대국의 공격을 방어하는 데 어려움을 겪는다. 따라서 전략적 영토를 확보할 경우 상대국에 대한 전략적 우위를 얻을 수 있고, 나아가 지역 패권을 장악할 수 있는 것이다. 그러기에 전략적 영토를 획득하면서 전쟁을 마무리하면 상대국에 대한 절대 승리를 제외하고는 최선의 결과를 얻었다고 생각할 수 있다(〈그림 4〉 참조).

한반도는 동아시아에서 강대국 사이에 놓여 있는 전략적 영토이다. 〈표 2〉에서 정리한 바와 같이, 동아시아 패권을 차지한 국가는 한반도를 자국의 영향력하에 두었다. 명에서 청, 청에서 일본, 일본에서 미국과 소련으로 동아시아 패권이 옮겨갈 때마다 한반도는 새로운 영향권으로 들어간 것이다. 16세기 명나라는 조선을 일본에 내줄 경우 자국 방어가 어렵다고 판단하여 조선 파병을 선택하였다. 훗날 일본과 협상을 벌일 때에도 한반도 분할 제안에 응하지 않으면서 장기 협상에 임했다. 17세기 후금(청)은 명나라를 침공하기 전에 조선을 자국의 영향력하에 두고자 하였다. 정묘호란 이후에도 조선의 입장이 명확하지 않자 병자호란을 통해 조선을 굴복시키고 군신 관계를 요구하였다. 청일전쟁과 러일전쟁은 각각 청과 일본, 러시아와 일본이 한반도에 대한 양보가 불가한 상황에서 군사 충돌에 이른 결과였다. 미국은 한반도를 내줄 경우 아시아에서 자국의 영향력을 유지하기가 어렵기에 한국전쟁에 참전하였고, 중국은 북한 북부 지역을 차지할 경우 자국 방어가 용이하다고 판단하여 출병을 감행하였다(김동길, 2016).

IV. 19세기와 21세기 동아시아 국제관계

　19세기 동아시아 삼국이 유럽의 근대 국제체제와 조우하면서 조선을 둘러싼 청·일 갈등이 심화되었다. 천하 질서의 사대교린(事大交隣)에 익숙한 조선에 주권국가의 자구(self-help)와 평등은 낯설 수밖에 없었다. 하지만 서구 국가의 물리력 앞에 중국 대륙이 반(半)식민지화되는 가운데 조선은 강화도조약(1876)을 시작으로 국제질서에 편입되는 과정을 피할 수 없었다. 청은 『조선책략』(1880)에서 친중(親中)·결일(結日)·연미(聯美)라는 전략을 조선에 제시하면서 한반도 종주권을 유지하고자 하였고, 임오군란(1882)과 갑신정변(1884) 속에서 조선에 대한 일본의 영향력을 나름대로 제한할 수 있었다. 그러나 동학농민혁명을 진압하기 위해 한반도에 들어온 양국의 군대가 충돌한 전쟁에서 패하면서 청은 일본에 한반도 종주권을 넘겨주게 되었다. 사실 청일전쟁으로 동아시아 패권을 둘러싼 강대국 간 경쟁이 심화하면서 동아시아 질서는 천하 질서에서 제국 질서로 이행하였다. 러시아·프랑스·독일의 삼국간섭으로 일본은 청에 랴오둥반도를 되돌려 주었지만 러일전쟁에서 승리하면서 아시아 강대국의 위상을 공고히 하였다.

　그렇다면 청일전쟁은 앞서 언급한 세력전이와 전략적 영토에 기초한 설명에 부합하는 사례인가? 조선은 동학농민혁명을 진압하기 위해 청에 원병을 요청하였고, 일본은 갑신정변 이후 청과 체결한 톈진조약에 의거하여 군대를 파병하였다. 이러한 상황에서 동학농민군이 해산을 결정하였으나 일본은 조선의 내정 개혁을 내세우면서 청의 동시 철군 요청을 거부하였다. 사실 일본은 파병 당시부터 조선에 대한 청의 영향력을 종식시키려는 의도를 가졌다고 볼 수 있다. 메이지유신 이후 일본의 '아시아 연대론'은 '일본 맹주론'으로 발전하면서 한반도 진출 의지가 강화되었다(김현철 2004: 93-113). 한편 일본의 군사력은 1870년대 후반과 1880년대 초반부터 급속도로 성장하여 쇠락 국면에 접어든 청에 맞서게 되었다(조한승 2005: 135-141). 임오군란(1882) 이후 청을 가상 적국으로 삼은 일본이 군비를 급격히 증강하면서 총지출 대비 군사비 지출 비율은 1870년대에는 20%대 미만에서 1880년대 후반에 20%대 후반에 이르렀다(박영준 2020: 66-106). 비록 청일전쟁 발발 당시 일본이 청에 대한 승리를 확신하지 않았지만 청이나 조선의 예상보다 뛰어난 전투력을 바탕으로 전투에서 승리를 이어나갔다. 반면 이홍장 군대는 중앙정부의 지원이 없는 가운데 한반도에서 랴오둥반도로 밀려가면서 전세를 역전하지 못한 채 빈약한 유·무형의 전투력을 선보였다.

일본은 청일전쟁에서 중국 대륙 전체의 정복을 추구하지 않았지만 신속한 종전을 원하지도 않았다. 일본군은 아산에서 평양으로, 평양에서 랴오둥반도로 전장이 이동하면서 보급로가 길어지자 장기전에 대한 부담이 늘어났다. 중국 전역을 정복하거나 청조를 무너뜨리는 절대적 승리를 꾀할 수 있는 상황은 아니었던 것이다. 그러나 히로시마 종전회담을 결렬시키는 결정에서 드러나듯 일본은 청보다 휴전 혹은 종전을 서두르기보다는 다수 강대국의 권고를 무시하면서까지 전투의 승리를 이어나갔다. 결국 시모노세키 회담에서 일본은 청의 이홍장과 협상하여 배상금뿐 아니라 조선에 대한 청의 종주권 포기, 랴오둥반도와 타이완의 할양 등을 얻어내면서 전쟁을 마무리한다. 이처럼 일본은 청으로부터 자국의 '심장을 겨누는 단검(短劍)'인 한반도를 확보하면서 청에 대한 우위 뿐 아니라 동아시아 패권의 교두보를 확보하였다(정차근 2016: 402).

당시 일본 외무대신이었던 무쓰 무네미쓰는 청일전쟁 발발 직전 조선을 둘러싼 양국 갈등을 다음과 같이 기술하였다.

> 개인이든 국가든 간에 이미 그 권력을 얻게 되면, 그것에 의해서 얻어지는 것으로만 끝난다면 만족하지 못하듯이, 더욱더 이 권력을 강대하게 하려는 것이 보통의 인지상정인데 바로 당시의 청국이 그러했다. 즉, 청국은 언제나 조선을 종속관계에 있다고 하면서도, 아직 조선조차도 완전무결한 속국으로 만들지 못한 데 대해 만족스럽게 생각하지 않았을 뿐만 아니라, 언제나 이 일에 방해가 된다고 보는 동쪽의 이웃 나라인 한 강대국의 존재에 대해, 어떻게 하든 제거하려고 했던 것이, 청국 정부에 있어서는 자연스러운 일일 수밖에 없었다(무쓰 무네미쓰 1993: 37).

일본의 입장에서 청이 조선을 차지하고 자국을 제거하려는 목표를 추구하는 것이 당연하다는 평가는 흥미롭다. 동아시아 두 강대국은 닮은 꼴이었던 것이다. 청·일이 한반도에 대한 영향력을 나누어 보유하는 것을 받아들일 수 없는 상황에서, 유사한 국력을 보유한 양국이 전쟁으로 치닫는 전개는 자연스러웠다고 할 수 있다.[11]

한편 청일전쟁은 흔히 양국 간 힘의 우열을 넘어서 '지위(status)'를 다툰 충돌로 평가된다(Greve & Levy 2018; Paine 2005). 실제로 중국의 청

---

11 이슈 불가분성과 국제분쟁에 대해서는 James D. Fearon, 1995, "Rationalist Explanations for War", *International Organization*, 49-3; Monica Duffy Toft, 2002, "Indivisible Territory, Geographic Concentration and Ethnic War", *Security Studies*, 12-2 참조.

일전쟁 패배로 동아시아 지역 질서는 천하 질서에서 제국 질서로 변화했고, 한반도는 조공국에서 식민지로 변환을 경험했다. 따라서 청일전쟁은 앞서 언급한 한반도 전쟁의 특징-다자가 참여하여 많은 사상자를 야기하면서 지역 질서의 변화를 추동-을 여실히 보여준다. 조선의 내전이 청과 일본의 파병으로 국제전으로 비화한 결과 삼국의 대규모 사상자가 발생했을 뿐 아니라 전쟁의 종결을 둘러싼 다수 강대국의 간섭을 불러일으켰다. 한반도의 종주권을 둘러싸고 청과 일본이 전장을 옮겨가며 싸우고 동학농민군은 일본군에 끝까지 맞서 싸우는 가운데 유·무형의 피해는 커질 수밖에 없었다. 사실 일본은 전쟁 발발 직전 서울을 경계로 한반도를 청과 일본이 분할 점령하는 영국의 중재안을 거부한 바 있다.[12] 결국 청일전쟁에서 일본은 한반도를 포함한 전략적 영토를 확보하는 목표를 달성하였고, 청은 오랫동안 유지해온 완충지대를 빼앗기면서 동아시아 강대국의 자리를 내주게 되었다.

이러한 역사적 시각에서 볼 때 21세기 미·중 경쟁은 어떻게 이해할 수 있는가? 19세기 한반도 종주권을 일본에 넘겨준 중국은 20세기 후반 빠른 경제성장을 통해 경제 규모에서 일본을 추월하였다. 1945년 태평양전쟁에서 승리한 미국과 소련은 한반도 분할 이후 각자의 동맹 관계를 통해 동아시아에서 영향력을 확보하고자 했다. 미국은 복수의 양자 동맹을 확립하고 자유무역의 확대를 추구하여 자유주의 지역 질서를 동아시아에서 고착시키면서 리더십을 행사해왔다. 하지만 이라크전쟁(2003)과 글로벌 금융위기(2008) 이후 미국이 주도하는 질서의 균열과

---

[12] 임진왜란에서 일본은 조·명 연합군에 밀리자 한반도 분할 점령을 제안하였지만 명에 의해 거부당한 경험이 있다. 이에 대해서는 이완범, 2002b, 「임진왜란의 국제정치학」, 『정신문화연구』 25권 4호 참조.

쇠퇴에 대한 논의가 꾸준히 활발해지고 있다. 더구나 중국이 부상하면서 아시아에서 미국의 경제적 영향력은 지난 30년간 꾸준히 감소해왔으며, 중국은 '치욕의 세기' 때 상실한 지위와 영토를 회복하려는 시도를 강화하는 '공세적(assertive)' 외교를 선보였다. 따라서 현재 국제체제는 미국이 주도한 규범과 질서에 중국이 의문을 제기하는 '비정당화 국면(delegitimation phase)'에 들어섰다고 볼 수 있다(Schweller & Pu 2011; Park 2018).[13]

향후 중국의 부상이 지속되는 상황에서 동아시아의 전략적 영토인 한반도에 대한 강대국의 관심은 증폭될 것이다. 미국은 한·미 동맹과 주한 미군을 통한 영향력 행사를 포기하지 않은 채 안보 공약을 유지할 것으로 예상된다. 더구나 경제 규모를 제외한 대다수 지표에서 미국의 중국에 대한 우위가 확인되는 상황에서 미국의 외교정책이 아시아 지역에서 축소 정책을 지향할 가능성은 매우 낮아 보인다.[14] 비록 트럼프 행정부의 출범 이후 미국의 동맹 정책에 이상 기류가 형성되었지만, 중국의 부상과 미·중 경쟁으로 한반도의 가치가 지속적으로 유지되고 있다는 사실은 부인하기 힘들다. 더불어 중국 역시 북한을 완충지대로 삼으면서 한국에 대한 자국의 영향력을 투사하기 위한 유·무형의 노력을 확

---

[13] 최근 *Foreign Affairs*의 한 연구(Oriana Skylar Mastro, 2019, "The Stealth Superpower: How China Hid Its Global Ambitions", *Foreign Affairs*, 98-1, 36)는 "중국이 이제 미국 주도 질서에 대한 직접적 도전의 초기 단계에 진입했다(China has now entered the beginning stages of a direct challenge to the U.S.-led order)"고 평가하고 있다.

[14] 미국과 중국의 국력 비교 방법을 소개하고 미국의 상대적 우위를 주장하는 최근의 연구로는 Michael Beckley, 2018, "The Power of Nations: Measuring What Matters", *International Security*, 43-2; Michael Beckley, 2011/12, "China's Century? Why America's Edge Will Endure", *International Security*, 36-3 참조.

대하고 있는 상황이다. 지난 사드 배치에 관련한 중국의 입장과 태도에서 드러난 것처럼, 중국이 한국을 경제 파트너로만 생각하면서 호의적 이웃 정책을 추구할 것을 기대하기는 힘들다. 물론 중국이 한국을 자국의 영향력하에 두기 위한 강압 정책만을 추구하지는 않을 것이다. 중국식 공공 외교와 아시아 안보 및 경제 공동체 구상을 구체화하면서 '미국 없는 아시아'를 한반도에서 시작하기를 희망할 것이다.

물론 21세기 미·중 관계에서 한반도만이 전략적 영토는 아닐 것이다. 남중국해와 타이완 등을 둘러싼 두 강대국의 갈등 역시 치열해지는 가운데 글로벌 및 아시아 질서의 변화가 진행될 것이다. 트럼프 행정부 출범 이후 거세진 자유주의 세계 질서의 종식과 미래에 대한 논의 속에서 '질서가 사라진 세계(world with little order)'에 대한 우려가 증폭되고 있다(Haass 2019: 30). 만약 규범과 제도의 영향력이 약해지는 상황이 도래한다면 두 강대국의 지정학을 고려한 전략적 사고와 이에 기반한 전략은 보다 중요해질 것이다. 20세기 핵무기의 등장과 상호 의존의 심화의 영향으로 강대국 간에 전면전이 일어날 가능성이 매우 낮아진 것은 부인할 수 없는 사실이지만(Jervis 2002), 미국이 동맹으로 인해 전쟁에 연루될 가능성은 끊임없이 제기되고 있으며, 경제와 기술을 둘러싼 미·중 갈등은 최근 무역 분쟁으로 격화되었다.

V. 맺음말: 한반도 국제정치의 비극?

한반도 전쟁은 동아시아 국제질서 변화를 추동하였다. 임진왜란부터 한국전쟁을 치르면서 지역 차원에서 천하 질서-제국 질서-국제 질서로 이행이 이루어졌고, 한반도는 조공국-식민지-약소 동맹국의 역할을 수행했다. 19세기 말에 일어난 청일전쟁은 다자가 참여하는 대규모 전쟁의 하나로 동아시아와 한반도의 변화를 추동한 역사적 사건이었다. 청·일 양국은 세력전이로 인한 불신 상황에서 전쟁에 돌입한 이후 전장을 옮겨 가며 치열한 전투를 이어갔다. 결국 일본이 한반도를 비롯한 주요 전략적 영토를 확보하면서 전쟁은 종결되었고, 중국은 수 세기 동안 보유한 역내 영향력을 잃었다. 다만 청일전쟁이 러일전쟁과 비교하여 상대적으로 단기간 내에 마무리될 수 있었던 것은 청·일 간 국력 격차가 상대적으로 컸기 때문이었다. 청은 일본에 비하여 물리력뿐 아니라 국내 자원 동원력과 전투 의지와 전문성에서도 뒤처졌다.[15] 향후 연구는 전쟁의 규모와 기간에 영향을 미치는 국력을 측정할 때 군사력뿐 아니라 다양한 역량을 고려하는 노력이 필요하다. 또한 세력전이로 인한 강대국 전쟁의 발발에 있어서 지정학-해양·대륙 국가, 전략적 영토의 유무 등-의 영향에 대한 체계적 연구를 통해 국제분쟁의 이해를 심화시켜야 할 것이다.

21세기 한국 외교는 한반도 평화와 통일이라는 2가지 목표를 달성해야 한다. 하지만 2가지를 동시에 달성하기는 어렵다는 인식이 존재한다. 한국의 자유민주주의에 기초한 통일을 위한 노력은 북한과 중국 등의

---

15 이러한 발견은 '국력 격차'가 전쟁 종결과 전쟁 기간에 영향을 미치는 설명 변수가 될 수 있다는 것을 의미한다. 비대칭 전쟁의 장기화에 대한 이론적 논의와 사례 연구로는 이동선, 2017, 「양극체제와 비대칭전쟁의 장기화: 베트남 전쟁의 이론적 분석」, 『아세아 연구』 60권 2호 참조. 기존 연구는 '국가 간 불신'과 '단극 체제' 등을 통하여 전쟁 장기화와 대규모 전쟁에 대한 설명을 제시하고 있다. Dan Reiter, 2008, *How Wars End*, Princeton: Princeton University Press; Alex Weisiger, 2013, *Logics of War: Explanations for Limited and Unlimited Conflicts*. Ithaca: Cornell University Press; 이동선, 2011, 「이라크 및 아프가니스탄 전쟁의 장기화: 이론적 원인 분석」, 『국제문제연구』 11권 4호.

반발을 불러일으키면서 역내 긴장을 촉진한다는 논리이다. 1990년대부터 북한은 한국의 '흡수' 통일 의도에 대해 불만을 노골적으로 표현하였으며, 중국은 통일 한국에 주둔할 미군과 전략 자산의 증대를 염려하고 있다. 이러한 상황에서 한반도를 둘러싼 미·중 이해 충돌은 더욱 심화되고 확장될 가능성이 농후하다. 지난 사드 배치를 둘러싼 한·중 및 미·중 갈등은 서막에 불과할 수 있다. 따라서 전략적 영토를 둘러싼 강대국 정치에 대한 이해를 바탕으로 한반도의 평화와 번영을 이룩할 전략과 노력이 필요하다. 최근 북한 비핵화와 새로운 지역 질서를 연계한 논의가 등장하고 있으나,[16] 북한 비핵화와 남북 관계 개선이 한반도 평화의 필요조건이지만 충분조건이 아님을 기억해야 한다.[17] 동아시아 질서의 변환기마다 목도했던 한반도 국제정치의 비극이 멈출 때이다.

---

[16] "'한반도 새질서→동북아 새질서'… 냉전종식 완결 꿈꾸는 文,"『연합뉴스』(검색일: 2018. 10. 8).

[17] 국제정치학의 등장 이후 국제 평화를 위한 충분조건을 발견하기 위한 노력이 지속되었다. 민주평화론자들은 '민주주의의 공유(joint democracy)'가 국제 평화의 충분조건임을 주장하지만, 민주주의의 평화 효과(pacifying effect)에 대한 비판 속에 민주 평화에 대한 논쟁이 시작되었다. 다수의 국제정치 연구는 다양한 요인이 동시에 분쟁에 영향을 준다는 입장을 견지하면서 결정론적 관점에서 평화를 반드시 보장하는 요인의 존재에 대해서는 회의적이다.

참고문헌

기미모토 미오·미야지마 히로시, 김현영·문순실 역, 2014, 『현재를 보는 역사, 조선과 명청: 일국사를 넘어선 동아시아 읽기』, 서울: 너머북스.
김동길, 2016, 「중국의 한국전쟁 참전원인 연구: '국방선(國防線)'의 무혈확장」, 『한국정치외교사논총』 37권 2호.
김시덕, 2015, 『동아시아, 해양과 대륙이 맞서다: 임진왜란부터 태평양전쟁까지 동아시아 오백년사』, 서울: 메디치.
김연지, 2013, 「한반도를 둘러싼 국제전에 대한 지정학적 연구: 완충체계 이론을 중심으로」, 고려대학교 정치외교학과 박사학위논문.
김현철, 2004, 「근대 일본의 아시아관과 청일전쟁」, 『한일군사문화연구』 2집.
나카츠카 아키라·이노우에 가쓰오·박맹수, 한혜인 역, 2014, 『동학농민전쟁과 일본: 또 하나의 청일전쟁』, 서울: 모시는사람들.
무쓰 무네미쓰, 김승일 역, 1993, 『건건록』, 파주: 범우사.
박 보리스, 민경현 역, 2010, 『러시아와 한국』, 서울: 동북아역사재단.
박영준, 2020, 『제국 일본의 전쟁, 1868-1945』, 서울: 사회평론.
신욱희, 2017, 『삼각관계의 국제정치: 중국, 일본과 한반도』, 서울: 서울대학교출판문화원.
역사학회 편, 2006, 『전쟁과 동북아의 국제질서』, 서울: 일조각.
이동선, 2011, 「이라크 및 아프가니스탄 전쟁의 장기화: 이론적 원인 분석」, 『국제문제연구』 11권 4호.
_____, 2017, 「양극체제와 비대칭전쟁의 장기화: 베트남 전쟁의 이론적 분석」, 『아세아 연구』 60권 2호.
이병희, 2010, 「한국·일본·중국 3자 전쟁 모델: 패권이론에 의한 역사성과 교훈」, 『정치정보연구』 13권 1호.
이완범, 2002a, 「한반도 분할의 국제정치학」, 『국제정치논총』 42권 4호.
_____, 2002b, 「임진왜란의 국제정치학」, 『정신문화연구』 25권 4호.
임홍빈·유재성·서인한, 2015, 『조선의 대외 정벌』, 서울: 알마.
정두희·이경순 편, 2007, 『임진왜란 동아시아 삼국전쟁』, 서울: 휴머니스트.
정성철, 2017, 「사례연구방법론의 발전과 동향: 국제 및 비교정치 연구를 중심으로」, 『담론 201』 20권 1호.

정차근, 2016, 「청 제국의 멸망 원인과 새로운 국제정치질서의 전개」, 『동아인문학』 35권.
조한승, 2005, 「청일전쟁과 러일전쟁에 관한 국제정치이론적 고찰」, 『한국과 국제정치』 21권 2호.
주명건 외, 2014, 『한반도의 운명을 결정한 전쟁』, 서울: 세종대학교 국가전략연구소.
최호균, 2000, 「임진·정유왜란기 인명 피해에 대한 계량적 연구」, 『국사관논총』 89집.
Beckley, Michael, 2011/12, "China's Century? Why America's Edge Will Endure", *International Security*, 36-3.
_____, 2018, "The Power of Nations: Measuring What Matters", *International Security*, 43-2.
Chan, Steve, 2008, *China, the U.S., and the Power Transition Theory: A Critique*, New York: Routledge, 2008.
Copeland, Dale C., 2000, *The Origins of Major War*, Ithaca: Cornell University Press.
Elman, Miriam F., ed., 1997, *Paths to Peace: Is Democracy the Answer?*, Cambridge: MIT Press.
Fazal, Tanisha M., 2011, *State Death: The Politics and Geography of Conquest, Occupation, and Annexation*, Princeton: Princeton University Press.
Fearon, James D., 1995, "Rationalist Explanations for War", *International Organization*, 49-3.
Goemans, H. E., 2000, *War and Punishment: The Causes of War Termination and the First World War*, Princeton: Princeton University Press.
Greve, Andrew Q. and Jack S. Levy, 2018, "Power Transitions, Status Dissatisfaction, and War: The Sino-Japanese War of 1894–1895", *Security Studies*, 27-1.
Haass, Richard, 2019, "How a World Order Ends: And What Comes in Its Wake", *Foreign Affairs*, 98-1.
Jervis, Robert, 2002, "Theories of War in an Era of Leading-Power Peace", *American Political Science Review*, 96-1.
Johnston, Alastair Iain, 2003, "Is China a Status Quo Power?", *International Security*, 27-4.
Jung, Sung Chul, 2018, "Lonely China, Popular United States: Power Transition and Alliance Politics in Asia", *Pacific Focus*, 33-4.
Kang, David C., Meredith Shaw and Ronan Tse-Min Fu, 2016, "Measuring War in Early Modern East Asia, 1368–1841: Introducing Chinese and Korean Language

Sources", *International Studies Quarterly*, 60-4.

Kim, Woosang, 1991, "Alliance Transitions and Great Power War", *American Journal of Political Science*, 35-4.

Levi, Ariel S. and Glen Whyte, 1997, "A Cross-Cultural Exploration of the Reference Dependence of Crucial Group Decisions under Risk: Japan's 1941 Decision for War", *Journal of Conflict Resolution*, 41-6.

Levy, Jack S., 1983, "Misperception and the Causes of War: Theoretical Linkages and Analytical Problems", *World Politics*, 36-1.

_____, 1987, "Declining Power and the Preventive Motivation for War", *World Politics*, 40-1.

_____, 1997, "Prospect Theory, Rational Choice and International Relations", *International Studies Quarterly*, 41-1.

_____, 2008, "Case Studies: Types, Designs, and Logics of Inference", *Conflict Management and Peace Science*, 25-1.

Levy, Jack S. and William R., Thompson, 2010, *Causes of War*, Malden: Wiley-Blackwell.

Lewis, James B. ed., 2014, *The East Asian War, 1592-1598: International Relations, Violence and Memory*, London: Routledge.

Lobell, Steven E., Norrin M., Ripsman and Jeffrey W., Taliaferro eds., 2009, *Neoclassical Realism, the State and Foreign Policy*, New York: Cambridge University Press.

MacDonald, Paul K. and Joseph M., Parent, 2011, "Graceful Decline? The Surprising Success of Great Power Retrenchment", *International Security*, 35-4.

Mastro, Oriana Skylar, 2019, "The Stealth Superpower: How China Hid Its Global Ambitions", *Foreign Affairs*, 98-1.

McDermott, Rose, 1998, *Risk-Taking in International Politics: Prospect Theory in American Foreign Policy*, Ann Arbor: University of Michigan Press.

Mearsheimer, John J., 2006, "China's Unpeaceful Rise", *Current History*, 105-690.

Morgenthau, Hans J., 1948·1960, *Politics among Nations: The Struggle for Power and Peace*, New York: Knopf.

Organski, A. F. K., 1958, *World Politics*, New York: Knopf.

Organski, A. F. K. and Jacek Kugler, 1980, *The War Ledger*, Chicago: University of Chicago Press.

Paine, S. C. M., 2005, *The Sino-Japanese War of 1894-1895: Perceptions, Power and Primacy*, New York: Cambridge University Press.

Park, Jae Jeok, 2018, "China's Rhetorical Challenge to the US-led Order in the Asia-Pacific and the Response of Regional States", *The Korean Journal of International Studies*, 16-2.

Poast, Paul, 2010, "(Mis) Using Dyadic Data to Analyze Multilateral Events", *Political Analysis*, 18-4.

_____, 2016, "Dyads Are Dead, Long Live Dyads! The Limits of Dyadic Designs in International Relations Research", *International Studies Quarterly*, 60-2.

Powell, Robert, 2006, "War as a Commitment Problem", *International Organization*, 60-1.

Reiter, Dan, 2008, *How Wars End*, Princeton: Princeton University Press.

_____, 2018, "Unifying the Study of the Causes and Duration of Wars", *Polity*, 50-2.

Rose, Gideon, 1998, "Review: Neoclassical Realism and Theories of Foreign Policy", *World Politics*, 51-1.

Sample, Susan G., 2018, "Power, Wealth, and Satisfaction: When Do Power Transitions Lead to Conflict?", *Journal of Conflict Resolution*, 62-9.

Schultz, Kenneth A., 1999, "Do Democratic Institutions Constrain or Inform? Contrasting Two Institutional Perspectives on Democracy and War", *International Organization*, 53-2.

Schweller, Randall L., 1992, "Domestic Structure and Preventive War: Are Democracies More Pacific?", *World Politics*, 44-2.

_____, 1998, *Deadly Imbalances: Tripolarity and Hitler's Strategy of World Conquest*, New York: Columbia University Press.

Schweller, Randall L., and Xiaoyu Pu, 2011, "After Unipolarity: China's Visions of International Order in an Era of U.S. Decline", *International Security*, 36-1.

Snyder, Jack and Erica D. Borghard, 2011, "The Cost of Empty Threats: A Penny, Not a Pound", *American Political Science Review*, 105-3.

Toft, Monica Duffy, 2002, "Indivisible Territory, Geographic Concentration and Ethnic War", *Security Studies*, 12-2.

Weisiger, Alex, 2012, "Replication data for: Logics of War: Explanations for Limited and Unlimited Conflicts", https://hdl.handle.net/1902.1/18738, Harvard Dataverse, V4,

UNF:5:qLcJQUt9zLsi0KnnkHly6w== [fileUNF], 2012 (검색일: 2018. 12. 21).
_____, 2013, *Logics of War: Explanations for Limited and Unlimited Conflicts*, Ithaca: Cornell University Press.
Woo, Seongji, 2003, "Triangle Research and Understanding Northeast Asain Politics", *Asian Perspective*, 27-2.

6장

실패국가, 실패패권, 근대국가의 홀로코스트 삼중주:
청일전쟁과 일본의 동학농민군 대량학살의 개념적 분석

손기영
고려대학교 아세아문제연구원 교수

I. 머리말

청일전쟁을 분석할 때 청과 일본의 국가 간 대결과 세력전이가 부각되면서 조선의 쇠락과 일본의 침략으로 촉발된 동학농민전쟁은 별도의 사건처럼 취급되는 경향이 강하다.[1] 일본군이 조선에 도착해서 처음 실행한 것이 경복궁을 점거하고 고종을 볼모로 잡은 전투라는 것에 주목하면, 그리고 이러한 일본의 행위에 저항해 조선 민중이 봉기한 것이라면 이 전쟁의 성격은 분명해진다. 일본은 조선을 세력권 안에 넣기 위해 출병했고 이 과정에서 걸림돌이 되는 청군과 동학농민군에 대해 2개의 전쟁을 벌인 것이다. 일본군이 경복궁을 점거하는 과정에서 궁궐수비대와 3시간 정도의 짧은 전투가 벌어졌지만 쉽게 진압했고,[2] 조선의 수호를 위한 전쟁은 조선의 지배층이 아니라 핍박의 대상이었던 동학농민군이 수행했다. 동학은 부르주아 혁명은 아니더라도 평등을 기본 정신으로 하는 자생적 근대화의 산물이었다.[3] 그러나 근대국가로 빠르게 전환하는 데 성공해 당시로는 첨단 무기로 무장한 일본군과 화승총과 죽창으로 대항한 동학농민군의 전투는 하나의 대량학살(genocide) 또는 홀로코스트(Holocaust)로 귀결되었다.

이 연구는 청일전쟁에 따른 동아시아 국제질서의 변용과 이러한 격변기에 최대의 희생양이 된 조선의 민중에 대한 국제정치학 및 역사학적 분석이다. 이 두 분석을 조화시킴으로써 국제질서의 구조적 변화에 민감

---

1 平野龍二, 2015, 『日淸·日露戰爭における政策と戰略: 「海洋限定戰爭」と陸海軍の協同』, 千倉書房; 原田敬一, 2007, 『日淸·日露戰爭』, 岩波新書.
2 김경록, 2018, 『청일전쟁과 일제의 군사강점』, 국방부 군사편찬연구소, 58쪽.
3 강만길, 2001, 『고쳐 쓴 한국 근대사』, 창작과비평, 218쪽.

하지만 구조의 기층을 형성하는 비국가 행위자들의 역할 분석에 인색한 국제정치학적 접근법의 한계를 극복하고, 개념화나 이론화에 소극적인 역사학적 접근법의 약점도 보완하고자 한다. 구체적인 연구 방법으로 국가 실패(state failure)라는 개념과 나치 정권의 유대인 홀로코스트 분석법을 이용하는 등 청일전쟁과 동학농민전쟁에 대해 국제적, 국가적, 민중 운동적 층위에서 접근한다.[4]

이러한 분석을 통해 패권의 공백기는 어떻게 발생했고, 국가 이성(raison d'État)을 소유했다는 근대국가는 어떤 이유로 대량살상이라는 범죄를 저질렀는지, 그리고 지역 패권의 부재 및 지배 권력의 무능으로 인해 '실패국가(failed state)'에 속했던 민중의 희생은 무엇을 의미하는지 이해할 수 있다.[5] 이 연구는 패권의 공백기를 공위기(空位期, Interregnum)로 명명하면서 일본의 승리에도 불구하고 열강의 간섭으로 패권의 전환이 쉽지 않았던 이유와 이러한 공위기를 초래하는 데 일조한 조선의 국정 위기에 주목한다. 이를 통해 일본군의 3만 명이 넘는 동학군 학살이 어떤 국제적, 국내적 환경에서 가능했는지를 재조명할 수 있다. 정리하면, 한반도에서 실패국가(조선)와 실패패권(청)이 통치 위기를 유발했고 근대국가(일본)의 침략성과 잔혹성에 의해 청일전쟁과 동학농민군의 홀로코스트가 발생했다고 할 수 있다.

이 연구는 청일전쟁과 동학농민전쟁을 분석하며 기존의 방대한 문헌

---

4   Robert I. Rotberg, 2003, "Failed States, Collapsed States, Weak States: Causes and Indicators," Robert I. Rotberg ed., *State Failure and State Weakness in a Time of Terror*, Washington D. C.: Brookings Institution Press; Lucy S. Dawidowicz, 1975, *The War Against the Jews: 1933-1945*, New York: Holt, Rinehart and Winston.

5   Robert I. Rotberg, 2003, 위의 글.

자료를 소개하기보다는 이 사건들을 개념적으로 정리하는 데 필요한 국내외 자료에 집중할 것이다. 특히 19세기 열강의 국방 예산과 식민지 인구 통계를 비교한 데이터세트(dataset)를 이용하고, 영국 국립공문서보관소(National Archive)의 외교문서를 참조한다. 이 외교문서에는 일본에 의한 '가택연금' 상태에서 동학농민군의 3차 봉기에 호의적으로 반응한 고종의 언사를 포함해 당시 영국 외교관들이 청일전쟁과 동학농민전쟁에 관한 사태를 파악하려 노력한 내용과 대응이 담겨 있다. 영국 공사관은 청일전쟁 당시 위안스카이[元世凱]를 포함한 청의 관료들이 한성에서 철수하면서, 청의 요청으로 이권 관리와 영사 업무를 담당했다. 영국은 청일전쟁에서 일본의 승리가 예상되자 일본이 "속임수와 교활함(guile and shrewdness)"으로 청의 영토를 잠식하게 버려두는 것보다 현상 유지 쪽이 영국의 국익에 도움이 된다고 판단했다.[6] 또한 동학농민전쟁의 동향, 일본의 국권 및 이권 침탈, 개혁 실패에 따른 왕실과 민중의 반일 감정에 대해서도 잘 묘사했다.[7] 이 자료들은 패권 질서의 전환이라는 구조적 문제와 함께 패권 전환기의 민중 운동에 대한 분석에 도움이 될 것이다. 이 연구는 21세기 패권 전환기의 한반도에 대해서도 시사점을 던지는데 이 점은 결론 부분에 약술하고자 한다.

---

6 Foreign Office, Mr. O'Conor to the Earl of Kimberley, "Further Correspondence relating to Corea and the War between China and Japan, January to March 1895," October 1895, p. 114.

7 Foreign Office, October 1985, pp. 102-5.

II. 개념과 연구 질문

청일전쟁과 동학농민전쟁의 분석에 이용할 개념들과 연구 질문을 먼저 제시한다. 이러한 개념들은 19세기 말 동아시아에서 발생한 사건들을 조선이라는 특수성이나 오리엔탈리즘에서 벗어나 동시대에 전 세계적으로 자행된 제국주의 국가들의 침탈, 전쟁, 대량학살의 사례와 비교하는 데 유용하다. 1894년 당시 세계 인구에서 식민 지배하의 인구가 5억 5,268만 6,925명으로 가장 많았고(34.7퍼센트), 32.4퍼센트는 전제정치국가, 약 10퍼센트가 민주정치국가에서 살았다는 데이터가 있다.[8] 이 연구에서는 동학혁명 당시의 조선을 '실패국가'로, 청이 한반도에 행사한 패권을 '실패패권'으로 분류하면서 근대국가로 부상한 일본과 대비하여 분석한다. 이 접근법을 통해 청일전쟁과 동학농민전쟁을 하나의 틀로 분석하면서 전쟁과 학살의 원인과 결과를 분석적으로 도출할 수 있다.

1. 실패국가

냉전의 종식 이후 미국은 민주주의와 인권을 증진한다는 목적하에 국가 체제가 붕괴한 나라에 대한 국제사회의 개입을 정당화하기 위해 실패국가라는 개념을 사용했다.[9] 하지만 실패국가라는 명분하에 촉발된

---

[8] Andreas Wimmer and Brian Min, 2006, "From Empire to Nation-State: Explaining War in the Modern World, 1816-2001", *American Sociological Review*, 71-6, pp. 867-897.

[9] Gerald Helman and Steven B. Ratner, 1992-1993, "Saving Failed States", *Foreign Policy*, 89, pp. 3-20.

국제사회의 개입은 상황을 더 악화시킬 수 있으며, 이 자체가 신식민주의(neo-colonialism)라고 주장하는 시각도 강하다.[10] 분명한 것은 근대기 또는 냉전의 종식과 상관없이 국가의 내부 분열은 외부 세력이 개입할 명분을 준다는 것이다.

20세기 말에 통용된 실패국가라는 개념을 19세기 말 전근대국가인 조선에 대입하는 것은 무리가 있지만 당시 조선의 상황을 분석하는 데 필요한 하나의 잣대를 제공해준다. 국가 실패 현상을 연구한 로버트 로트버그(Robert Rotberg)는 안보와 안전과 같은 정치적 재화(political goods)의 제공 여부에 따라 강한 국가(strong state), 약한 국가(weak state), 실패국가(failed state), 붕괴국가(collapsed state)로 나누었다.[11] 이 분류에 따르면 식량 위기를 겪은 1990년대의 북한 또는 폴 포트(Pol Pot) 통치하의 캄보디아가 인간 안보(human security)와 같은 정치적 재화를 제공하지 못했다는 측면에서 약한 국가로 분류되고, 탈레반이 통치한 아프가니스탄은 실패국가로 분류된다. 실패국가는 국가 내의 경쟁 집단에 의해 내란에 휩싸여 있거나, 정부군과 반군이 전쟁 중이며, 국경은 통제되지 않고, 부패와 범죄가 만연하는 현상을 보인다. 이러한 혼란의 극단에 있는 국가가 붕괴국가이며 1980년대의 소말리아가 대표적이다. 하지만 실패국가라도 정부의 국정 운영의 효율성이 사라진 것이지 정부의 존재와 권리 능력이 소멸한 것은 아니므로 국가의 존재는 기존의

10　Henry J. Richardson, 1996, "Failed State, Self-Determination, and Preventive Diplomacy: Colonialist Nostalgia and Democratic Expectation", *Temple International and Comparative Law Journal*, 10, p. 1; Ruth Gordon, 1997, "Saving Failed States: Sometimes a Neocolonialist Notion", *American University International Law Review*, 12-6, pp. 903-973.

11　Robert I. Rotberg, 2003, 앞의 글, p. 2.

정부에 의해 유지된다고 볼 수 있다.[12] 실패국가를 판단하는 기준을 종합하면, ①독점적 폭력 행사를 통한 안보와 안전의 제공 여부, ②법치의 여부, ③시민에게 생활 기반 및 복지를 제공하는지의 여부가 중요하다.

2. 근대국가와 홀로코스트

근대적 세계 질서는 국민국가(nation state)들로 구성된 체제이므로 국가의 약화 혹은 붕괴는 이 체제의 기초를 흔드는 위협이다.[13] 유럽의 국가 형성은 통치 집단이 군대를 양성해 외부의 적을 막고, 경찰과 관료를 통해 내부의 치안을 확보하고, 시민에게 권리를 부여하는 대신 조세의 의무를 지우는 과정이다.[14] 찰스 틸리(Charles Tilly)는 근대국가가 권력의 중앙 집중과 폭력의 독점을 추구하는 과정을 "전쟁은 국가를 만들고, 국가는 전쟁을 만들었다"라고 묘사한다.[15]

근대국가의 형성과 제국주의 국가의 탄생은 밀접한 관계가 있다. 일본에서 제국(帝國)이라는 용어는 『일본서기』에 처음 나타나지만 근대에 와서는 1789년 난학자인 구쓰기 마사쓰나[朽木昌綱]가 '카이저의 나라'를 뜻하는 네덜란드어 keizerrijk를 번역하면서 사용하기 시작했다.[16] 일

---

12 김선표, 2017, 「실패국가에 대한 국제사회 개입 문제: 북한 관련 함의와 대응 방안에 소고」, 『서울국제법연구』 24집 1호, 8쪽.
13 Robert I. Rotberg, 2003, 앞의 글, p. 1.
14 Charles Tilly, 1975, *The Formation of National States in Western Europe*, Princeton: Princeton University Press, p. 42.
15 Charles Tilly, 1985, "War Making and State Making as Organized Crime", Peter Evans et al. ed., *Bringing the State Back*, Cambridge, UK: Cambridge University Press, p. 181.
16 吉村忠典, 1999, 「「帝國」という概念について」, 『史學雜誌』 108編 3号, 40쪽; 이삼성,

본 제국의 형성에 사상적 토대를 제시했다는 후쿠자와 유키치[福澤諭吉]를 필두로 일본이 추구한 제국은 중국 중심의 질서를 허물고 일본을 지도국으로 새로운 수직적 질서를 구축하는 것이었다.

일본에서는 메이지유신(1868)과 청일전쟁 발발 사이의 30년 가까운 시기에 국가의 폭력 행사를 정당화하는 담론이 형성되면서 군사적 부상에 앞서 이미 '전쟁기계'로서의 근대국가화가 일본인의 의식 세계에서 진행되었다. 에도시대에는 권력이 천황, 막부의 쇼군, 번의 영주들에게 분산되었는데, 대정봉환(1867)과 메이지유신을 통해 권력의 일원화가 이루어졌다. 막스 베버(Max Weber)에 따르면 "국가는 일정한 영토 내에서 합법적 폭력을 독점하는 인간 공동체"이므로 폭력은 국가 권력의 일반적인 수단이다.[17] 베버의 사상과 함께 국익을 위해 권모술수의 행사도 불가피하다고 주장한 마키아벨리의 사상이 일본에 소개되었다. 후쿠자와는 『통속국권론』에서 마키아벨리와 비슷한 입장에서 국가 차원의 이익 추구를 도덕 추구와 분리하는 접근법을 취했고, 이것을 '탈아론(脫亞論)'과 연결하여 청과 조선의 체제 전복을 희구했다.[18]

전쟁을 통해 성장한 근대국가는 어떤 이유에서 홀로코스트라고 볼 수 있는 대량학살을 저지르게 될까? 이 연구에서는 일본군의 동학농민군 대량학살의 배경과 과정을 밝히기 위해서 홀로코스트 분석에 사용된 접근법을 이용한다. 홀로코스트는 문명이나 근대국가의 일시적 일탈 행

2011, 「'제국' 개념과 19세기 근대 일본」, 『국제정치논총』 51권 1호, 66쪽.

17 Max Weber, 1994, *Weber: Political Writings*, Cambridge: Cambridge University Press, p. 310.
18 福澤諭吉, 1878, 『通俗國權論』, 慶應義塾出版社; 安川壽之輔, 2000, 『福澤諭吉のアジア認識』, 高文研.

위가 아니라 합리성을 중시하며 비합리성을 포용하지 못하는 근대국가의 태생적 문제이다.[19] 홀로코스트는 대량학살을 의미하지만 1960년대 이후 나치 독일의 유대인 학살을 지칭하는 개념으로 통용되어왔다. 홀로코스트 연구의 권위자 중 한 사람인 루시 다비도비츠(Lucy Dawidowicz)는 독일의 600만의 유대인 학살이 어떻게 가능했는지에 대해 3가지 질문을 던진다.[20]

1. 어떻게 근대국가가 유대인이라는 이유 하나로 전 민족을 조직적으로 살해하는 일이 가능했을까?
2. 어떻게 전 민족이 말살되는 상황을 스스로 용인하는 것이 가능했을까?
3. 어떻게 전 세계가 이 말살 행위를 중지시키지 않고 방관하는 일이 가능했을까?

이 3개의 질문은 국제사회라는 국제적 행위자, 독일이라는 국가적 행위자, 그리고 유대인이라는 비국가 행위자를 포함한 3개의 층위에 초점을 맞춘다.

이 연구는 다비도비츠와 비슷한 맥락에서 먼저 동학농민군은 왜 무력에서 상대가 되지 않는 일본의 정규군에 저항하면서 비극적 최후를 맞았는지를 주목한다. 둘째, 동아시아에서 가장 먼저 근대화에 성공했다는 일본은 왜 정규군이 아닌 농민군을 대량학살하는 범죄를 저질렀는지 분석

---

19 지그문트 바우만, 정일준 역, 2013, 『현대성과 홀로코스트』, 새물결.
20 Lucy S. Dawidowicz, 1975, 앞의 책, p. xxxv.

한다. 셋째, 동아시아 및 한반도의 패권 공백기가 어떤 과정을 통해 도래해서 국제사회의 방관 속에 대량학살이 자행되었는지를 분석한다. 물론 600만 명의 학살과 최소 몇만 명의 학살은 규모의 차이가 있지만, 유대인과 동학농민군이 각각 종교적 집단을 형성하고 있었고, 근대국가가 자행한 범죄이며, 전 세계가 이러한 학살을 방관했다는 공통점이 있다.

동학농민군에 대한 대량학살이 홀로코스트에 해당되는 데는 또 다른 이유가 있다. 홀로코스트(Holocaust)란 단어는 그리스어에서 유래하는데, 신에게 동물(holos)을 태워서(kaustos) 제물로 바치는 것을 의미한다. 청일전쟁에 참전한 일본군 병사들의 일지를 조사해보면 동학농민군 학살과 관련된 참혹함이 드러나는데, 전투에서 우월한 무력을 통해 섬멸하는 것을 넘어서 농민군 포로를 고문하고, 다양한 방법으로 살상했으며, 시체는 소각했고, 심지어 마을 전체를 불태워버리는 극단적 방법도 동원했다. 마을 전체가 동학농민군에 가담한 옥천의 경우에는 "60리에 걸쳐 민가에는 사람이 없었고, 수백 호가 불에 타 없어졌으며, 또한 많은 사체가 노상에 버려져 개와 새들의 먹이가 되고 있다"고 도쿠시마현[德島縣] 출신 일본 병사가 진중일지에서 밝혔다.[21]

3. 실패패권과 공위기(空位期)

국가 유형의 분류와 유사한 방법으로 패권의 유형을 나누어볼 수 있는데, 강한 패권, 약한 패권, 실패패권, 붕괴패권이 그것이다. 냉전의 종식

---

21 나카츠카 아키라·이노우에 가쓰오·박맹수, 한혜인 역, 2014, 『동학농민전쟁과 일본』, 모시는사람들, 124쪽.

과 함께 민주주의와 시장경제의 세계화에 고무되어 "역사의 종언"을 논의한 시점에서 미국이 전 세계적으로 강한 패권을 행사했다고 하면,[22] 도널드 트럼프(Donald Trump) 대통령의 미국은 말과 행동은 거칠지만 정치적 재화를 제공하는 데 인색한 약한 패권을 행사한다. 이런 맥락에서 청이 임오군란 이후 행사한 패권은 붕괴를 앞둔 실패패권에 가깝다. 앞서 언급한 실패국가처럼 실패패권인 경우에 패권의 효율성은 사라졌어도 명목상의 패권은 여전히 존재하고 이것을 종식하기 위해서 새로운 조약이 필요한데 청일전쟁 후 맺어진 시모노세키조약이 그것이다.

이 연구에서는 패권이 붕괴하면서 패자(覇者)가 분명하지 않은 기간을 공위기(空位期, 라틴어: Interregnum)라고 명명한다. 공위기란 어떤 국가의 정부 공백기, 특히 군주제 국가의 일시적 군주 부재기를 말하지만, 이 연구에서는 지역 패권국의 부재기를 나타내는 말로 사용한다. 흔히 사용되는 세력전이(power transition)라는 개념은 한 국가에서 다른 국가로 세력이 넘어가는 상황을 상정하지만, 현실에서 세력전이는 시간이 많이 걸리고 경로 의존적이지도 않다. 보통 기존의 패권국이 권능을 상실하면서 패권의 행방은 불확실한 상태가 된다.

요약하면, 임오군란이 발생하면서 청이 조선의 자주권을 위협하기 시작한 1882년부터 조선은 독립국이라고 할 수 없는 혼란 상태에 빠진다. 조선이 1910년까지 대한제국이라는 국체를 유지할 수 있었던 이유는 청, 일본, 러시아, 영국 등 열강들 간의 힘의 균형과 견제 때문이었지 왕조나 정부의 역량 때문은 아니었다. 한반도에 대한 패권은 청일전쟁으로

22　Francis Fukuyama, 1992, *The End of History and the Last Man*, New York: Free Press.

청에서 일본으로 전환된 것이 아니라 패권의 공위기가 온 것이었고, 이 공위기는 러일전쟁에서 일본이 승리하면서 종식된다.

III. 실패국가 조선과 동학농민전쟁

1. 실패국가 조선

1894년에 조선에서 발생한 전쟁을 왜 청일전쟁이라고 부를까?[23] 이 전쟁이 한반도에서 발생했고 전쟁에 동원된 인원이나 사상자도 조선인이 가장 많은데 왜 조선전쟁으로 불리지 않을까? 이유는 간단하다. 이 전쟁의 주체는 청과 일본이고 조선은 전쟁의 주체가 아니라고 인식되기 때문이다. 조선의 주권자로서 왕이 존재했지만 왕의 위상과 역할이 미약했고, 외침에 맞서 봉기한 민중은 전쟁의 주체로 인식되지 못했기 때문이다.

전쟁과 홀로코스트가 조선에서 가능했던 이유는 조선이 통치 불능 상태인 실패국가가 되면서 외세의 간섭이 본격화했기 때문이다. 조선은 원래 이런 나라는 아니었다. 병자호란(1636~1637)에서 청을 상대해 2개월 정도였지만 전쟁을 벌였고, 항복하면서 조공국이 되었다. 그 후 200년간 국가로서의 통치 능력이 퇴보했고 19세기 말에는 이미 통치의 효율성을 상실한 상태였다. 특히 1855년 이후 청일전쟁까지 40년간의 경제 위기에는 쌀 생산과 공급의 감소, 무역과 시장의 쇠퇴, 환곡과 같은 국가적 재분배 경제체제의 와해 등으로 민란이 빈발하고 왕조의 정

---

[23] 하라 아키라, 김연옥 역, 2015, 『청일·러일전쟁 어떻게 볼 것인가』, 살림.

치 통합 기능이 훼손됐다.[24] 임오군란과 갑신정변을 이용해 청이 조선의 국정 운영에 대한 간섭을 확대하고 일본이 세력을 확장하면서 조선의 내부는 분열되어 혼란이 가중되었다. 앞에서 요약한 실패국가의 판단 기준인 ① 독점적 폭력 행사를 통한 안보와 안전의 제공 여부, ② 법치의 여부, ③ 시민에게 생활 기반 및 복지를 제공하는지의 여부를 19세기 말 조선에 대입해서 논의한다.

첫째, 조선 정부는 임오군란과 갑신정변 과정에서 외국 군대에 대한 의존도를 높이면서 독립국가로서 폭력의 독점적 행사에 실패했다. 이것은 외국의 군사, 외교적 간섭의 확대와 민란과 같은 내란으로 이어졌다. 1905년 국제법상으로 일본의 보호국이 되기에 앞서 조선은 이미 1884년 갑신정변 이후부터 청일전쟁의 발발 시점인 1894년까지 사실상 청의 보호국으로 전락했다.[25] 1882년에 임오군란이 일어나 고종이 실각하고 대원군이 집권했으나 청이 군사적으로 개입하여 고종이 복위한 것이다. 청은 조선을 조공국이 아니라 서양 국제법에 따른 보호국으로 만들려고 했는데 군란이 청에 절호의 기회를 주었다. 청은 군란을 진압하기 위해 6천 명의 군사를 출병한 후 군대를 철수하지 않고 1884년 봄까지 오장경(吳長慶)과 위안스카이가 지휘하는 군사 3천 명을 남겨두었고, 갑신정변이 일어난 시점에도 1,500명이 조선에 있었다.[26] 갑신정변의 주모자들이 일본군에 지나치게 의지하면서 2백 명 정도의 군인과 행동대원을 동원해 정권을 장악하자 청의 주둔군은 이들을 쉽게 진압했

---

24 이영훈, 2007, 「19세기 조선왕조(朝鮮王朝) 경제체제(經濟體制)의 위기(危機)」, 『조선시대사학보』 43집, 267-296쪽.
25 구선희, 1999, 『한국근대 대청정책사 연구』, 혜안, 20쪽.
26 구선희, 1999, 위의 책, 82쪽.

다.²⁷ 조선의 왕권은 이미 1882년부터 실추되어 북양대신 이홍장의 후광을 입고 조선을 장악한 위안스카이가 사실상 '총독' 역할을 했다. 위안스카이는 일시 귀국한 후 1885년 주찰조선총리교섭통상사의(駐紮朝鮮總理交涉通商事宜)라는 직함으로 재차 파견되었고, 국가를 대표하지 않는 북양대신의 파견원 신분이었지만 8년간 조선의 내정과 외교정책에 간섭했다.²⁸ 청일전쟁 당시 일본군이 경복궁을 점거한 상황에서 '초조한(nervous)' 고종이 영국, 미국, 러시아 공관에 배치된 각국의 해병대와 수비대가 한양에서 철수하지 않도록 영국 총영사에게 '간청(begging)'했다는 상황을 보면,²⁹ 조선의 군대는 왕과 민중에게 안보와 안전을 제공할 능력이 없었다.

둘째, 19세기에 들어 조선의 법치는 상당히 무너진 상태였다. 삼정의 문란으로 지배층은 조세와 공역의 부과를 통해 폭력적 수탈을 감행했고, 여기서 벗어나기 위해 도망친 유민이 증가했으며, 심지어 중국의 마적단(馬賊團)과 같은 떼강도인 '명화적'이 등장했다.³⁰ 통치와 치안의 부재 상황이 동시에 벌어진 것이다. 어린 왕이 즉위하거나 왕위 계승의 문제가 겹친 가운데 세도정치가 극성을 부리고, 정통성 확보를 위한 왕실 행사가 증가하면서 조세의 의무가 강화되자 임술민란(1862)과 같은 사

---

27 박은숙, 2003, 「갑신정변 주도세력의 참여층 포섭과 무력동원」, 『한국근현대사연구』 27집, 37쪽.
28 구선희, 1996, 「갑신정변 직후 反淸政責策과 청의 袁世凱 파견」, 『사학연구』 51권, 33쪽.
29 Foreign Office, October 1895, p. 20.
30 배항섭, 1991, 「기획: 부호와 도적의 사회사—조선후기 삼정문란과 명화적」, 『역사비평』 17호, 338-344쪽.

건이 발생했다.[31] 특히 정조 사후 63년간의 세도정치기(1800~1863)에는 경주 김씨, 안동 김씨, 풍양 조씨 등의 가문이 국정을 전횡하면서 법질서 자체가 붕괴했다.[32] 청일전쟁 중 조선의 정권을 장악한 이노우에 가오루[井上馨] 일본 공사는 조선의 외무대신은 자신의 허락 없이는 아무것도 할 수 없다고 월터 힐리어(Walter Hillier) 영국 총영사에게 전하면서 전쟁 중 구금된 중국인들이 가장 거부하는 것이 '속국(vassal state)'이었던 조선의 법정에서 재판을 받는 것이라고 말했다.[33] 이노우에의 전임인 오토리 게이스케[大鳥圭介] 공사가 고종의 직무를 박탈한 후 일본이 실질적인 통치를 담당하는 상황이 되었기 때문이다.[34]

셋째, 조선은 민중에게 적절한 생활 기반 및 복지를 제공하는 데 실패했다. 일본군이 청일전쟁을 위해 원산항에 상륙했을 때 처음 목격한 것은 인분과 쓰레기로 뒤덮인 전근대국가였다. 근대화를 통해 문명국이라고 자부해온 일본의 군인들에게 불결한 도시 환경은 경악할 수준이었고, 전투보다는 이질과 콜레라 등 소화기 계통의 병과 싸워야 했다.[35] 이러한 조선은 외세의 개입 없이는 자체적 근대화가 불가능했다는 식민사관을 비판하며 '내재적 발전론'과 '자본주의 맹아론'이 등장했지만, 이것 또한 조선의 변화 역량에 대한 과도한 해석이라는 비판에 직면했다.[36] 분

---

31 임혜련, 2012, 「철종대 정국과 권력 집중 양상」, 『한국사학보』 49권, 121-158쪽.
32 박현모, 2007, 「세도정치기(1800-63)의 정국운영과 언론 연구」, 『한국동양정치사상사연구』 6권 1호, 163-187쪽.
33 Foreign Office, October 1895, p. 37.
34 Foreign Office, October 1895, p. 39.
35 原田敬一, 2007, 앞의 책, 72-3쪽.
36 이영훈, 2002, 「조선후기 이래 소농사회의 전개와 의의」, 『역사와 현실』 45집, 3-38쪽; 권내현, 2015, 「내재적 발전론과 조선 후기사 인식」, 『역사비평』 111호,

명히 조선은 변하고 있었지만 민중은 주권자가 아닌 통치 대상이었고, 국가 차원에서 제공하는 생활 기반과 복지는 미약했다. 1890년대 들어 확대된 미곡의 대(對)일본 수출의 혜택은 농민이 아닌 외국 상인과 봉건 지배 계급에게 돌아갔고 민중의 생활은 피폐해졌다.[37]

외세의 침범과 국내 정치적 분열 상황에서 부패하고 무능한 정부와 사회 혼란의 희생자로 전락한 민중이 기존 체제에 저항하면서 동학농민전쟁이 시작되었다. 이 상황을 지켜본 힐리어 총영사는 "내 생각에는 이 나라를 경험한 어떤 사람도 개혁과 관련된 계획을 조선인에게 맡기는 것은 시간 낭비라는 것을 공감한다. 부패는 도를 넘어서 모든 공공기관이 일본이나 다른 외국의 감시하에 있지 않으면 어떤 개혁도 불가능하다"라고 주조선 공사를 겸직하고 있던 베이징 주재 영국 공사 니콜라스 오코너(Nicholas Roderick O'Conor)에게 보고했다.[38]

2. 동학농민전쟁

1894년 1월 전라도 고부군수 조병갑의 학정이 도화선이 되어 시작된 동학농민혁명은 3월의 1차 봉기를 통해 관군을 물리치고 전주성에 입성했으나 청과 일본에 군사 개입의 명분을 주지 않기 위해 전주화약을 맺고 자진 해산했다. 1차 봉기 이후 정권의 위기를 느낀 조선 정부가 청에 지원을 요청하자 청군과 일본군이 거의 동시에 조선에 도착했고, 일본

417-442쪽.

37 하원호, 1991, 「곡물의 대일수출과 농민층의 저항」, 한국역사연구회 편, 『1894년 농민전쟁연구 1: 농민전쟁의 사회경제적 배경』, 역사비평사, 243-303쪽.

38 Foreign Office, October 1895, p. 40.

군이 조선 왕궁을 점거하자 외세 배격을 기치로 2차 봉기가 시작되었다. 이후 삼례 봉기라는 제3차 봉기가 일어났지만 일본군이 진압했다.

동학농민전쟁을 영국 외교관들은 어떻게 분석했을까? '조선의 십자군 전쟁'이라고 불린 삼례 봉기 시점에 힐리어 총영사가 오코너 공사에게 보낸 1894년 10월 17일 보고서에는 고종이 동학농민군을 보는 시각이 잘 드러나 있다.[39] 고종이 전날 충청 감사로부터 20만 명의 동학군이 무장 상태에서 한양으로 진격할 준비를 하고 있다는 통지를 받았다며 힐리어에게 주의할 것을 경고했는데, "일본군을 몰아내고 볼모로 잡힌 왕실을 구하기 위해" 동학군이 오고 있다고 언급했다는 것이다. 친일 내각이 일본군과 함께 동학농민군을 진압하는 상황에서 고종이 입장의 변화를 보이면서 동학농민군이 일본군을 몰아내고 왕실의 권위를 회복시킬 것을 희망했다는 것이다. 고종이 자신을 사실상 폐위하고 궁중이라는 '감옥'에 가두어버린 일본보다는 동학농민군의 활약에 일말의 희망을 걸고 있었으니 조선이 얼마나 통치 불능의 상태였는가를 여실히 보여준다.[40]

동학농민전쟁은 반봉건적, 반외세적 농민 항쟁으로 최초의 본격적 의병 운동이었지만 외세에 대항하고 정권을 쟁취할 만한 실력 면에서는 부족함이 많았다. 첫째, 농민군은 수적 우위에도 불구하고 일본군과 맞설 만한 무기를 보유하거나 훈련이 된 상태가 아니었다. 일본군은 영국군이 주요 사용했던 스나이더(Snider) 소총을 보유했지만, 동학농민군은 근대적 군사훈련을 받지 않은 상태에서 화승총과 죽창으로 대항했다.[41] 둘째,

---

39 Foreign Office, October 1895, p. 13.
40 Foreign Office, October 1895, p. 105.
41 나카츠카 아키라·이노우에 가쓰오·박맹수, 한혜인 역, 2014, 앞의 책, 59쪽.

외국 군대와 관군뿐만 아니라 기득권을 유지하려는 향촌 사회의 지주·부호·양반들이 조직한 민보군(民堡軍)의 가담도 하나의 실패 원인이었다. 양반 세력은 동학 세력이 설치한 집강소에 강하게 반발하면서 자신의 세력을 규합했다. 집강소의 행동 강령에 "빈부의 차이를 없애고 상전과 노비의 구별을 없앤다", "양반과 유림의 방자함을 허락하지 않는다"는 내용들이 있어서 동학 세력을 '양반과 유교의 적'으로 규정한 것이다.[42] 일본군의 대량 살상뿐만 아니라 민보군의 살육이 벌어졌다는 것은 동학농민군이 처한 사면초가 같은 현실을 잘 반영하지만, 일본군, 관군, 민보군이 모두 참전해야 할 만큼 동학군의 위세가 대단했다는 것을 증명한다. 셋째, 동학군 내의 분열이다. 과격파는 조선왕조를 무너뜨리고 새로운 정부를 수립하려 했지만, 전봉준 등의 온건파는 흥선대원군과 협력하는 등 동학군 내부에 개혁에 대한 공감대가 없었다.

조선에서 민란이 일어나면 주모자를 처벌하는 데 그쳤지만, 일본군이 동학농민군을 학살한 후 그들의 근거지인 부락 자체를 파괴하면서 조선인들로서는 예상하지 못한 참상이 벌어졌다. 이것은 나치 정권의 집권 초기에 유대인 지도자들이 역사의 진보와 정의를 믿으면서 독일의 유대인 정책과 차후에 일어날 학살에 안일하게 대응하면서 참상의 규모를 키운 일과 비유된다.[43] 유대인을 말살해야 할 기생충 정도로 생각했던 히틀러처럼 당시의 일본에 조선은 야만국이었고, 동학농민군은 '문명의 적'으로 규정되었다.[44]

---

42 정숭교, "동학농민운동(東學農民運動): 반침략 반봉건의 최대 민중항쟁", 『한국사콘텐츠』, http://contents.koreanhistory.or.kr/id/E0097(검색일: 2018. 9. 30).
43 Lucy S. Dawidowicz, 1975, 앞의 책, 412쪽.
44 홍동현, 2010, 「1894년 일본 언론의 동학농민전쟁 인식」, 『역사문제연구』 24권,

IV. 근대국가 일본과 홀로코스트

1. 청일전쟁

　청일전쟁에서 일본의 일차적 목표는 1860년대 이후 서양 열강과 청의 세력 각축장으로 변하고 있는 조선의 불안정한 정세가 일본의 안전 보장에 악영향을 미치므로 조선을 '중립화'하는 것이었다.[45] 1890년 야마가타 아리토모 수상이 '주권선'과 '이익선'이라는 개념을 제국의회의 시정 방침 연설에서 도입함으로써 주권이 미치는 일본이라는 공간을 넘어 조선과 타이완이 일본의 이익선에 포함되었다.[46] 하지만 일본은 청일전쟁에서 이 목표를 완전히 성취하지 못했다. 임오군란과 갑신정변으로 조선에 대한 청의 지배가 강화되었다면, 일본의 청일전쟁 승리는 삼국간섭을 주도한 러시아의 영향력을 강화시켰다. 이 과정에서 일본이 주도한 조선의 내정 개혁이 실패한 것도 한몫을 했다. 청일전쟁 중에 이노우에 공사가 시도한 개혁에 대해 힐리어 총영사는 조선의 상황을 개선하지 못하고 일본인의 이권만 보장해서, 일본에 우호적이었던 영국, 독일, 미국의 외교관들도 반감을 가지면서 '일본이 조선을 합병하거나 청의 종주권을 일본의 이기적인 직접 통치로 교체'하고자 한다는 의심을 갖게 했다고 보고했다.[47]

　　262쪽.
[45]　平野龍二, 2015, 앞의 책, 3쪽.
[46]　原田敬一, 2007, 앞의 책, 52쪽.
[47]　Foreign Office, October 1895, p. 103.

청일전쟁은 3개의 전쟁이었다. 첫째는 1894년 7월 23일 경복궁을 점거하는 과정에서 벌어진 조일전쟁이고, 둘째는 7월 25일부터 다음해 4월 17일까지의 청일전쟁, 그리고 5월 10일부터 11월 30일까지 벌어진 타이완 정복 전쟁이다.[48] 일본은 조선을 세력권 아래 넣는 것을 포함해 동남아시아와 남양군도의 정복전쟁을 위해 타이완을 교두보로 확보하고자 했다.[49]

1894년 6월 1일 조선 정부가 청에 파병을 요청하자 청은 6일부터 25일까지 약 2,800명의 병력을 아산만에 상륙시켰고,[50] 톈진조약(1885)에 따라 일본에도 파병 사실을 알렸다. 갑신정변 이후 청의 전권대신 이홍장과 일본의 전권대신 이토 히로부미[伊藤博文]가 조선에서의 세력 균형을 위해 톈진조약을 맺어 양국군의 철수를 합의하고, 출병할 경우 상호 통지한다는 조항이 청일전쟁의 도화선이 된 것이다. 6월 12일 인천항에 일본군 선발대가 상륙했고 곧 추가 병력이 파병되었다.[51] 청은 일본과의 전쟁을 회피하고자 했으나, 일본은 이미 6월 5일 역사상 최초로 전시대본영을 설치하고 전시체제로 공식 전환하여 근대국가 일본의 전쟁 의지를 보여주었다.[52] 일본은 철병을 거부하면서 추가 병력을 파견했고, 7월 23일 경복궁 수비대와의 전투에서 승리하면서 고종을 볼모로 잡고 대원군을 중심으로 한 친일 내각을 구성했다. 7월 25일 대원군은 청나라와의 종속관계를 파기하면서 아산에 있는 청의 군대를 몰아내라고 일

48　原田敬一, 2007, 앞의 책; 하라 아키라, 김연옥 역, 2015, 앞의 책, 69쪽.
49　原田敬一, 2007, 위의 책.
50　김경록, 2018, 앞의 책, 40쪽.
51　原田敬一, 2007, 앞의 책, 60쪽.
52　原田敬一, 2007, 위의 책, 59쪽.

본에 요청했다.[53] 일본과 조선이 '공수동맹'이라고 할 수 있는 조일맹약을 26일 체결함으로써 일본은 조선과 함께 청에 대한 합동 군사작전을 개시하게 된다.[54] 힐리어 총영사는 조선이 청과 전쟁 상태라는 것을 조선 정부가 인정한 적이 없고, 조선 정부는 청에 대한 적대 행위가 자신들의 의지에 반해 강요된 것임을 표명했다고 기록했다.[55] 이어서 본격적인 해전과 육상전이 벌어졌고, 풍도해전, 성환전투, 평양전투, 황해해전, 그리고 압록강전투에서 연승한 일본군은 여세를 몰아 11월 21일 청의 뤼순항을 점령하고 3만 명의 청국인을 학살했다.

일본의 근대국가로의 성장과 군사력의 확대를 보여주는 하나의 사례로서 황해해전을 좀 더 살펴보자. 1894년 9월 17일에 압록강 근처에서 발발한 황해해전에서 청과 일본은 각각 12척의 전함을 동원했다. 청은 일본의 함선에 비해 배수량이 2배에 이르는 7천 톤급 철갑함을 2척 보유했으나 결과는 청의 대패였다. 청나라는 〈표 1〉의 북양함대 중 순양함 5척(양위, 초용, 경원, 치원, 광갑)이 격침되고, 정원과 진원이 대파되었으나, 일본은 3척(마쓰시마, 히에이, 아카기)이 대파되는 피해에 그쳤다.[56] 이 표에서 주목할 것은 일본이 청과 톈진조약을 체결한 후 미래의 전쟁을 준비하기 위해 매년 새로운 전함을 발주한 반면 청의 함선은 이미 낡은 것이었다는 점이다. 이 해상전투에서 보이지 않는 조선의 수군은 어떤 상황이었을까? 판옥선(板屋船)이 주력 군함이었던 조선의 수군은 병인양요와 신미양요를 겪으면서 무용함이 증명되었고, 1895년 통제영(統制

---

53 하라 아키라, 김연옥 역, 2015, 앞의 책, 69쪽.
54 김경록, 2018, 앞의 책, 99쪽.
55 Foreign Office, October 1895, p. 109.
56 原田敬一, 2007, 앞의 책.

〈표 1〉 황해해전에 참전한 청·일 양국의 해군

일본

	배수량(톤)	준공 연도	조선소
히에이[比叡]	2,200	1878	영국
후소[扶桑]	3,717	1878	영국
나니와[浪速]	3,650	1886	영국
다카치호[高千穗]	3,650	1886	영국
사이쿄마루[西京丸]	2,913	1888	영국
아카기[赤城]	614	1890	고베[神戶]
미쓰쿠시마[嚴島]	4,278	1891	프랑스
치요다[千代田]	2,439	1891	프랑스
마쓰시마[松島]	4,278	1892	프랑스
요시노[吉野]	4,160	1893	영국
하시다테[橋立]	4,278	1894	요코스카[橫須賀]
아키쓰시마[秋津洲]	3,172	1894	요코스카

청국

	배수량(톤)	준공 연도	조선소
양위(揚威)	1,350	1881	영국
초용(超勇)	1,350	1881	영국
정원(定遠)	7,314	1884	독일
진원(鎭遠)	7,310	1884	독일
제원(濟遠)	2,300	1885	독일
정원(靖遠)	2,300	1887	영국
치원(致遠)	2,300	1887	영국
내원(來遠)	2,900	1887	독일
경원(經遠)	2,900	1887	독일
광갑(廣甲)	1,296	1889	푸저우[福州]
평원(平遠)	2,100	1890	푸저우
광병(廣丙)	1,000	1892	푸저우

참조: 原田敬一, 2007, 앞의 책, 82쪽(준공 연도의 일부 오기 수정).

營)과 각 도의 수군이 공식적으로 해체되었다.[57] 해군이 없는 조선의 바다는 열강의 각축장이 되었다.

2. 동학농민군에 대한 홀로코스트

일본군이 동학농민군을 진압하면서 발생한 희생자 수는 연구자에 따라 3만에서 30~40만에 이르기 때문에 정확한 숫자를 추정하는 데는 무리가 있다.[58] 5개월간의 동학농민전쟁에서 농민군이 치른 전투는 46차례, 농민군 참가 인원은 연 13만 4,750명으로 추산된다.[59] 일본은 왜 동학군을 홀로코스트 방식으로 몰살했을까? 조선을 독점적으로 지배하겠다는 목표를 위해 청군을 한반도에서 몰아내는 것뿐만 아니라 조선 내부의 저항 세력을 무력화하려고 했기 때문이다. 일본의 후비(後備) 제19대대에 내려진 훈령은 일본군 3개 중대가 세 방향으로 남하해서 전라도 쪽으로 동학농민군을 몰아붙인 후 "동학당을 격파하고 그 화근을 소멸시켜서 다시 발흥하거나 후환이 생기지 않도록 해야 한다"라고 명시하고 있다.[60] 그런데 동학농민군을 진압하는 과정에서 일본이 고려해야 할 것은 러시아의 개입을 막는 일이었다. 일본의 무쓰 무네미쓰[陸奧宗光] 외상은 이노우에 공사에게 전보를 보내 러시아를 자극하지 않기

---

57 김재근, 1980, 「朝鮮王朝의 水軍」, 『군사』 1권, 106쪽.
58 나카츠카 아키라·이노우에 가쓰오·박맹수, 한혜인 역, 2014, 앞의 책; 조경달, 박맹수 역, 2008, 『이단의 민중반란 동학과 갑오농민전쟁 그리고 조선 민중의 내셔널리즘』, 역사비평사; 오지영, 1996, 동학사 초고본 『동학농민전쟁사료총서』, 서운연구소.
59 原田敬一, 2007, 앞의 책, 72쪽.
60 나카츠카 아키라·이노우에 가쓰오·박맹수, 한혜인 역, 2014, 위의 책, 91쪽.

위해 동학군이 조선의 북부로 향하는 것을 막아야 한다고 강조했다.[61]

동학농민군 학살에 대한 생생한 기록은 이노우에 가쓰오[井上勝生] 홋카이도대학교 명예교수가 한 향토사학자의 소개로 도쿠시마현 출신 병사의 후손으로부터 입수한 진중일지를 바탕으로 한 책 『동학농민전쟁과 일본』에 상세히 나타나 있다.[62]

"당지(나주)에 도착하니 (나주성의) 남문으로부터 4정(약 400미터) 정도 떨어진 곳에 작은 산이 있는데, 그곳에는 사람들의 시체가 쌓여 산을 이루고 있었다. 그들은 민병(반농민군) 혹은 우리 부대에게 포획되어 고문한 뒤에 중죄인으로 죽인 숫자가 매일 12명 이상, 103명을 넘어섰다. 그리하여 그곳에 버려진 농민군이 680명에 달했으며, 근방은 악취가 진동했고, 땅 위에는 죽은 사람 기름이 얼어 붙어 있어 마치 흰 눈이 쌓여 있는 것과 같았다."

이 기록은 1895년 1월 일본군이 전남 나주, 해남, 장흥 일대의 동학농민군을 학살하던 당시 후비 제19대대 제1중대 제2소대 2분대에 배속돼 있던 병사가 남긴 진중일지의 일부다. 일본군은 동학군을 잡아서 일렬로 세워놓고 총검으로 일제히 찔러 죽이는 등 관군과 조선인들이 경악할 수준의 잔혹성을 드러냈다. 일본 정부는 고교 일본사 교과서 집필자였던 이에나가 사부로[家永三郎] 교수가 1965년부터 일본 정부를 상대로 제기한 '교과서 재판'에서 이에나가 교수가 기술한 '청일전쟁 때의 조

---

61 原田敬一, 2007, 앞의 책, 71쪽.
62 나카츠카 아키라·이노우에 가쓰오·박맹수, 한혜인 역, 2014, 앞의 책, 119쪽.

선 인민의 반일 저항' 부분을 삭제하도록 했을 정도로 이 사실을 숨기고 싶어 했다.[63]

중일전쟁 중의 난징대학살은 널리 알려졌지만, 일본군 약 2만 명, 청군 약 3만 명, 동학군 포함 조선인 3만 명 이상이 사망한 청일전쟁에서 조선인에 대해 대량학살이 벌어졌다는 것을 아는 사람들은 몇 명이나 될까? 당시 학살을 주도한 인물들이 이토 총리, 무쓰 외상, 이노우에 공사 등으로 밝혀지면서 학살 책임자에 대한 역사적 단죄가 필요한 상황이다.[64]

3. 근대국가의 대량학살

근대국가들의 폭력이 극에 달하는 상황에서 많은 식민지에서 대량학살이 자행되었다. 나치 독일이 주변국과 미국을 상대로 전쟁을 벌임과 동시에 유대인을 격리, 수송하고 대량학살한 것을 또 하나의 전쟁으로 보는 시각이 있듯이,[65] 일본군도 청군과 전쟁을 하는 동시에 동학농민군에 대한 전쟁을 벌였다.[66] 히틀러는 러시아계 유대인을 수용 시설로 보내기 위해 소련의 최전선으로 보내지는 군수품 수송열차의 배차 시간을 연기하거나, 폴란드를 포함한 동유럽 점령 지역의 수십만의 숙련된 유대인을 이송하기 위해 전쟁물자의 생산 차질을 감수할 정도였다.[67] 여기에

---

63 나카츠카 아키라 · 이노우에 가쓰오 · 박맹수, 한혜인 역, 2014, 앞의 책.
64 나카츠카 아키라 · 이노우에 가쓰오 · 박맹수, 한혜인 역, 2014, 위의 책, 83쪽.
65 Lucy S. Dawidowicz, 1975, 앞의 책.
66 나카츠카 아키라 · 이노우에 가쓰오 · 박맹수, 한혜인 역, 2014, 앞의 책, 25쪽; 하라 아키라, 김연옥 역, 2015, 앞의 책, 79쪽.
67 Lucy S. Dawidowicz, 1975, 앞의 책, p. 187.

서 주목할 것은 이러한 대규모 학살이 일본만의 범죄는 아니라는 것이다. 근대국가의 대량학살은 아시아와 아프리카를 포함한 광범위한 지역에서 자행되었다. 동학농민전쟁의 시점에서 홀로코스트라고 불릴 수 있는 대량학살을 자행한 국가들은 어떤 국가들이며, 그들은 자신들의 범죄 행위에 어떤 자세를 취하고 있을까?

일본이 동학농민군을 몰살하고 청을 물리친 후 동북아에서 세력을 키우고 있을 때, 미국은 미서전쟁(1898)에서 승리하면서 스페인의 식민지였던 필리핀을 획득했다. 그러나 제1공화국을 선포한 필리핀 민족주의 세력이 미국으로부터 독립하기 위해 항쟁하면서 필리핀-미국전쟁(1899~1902)이 벌어졌다. 미국은 이것을 전쟁이 아니라 하나의 '반란(insurrection)'이라고 규정하며 무력으로 진압했다. 미국 정부는 이 전쟁의 결과 4,200명의 미군과 2만 명의 필리핀군이 사망하고, 폭력, 기근, 질병에 의한 필리핀 민간인 사망자가 20만 명에 달했다고 인정했다.[68] 하지만 이것은 최소치일 가능성이 높고 더 연구가 필요하다. 당시 미군은 필리핀인들의 게릴라 항쟁에 학살은 물론이고 마을과 농지를 불태우는 등 인종청소에 가까운 보복을 자행했다. 특히 30만 명이 전투, 기근, 질병으로 사망했다는 바탕가스(Batangas)와 또 다른 피해 지역인 발란지가(Balangiga)가 학살의 주 무대로 주목을 받고 있다.[69] 3백 년 동안의 스페인 식민 기간보다 미국의 점령 기간에 더 많은 학살이 발생했다는

---

[68] Department of State Office of the Historian, "The Philippine-American War, 1899-1902", https://history.state.gov/milestones/1899-1913/war(검색일: 2018. 10. 1).

[69] Howard Zinn, 2005, *A People's History of the United States, 1492-Present*, New York: Harper, p. 316.

주장도 있다.[70] 이 전쟁의 결과로 민간인 사망자가 1백만 명에 이른다는 보고도 있고, 수백만에 달한다는 주장도 있는데,[71] 아직 미국은 공식 사과를 한 적이 없다. 바탕가스는 일본군이 태평양전쟁 동안인 1944~1945년에 강점하면서 2만 5천 명에 이르는 민간인을 게릴라로 몰아서 학살한 곳으로도 알려져 있다.[72]

독일의 예를 보자. 흔히 독일은 나치의 만행을 사과하고 주변국과 화해한 모범 국가로 알려져 있지만, 실상 독일도 사과와 보상에 인색하다. 동학농민혁명이 끝나고 10년도 지나지 않은 1903~1909년까지 독일이 아프리카의 나미비아에서 자행한 헤레로·나마족 살해 행위는 20세기 최초의 학살로 불린다. 독일 정착민을 살해했다는 이유로 본국에서 대규모 군대를 파견해 보호령의 인민들이 더 이상 제국의 일원이 아님을 천명하고 학살한 것이다. 사망자의 숫자가 10만 명에 달하는데, 헤레로족의 80퍼센트와 나마족의 50퍼센트가 여기에 해당한다.

독일은 헤레로·나마족의 땅을 몰수하고 '원주민 보호구역'을 설정해 분리하면서 목축을 금지했다. 대대로 가축을 기르며 살아온 종족들에게 이런 행위는 문화적 정체성을 부정하는 폭정이었다. 독일은 거듭되는 나미비아 정부의 사과 요구에 100년이 지난 2015년에야 겨우 학살(genocide)

---

70 Joel Ruiz Butuyan, 2016년 9월 19일, "US Apology Is Overdue", *Inquirer*, https://opinion.inquirer.net/97456/us-apology-is-overdue(검색일: 2018. 10. 19).

71 Spencer Tucker, 2009, *The Encyclopedia of the Spanish-American and Philippine-American Wars*, Oxford: ABC-CLIO, p. 478.

72 Bruce D. Landrum, "The Yamashita War Crimes Trial: Command Responsibility Then and Now", https://www.pegc.us/archive/DoD/docs/Landrum_Yamashita.doc(검색일: 2018. 10. 1).

사실을 비공식적으로 인정했지만, 이것도 2017년에 이르러 가혹행위(atrocities)로 의미를 강등시켰고, 공식적인 배상은 거부하고 있다.[73]

근대국가의 대량학살이 세계 곳곳에서 발생했다는 것은 문명국이라고 스스로를 정의한 근대국가가 야만국이라고 불렸던 국가들과 폭력성 면에서 별 차이가 없으며, 오히려 그들이 개발한 첨단 무기의 파괴력으로 인해 폭력이 극대화되었다고 할 수 있다.

V. 실패패권과 공위기

1. 청의 실패패권

19세기 후반의 국제질서를 논할 때 패권이 행사되는 범위에 따라 전 세계적 패권, 동아시아 지역 패권, 한반도에 대한 패권이라는 세계의 층위가 존재한다. 첫째, 전 세계적 차원에서 보면 2차 아편전쟁(1856~1860)의 승리로 인해 전 세계적 패권국이라고 할 수 있는 영국이 동아시아 지역까지 영향권을 확대하면서 러시아의 남하를 견제하는 상황이 되었다.[74]

동아시아 지역에서는 영국의 전 세계적 패권 아래에서 청과 일본의 지역 패권 경쟁이 러시아라는 변수와 함께 연동하면서 복잡한 양상을 보였다. 한반도에 대한 패권은 역사적으로 청이 장악했지만 청일전쟁에서

---

[73] Henning Melber and Reinhart Kössler, January 11, 2018, "Genocide Negotiations between Germany and Namibia Hit Stumbling Blocks", *The Conversation*, January 11.

[74] 한승훈, 2016, 「고립정책과 간섭정책의 이중주」, 『역사비평』 114호, 58쪽.

일본이 승리하면서 청의 패권이 종식되었다.

청은 19세기 말 근대국가로 변모한 일본과 비교해 한반도에 대한 패권을 가질 만한 군사적 능력이 없었다. 영 해군의 운영 방식을 도입하고 천황에 대한 충성심, 신식 훈련, 신식 군함으로 무장한 일본의 해군력에 비해, 청의 해군은 숫자는 많았지만 통일된 지휘 체계의 부재, 훈련과 신식 무기의 부족, 부패의 만연으로 인한 보급 부족으로 전쟁을 수행할 상태가 아니었다.[75] 이것은 패권국가로서 영향력 아래에 있는 국가의 안보를 책임질 만한 군사적 역량이 없었음을 의미한다. 〈표 2〉는 1881~1896년까지 일본, 청, 영국, 러시아의 방위비를 비교한 것이다. 청의 자료는 1895년까지 추산되지 않아 직접 비교가 힘들지만, 1896년에 약 3백만 달러로서 7백만 달러를 상회하는 일본의 절반도 되지 않는다. 일본의 방위비도 당시의 강국이었던 영국과 러시아와 비교하면 5분의 1 정도다. 이 표는 군사력에서 현격한 차이가 나는 일본이 삼국간섭을 받아들일 수밖에 없었던 사정을 보여준다. 이 표에서 주목할 것은 일본의 방위비가 임오군란과 갑신정변, 그리고 청일전쟁을 계기로 급격히 상승했다는 것이다.

서구 열강들보다 군사력 면에서 약한 일본이 청일전쟁 종전에 동의할 수밖에 없었던 이유 중 하나는 당시 일본 외상 무쓰와 벨기에 대표의 도쿄 면담 기록을 영국 외무성이 입수한 자료에 잘 드러난다. 일본이 가장 걱정한 것은 청의 권위가 손상되어 내란이 일어나고 무정부 상태가 되면 청이 '유럽 열강의 먹잇감'이 되는 것이었다.[76] 영국이 청일전쟁에서 일

---

[75] Bruce Elleman, 2001, *Modern Chinese Warfare, 1795-1989*, London: Routledge, p. 114.

[76] Foreign Office, October 1895, p. 4.

본의 승리가 청의 약화와 분열로 이어질까 두려워했듯이, 일본 또한 청이 약화되어 무력 면에서 훨씬 앞선 서양 세력에 의해 분할될까 걱정한 것이다.

한반도에 대한 패권의 공위기는 청일전쟁에서 러일전쟁까지 10년 정도 지속되었지만, 동아시아 지역 전체의 공위기는 청일전쟁이 시작된

〈표 2〉 주요국 방위비 비교 (단위: 1천 달러)

연도	일본	청	영국	러시아
1881	1,728	N/A	22,350	30,187
1882	1,809	N/A	24,028	27,617
1883	2,046	N/A	24,410	22,196
1884	2,120	N/A	27,051	22,500
1885	1,873	N/A	38,021	25,140
1886	3,109	N/A	29,412	24,932
1887	3,271	N/A	27,740	23,279
1888	3,238	N/A	27,136	21,482
1889	3,529	N/A	28,990	27,233
1890	3,905	N/A	29,602	30,191
1891	3,576	N/A	29,742	34,531
1892	2,496	N/A	31,871	30,053
1893	2,351	N/A	29,824	32,131
1894	13,167	N/A	33,168	35,039
1895	11,743	N/A	35,743	36,019
1896	7,398	2,994	35,253	36,679

출처: J. David Singer, Stuart Bremer and John Stuckey, 1972, "Capability Distribution, Uncertainty, and Major Power War, 1820-1965", Bruce Russett ed., *Peace, War, and Numbers*, Beverly Hills: Sage, pp. 19-48.

1894년부터 일본이 중일전쟁으로 중국의 주요부를 획득한 1937년까지 40여 년간 이어졌다고 볼 수 있다. 청일전쟁에서 승리한 일본은 아직 이 지역에서 절대적 영향력을 미칠 수 있는 국가는 아니었고, 영국, 러시아 등 역외 열강의 간섭이 상당히 오래 지속되었다.[77] 한 국가가 지역 내의 경쟁국을 꺾고 세계적 패권국의 영향력을 축소시키면서 지역의 패자로 부상하는 데 40여 년이 걸린 것이다. 물론 이러한 지역 패권도 10년을 못 가고 1945년의 패전으로 종식된다.

2. 동학농민전쟁과 국제사회의 무관심

일본군이 조선에 진출해서 3만 명이 넘는 조선인을 학살했다는 사실에 국제사회는 별다른 반응을 보이지 않았다. 동학농민전쟁에 대해 일본 신문들이 '동학당 몰살' 등으로 자세히 알리고 있었기 때문에 서양 열강이 일본군의 섬멸 작전을 파악하고 있었음이 분명하다.[78] 그럼에도 불구하고 서양 열강이 대량학살에 침묵했다는 것은 동학과 같은 반외세 민족주의 집단이 잠재적 적대 세력으로 간주되었으며, 이런 면에서 일본군의 학살에 묵시적 지지를 보내거나 방조한 것이다.[79] 이것은 외세 배척 운동인 의화단 운동(義和團運動)(1899~1901)을 빌미로 일본과 7개 서구 열강

---

[77] Torsten Weber, 2017, "Same Race, Same Fater?: Theories of Asian Commonality and the Shift of Regional Hegemony in East Asia After the First Sino-Japanese War(1894/5)", Volker Barth and Roland Cvetkovski eds., *Imperial Co-operation and Transfer, 1870-1930: Empires and Encounters*, London: Bloomsbury Academic, p. 154.
[78] 나카츠카 아키라·이노우에 가쓰오·박맹수, 한혜인 역, 2014, 앞의 책, 126쪽.
[79] 나카츠카 아키라·이노우에 가쓰오·박맹수, 한혜인 역, 2014, 앞의 책, 126쪽.

의 연합군이 톈진과 베이징을 함락하고 약탈과 민간인 학살을 자행한 일과 비유될 수 있는데, 제국주의 세력 간의 협력 체제가 존재했다고 할 수 있다. 즉, 식민지를 경영하는 제국들 간에는 상호 경쟁하면서도 불필요한 경쟁을 막고 자국의 이익을 극대화하기 위한 공존 관계가 형성되었는데 이것을 경존체제(競存体制)라고 부르기도 한다.[80]

이런 상황에서 조선의 요청에 군대를 파견한 청도 동학농민군 학살을 비난할 상황이 아니었고, 일본을 통해 러시아의 남하를 저지하려던 영국도 같은 입장이었다. 러시아의 관심은 한반도보다 만주 지역에 있었고, 미국은 1895년 인접국인 스페인 식민지 쿠바에서 스페인에 대항한 무장봉기가 벌어지자 카리브해의 전략적 요충인 쿠바를 스페인에서 탈취하는 데 전략적 관심이 있었다. 결국 제국주의 세력들은 서로 경쟁하면서 약소국을 분점하는 데 몰두했고, 앞에서 설명한 미국과 독일의 대량학살처럼 같은 학살자의 처지에 있었다.

한편 힐리어 총영사는 형편없는 무장을 한 동학군이 일본군의 적수가 되지 않아서 청주전투에서 '상당한 학살(considerable slaughter)'이 발생한 사실을 인지하고 있었다.[81] 힐리어 총영사는 조선에서 일본이 반감을 산 이유는 고종의 권위를 박탈한 일 때문이고, 조선인들은 청이 과거와 마찬가지로 일본을 몰아낼 것으로 믿지만 그 가능성은 별로 없으며 종국에는 동학군이 해산되고 일본의 '철권통치'를 받아들일 것으로 분

80　山室信一, 2003, 「國民帝國論の射程」, 山本有造 編, 『帝国の研究-原理・類型・関係-』, 名古屋大学出版会, 108쪽; Volker Barth and Roland Cvetkovski eds., 2017, *Imperial Co-operation and Transfer, 1870-1930: Empires and Encounters*, London: Bloomsbury Academic.

81　Foreign Office, October 1895, p. 15.

석했다. 조선이 해체되는 과정에서 일어난 동학농민군 대량학살과 자생적 반제국주의 운동의 약화는 19세기 말 동아시아 국제관계를 제국주의적 질서로 변환시키는 데 상당한 역할을 했다.

VI. 맺음말

일본이 임진왜란을 일으킨 16세기에 조선은 명의 지원을 받으며 민관이 함께 7년간의 전쟁을 수행했고 일본군을 격퇴했다. 청일전쟁기의 조선과 청은 어떠했나? 조선은 민관이 분열되어 내란이 벌어진 전근대적 실패국가였고, 청은 서양 열강의 침탈과 내부 혼란으로 조선에서 마지막 허세를 부리던 실패패권국이었다. 근대국가 일본은 임진왜란과는 달리 몇 개월 만에 조선을 점령하고, 랴오둥, 산둥, 타이완에 이르는 청의 주요부를 장악했다. 비록 삼국간섭을 가져왔지만 전쟁이라는 측면에서는 확실한 승리였다. 이 승리의 이면에 실패국가, 실패패권, 근대국가의 삼각관계가 빚어낸 동학농민군에 대한 홀로코스트가 위치한다.

근대국가의 형성은 산업혁명을 통한 자본주의 국가의 성립을 의미하지만, 전쟁과 군대라는 관점에서 보면 전쟁 후에도 군비가 전쟁 전의 수준으로 줄어들지 않는 '영구적인 전쟁국가(permanent war state)'의 탄생을 의미했다.[82] 일본이 빠르게 '전쟁국가'로 탈바꿈하는 사이 조선과 청은 봉건적 질서를 고수하면서 국내외적으로 다양한 위기에 봉착했다.

---

82 Michael Mann, 1988, *States, War and Capitalism: Studies in Political Sociology*, Oxford: Blackwell, p. 108.

조선의 왕과 지배층이 일본에 쉽게 굴복한 대신 동학농민군과 의병은 조선의 존재와 정체성을 대내외에 각인시켰다. 저항하는 민중이 일본과 일본을 따르는 조선의 엘리트들에게 살육당하면서 1910년의 합방은 비교적 조용하게 이루어졌다.

결론적으로 보면 실패국가나 근대국가 모두가 내부적 모순을 지닌 국가였으며, 비슷한 문제가 21세기에도 반복되고 있다. 분단이 지속되고 있는 한반도에 19세기 말과 같은 패권의 전환이 발생하고 있어서 세계의 이목이 집중되어 있는 상황이다. 19세기 말의 상황에서 얻을 수 있는 교훈은 내란과 대량학살 등을 동반하는 혼란 상태를 막기 위해 국내외 환경의 변화에 능동적으로 대처하며 국가를 운영하고 외국에 대한 의존도를 낮추면서 자강의 길로 가는 것이다. 이것이 홀로코스트를 당한 동학농민군이 원했던 길일 것이고, 그 후 정미의병이나 내년에 100주년을 맞는 3·1운동의 참가자들이 염원한 길일 것이다.

동학농민군이 겪은 홀로코스트에 대한 연구가 진전되면 앞으로 한·일 관계에도 영향을 미칠 것이다. 일본이 식민 지배보다 더 참혹한 대량 살상을 한일합방 15년 전에 감행했는데도 아직 양국 간 외교 문제로 거론되지 않고 있다. 동학농민군 학살과 식민 지배를 연결하여 이 학살이 식민 지배의 초석을 마련하기 위해 일본이 자행한 범죄 행위라는 공론이 형성된다면 한·일 간의 과거사 논쟁은 새로운 차원으로 발전할 것이다.

참고문헌

• 1차 자료

Foreign Office, Confidential, "Further Correspondence relating to Corea and the War between China and Japan, January to March 1895," October 1895.

Foreign Office, Confidential, "Further Correspondence relating to Corea and the War between China and Japan, April to June 1895," December 1895.

• 2차 자료

강만길, 2001, 『고쳐 쓴 한국 근대사』, 창작과비평.
구선희, 1996, 「갑신정변직후 反淸政責策과 청의 袁世凱 파견」, 『사학연구』, 51권.
_____, 1999, 『한국근대 대청정책사 연구』, 혜안.
권내현, 2015, 「내재적 발전론과 조선 후기사 인식」, 『역사비평』 111호.
김경록, 2018, 『청일전쟁과 일제의 군사강점』, 국방부 군사편찬연구소.
김선표, 2017, 「실패국가에 대한 국제사회 개입 문제: 북한 관련 함의와 대응방안에 소고」, 『서울국제법연구』 24집 1호.
김재근, 1980, 「朝鮮王朝의 水軍」, 『군사』 1권.
나카츠카 아키라·이노우에 가쓰오·박맹수, 한혜인 역, 2014, 『동학농민전쟁과 일본』, 모시는사람들.
바우만, 지그문트, 정일준 역, 2013, 『현대성과 홀로코스트』, 새물결.
박은숙, 2003, 「갑신정변 주도세력의 참여층 포섭과 무력동원」, 『한국근현대사연구』 27집.
박현모, 2007, 「세도정치기(1800-63)의 정국운영과 언론 연구」, 『한국동양정치사상사연구』 6권 1호.
배항섭, 1991, 「기획: 부호와 도적의 사회사—조선 후기 삼정문란과 명화적」, 『역사비평』 17호.
오지영, 1996, 동학사 초고본 『동학농민전쟁사료총서』, 서운연구소.
이삼성, 2011, 「'제국' 개념과 19세기 근대 일본」, 『국제정치논총』 51권 1호.
이영훈, 2002, 「조선후기 이래 소농사회의 전개와 의의」, 『역사와 현실』 45집.
_____, 2007, 「19세기 조선왕조(朝鮮王朝) 경제체제(經濟體制)의 위기(危機)」, 『조선시

대사학보』 43집.

임혜련, 2012, 「철종대 정국과 권력 집중 양상」, 『한국사학보』 49권.

정숭교, "동학농민운동[東學農民運動]: 반침략 반봉건의 최대 민중항쟁," 「한국사콘텐츠」, http://contents.koreanhistory.or.kr/id/E0097(검색일: 2018. 9. 30).

조경달, 박맹수 역, 2008, 『이단의 민중반란 동학과 갑오농민전쟁 그리고 조선 민중의 내셔널리즘』, 역사비평사.

하라 아키라, 김연옥 역, 2015, 『청일・러일전쟁 어떻게 볼 것인가』, 살림.

하원호, 1991, 「곡물의 대일수출과 농민층의 저항」, 한국역사연구회 편, 『1894년 농민전쟁연구 1: 농민전쟁의 사회경제적 배경』, 역사비평사.

한승훈, 2016, 「고립정책과 간섭정책의 이중주」, 『역사비평』 114호.

홍동현, 2010, 「1894년 일본 언론의 동학농민전쟁 인식」, 『역사문제연구』 24권.

吉村忠典, 1999, 「'帝國'という概念について」, 『史學雜誌』 108編 3号.

福澤諭吉, 1878, 『通俗國權論』, 慶應義塾出版社.

山室信一, 2003, 「國民帝國論の射程」, 山本有造 編, 『帝国の研究-原理・類型・関係-』, 名古屋大学出版会.

安川壽之輔, 2000, 『福澤諭吉のアジア認識』, 高文研.

原田敬一, 2007, 『日清・日露戦争』, 岩波新書.

平野龍二, 2015, 『日清・日露戦争における政策と戦略: "海洋限定戦争"と陸海軍の協同』, 千倉書房.

Barth, Volker and Roland Cvetkovski eds., 2017, *Imperial Co-operation and Transfer, 1870-1930: Empires and Encounters*, London: Bloomsbury Academic.

Butuyan, Joel Ruiz, "US Apology Is Overdue", *Inquirer*, 2016년 9월 19일, https://opinion.inquirer.net/97456/us-apology-is-overdue(검색일: 2018. 10. 19).

Dawidowicz, Lucy S., 1975, *The War Against the Jews: 1933-1945*, New York: Holt, Rinehart and Winston.

Department of State Office of the Historian, "The Philippine-American War, 1899-1902", https://history.state.gov/milestones/1899-1913/war(검색일: 2018. 10. 1).

Elleman, Bruce, 2001, *Modern Chinese Warfare, 1795-1989*, London: Routledge.

Fukuyama, Francis, 1992, *The End of History and the Last Man*, New York: Free Press.

Gordon, Ruth, 1997, "Saving Failed States: Sometimes a Neocolonialist Notion",

American University International Law Review, 12-6.

Landrum, Bruce D., "The Yamashita War Crimes Trial: Command Responsibility Then and Now", https://www.pegc.us/archive/DoD/docs/Landrum_Yamashita.doc(검색일: 2018. 10. 1).

Helman, Gerald and Steven B. Ratner, 1992-1993, "Saving Failed States," *Foreign Policy*, 89.

Mann, Michael, 1988, *States, War and Capitalism: Studies in Political Sociology*, Oxford: Blackwell.

Melber, Henning and Reinhart Kössler, 2018, "Genocide Negotiations between Germany and Namibia Hit Stumbling Blocks", *The Conversation*, January 11.

Richardson, Henry J., 1996, "Failed State, Self-Determination, and Preventive Diplomacy: Colonialist Nostalgia and Democratic Expectation", *Temple International and Comparative Law Journal*, 10.

Rotberg, Robert I., 2003, "Failed States, Collapsed States, Weak States: Causes and Indicators", Robert I. Rotberg ed., *State Failure and State Weakness in a Time of Terror*, Washington D. C.: Brookings Institution Press.

Tilly, Charles, 1985, "War Making and State Making as Organized Crime", Peter Evans et al. eds., *Bringing the State Back*, Cambridge, UK: Cambridge University Press.

Tucker, Spencer, 2009, *The Encyclopedia of the Spanish-American and Philippine-American Wars*, Oxford: ABC-CLIO.

Weber, Max, 1994, *Weber: Political Writings*, Cambridge: Cambridge University Press.

Weber, Torsten, 2017, "Same Race, Same Fater?: Theories of Asian Commonality and the Shift of Regional Hegemony in East Asia After the First Sino-Japanese War (1894/5)", Volker Barth and Roland Cvetkovski eds., *Imperial Co-operation and Transfer, 1870-1930: Empires and Encounters*, London: Bloomsbury Academic.

Wimmer, Andreas and Brian Min, 2006, "From Empire to Nation-State: Explaining War in the Modern World, 1816-2001", *American Sociological Review*, 71-6.

Zinn, Howard, 2005, *A People's History of the United States, 1492-Present*, New York: Harper.

7장

청일전쟁과 동아시아 소프트 파워:
메이지유신의 유교적 재해석과 관련하여

강동국
나고야대학교 법학부 교수

I. 머리말

청일전쟁은 근대 동아시아 하드 파워의 전이를 상징하는 사건이었지만 그 영향은 보다 광범위했다. 적지 않은 당대 동아시아 지식인들은 전쟁의 결과를 1860년대 중국과 일본에서 나타나 경쟁적으로 진행되던 양무운동(洋務運動)과 메이지유신[明治維新]이라는 두 기획 중 후자가 승리했음을 보여준 것으로 이해했다. 유교에 기초한 동아시아 문명의 절대적 우월성이 흔들리던 상황에서 전쟁의 결과는 부분적으로 서양을 받아들인 중국의 개혁 모델과 전면적으로 서양을 받아들인 일본의 유신 모델의 경쟁에서 후자가 승리한 결과로 받아들여지기 쉬웠다. 그 결과 축의 시대(Achsenzeit) 동아시아에 문명이 발생한 이후 거의 한 번도 흔들리지 않았던 지역 내 중국 문명의 우월성이 부정되고 일본을 대안의 모델로 보는 관점이 지역 전체에 퍼져나갔다. 즉, 청일전쟁은 동아시아 지역에 유사 이래 최초의 본격적인 소프트 파워 전이를 초래했다고 하겠다.

이상의 논의는 일반적으로 받아들여지고 있고, 소프트 파워라는 개념을 사용하는 경우는 드물다고 해도 도일 유학생의 폭증을 포함하여 이 개념이 포괄하는 다양한 내용에 대해서 상당한 연구가 축적되었다. 이 글은 대체로 이러한 기존 연구 성과를 존중한다. 그런데, 최근 학계에서 당시의 소프트 파워와 관련된 핵심적인 사안에 대한 이해에 본질적인 변화가 나타났기 때문에 이 변화를 기존의 연구 성과에 어떻게 반영할 것인가에 대한 고찰이 필요해졌다. 그 변화란 메이지유신의 유교적 성격에 대한 인식이다.

와타나베 히로시[渡辺浩, 아시아정치사상사], 가루베 다다시[苅部直, 일본정치사상사], 박훈(일본근대사), 고지마 쓰요시[小島毅, 중국사상사] 등 한·일 학계를 대표하는 각 분야의 전문가들이 앞다투어 메이지유신 과정에서 유교가 행했던 역할을 지적하기 시작한 것이다.[1] 그 결과 유교의 중요성을 어느 정도로 볼 것인가에 대해서는 다양한 입장 차-가장 핵심적인 요인, 여러 중요 요인 중 하나, 주변적인 요인 등-가 있지만, 유교가 메이지유신에 필요했던 변수였다는 점은 학계의 공통 인식으로 자리 잡아가는 듯하다.

메이지유신에 대한 기존의 이해는 일본 전통과 서양 근대의 양 측면을 어떻게 파악하고 이 둘의 관계를 어떻게 설정하는가에 따라 결정되었다. 예를 들어 일본의 전통을 봉건적인 것으로 이해하고 서양 근대를 선진적이자 보편적인 것으로 보면서 이 둘을 대립적으로 파악하는 입장과 일본의 전통을 평가하고 서양 근대와의 정합적인 관계를 설정하는 입장이 복잡한 관계를 맺으면서 전개되어왔다. 서양을 모델로 하면서도 다른 동아시아 국가와 구별되는 일본의 특징을 강조하는 마루야마 마사오[丸山眞男]의 입장은 이러한 이해의 유력한 한 예다. 그런데 메이지유신이 본질적으로 유교라는 동아시아 지역의 문화적 요소를 반영한다면, 메이지유신을 모델로 하는 동아시아 소프트 파워 전이도 기존의 틀을 수정하여 설명할 필요가 생긴다. 구체적으로는 연구의 내용과 대상의 측면에서 기존과는 다른 접근이 요구된다. 첫째, 연구의 내용의 측면

---

1 渡辺浩, 2016, 『東アジアの王権と思想 増補版』, 東京大学出版会. 초판은 1997년; 渡辺浩, 2010, 『日本政治思想史 十七~十九世紀』, 東京大学出版会; 苅部直, 2017, 『「維新革命」への道: 「文明」を求めた十九世紀日本』, 新潮社; 박훈, 2014, 『메이지유신은 어떻게 가능했는가』, 민음사; 小島毅, 2017, 『儒教が支えた明治維新』, 晶文社 등을 참조.

에서는 메이지유신의 유교적 특징이 소프트 파워 전이에서 가지는 함의를 연구할 필요성이 나타났다. 일본이 메이지유신 모델을 발신하고 다른 나라들이 이 모델을 받아들이는 과정에서 유교적 특징에 대해 어떻게 그리고 얼마나 이해 혹은 오해했는지에 대한 대답이 필요하다는 것이다. 둘째, 연구의 대상의 면에서 유교의 등장은 지역을 대상으로 고려할 필요성을 제기한다. 즉, 유교는 이를 공유하는 실체인 지역을 논의의 장으로 불러들이고, 그 결과 메이지유신을 둘러싼 요소의 관계성의 문제는 일본과 서양의 두 행위자 혹은 차원이 아니라 일본, 지역=동아시아, 서양이라는 세 행위자, 혹은 차원의 관계성의 문제로 더욱 복잡하게 이해해야 할 필요성을 제기한다. 이 연구는 메이지유신에서 유교적 성격을 발견함에 따라 등장하는 유교라는 내용과 지역이라는 대상을 포함하여 메이지유신 모델에 대한 일본의 발신과 한국에서의 수용의 양 측면을 이해함을 통해 청일전쟁 이후의 동아시아 소프트 파워 전이에 대한 보다 심도 있는 이해를 제공하려는 시도이다.

본론에서는 관련 1차 자료에 대한 분석을 통해 다음과 같은 질문에 대한 대답을 시도할 것이다. '청일전쟁을 전후하여 일본은 메이지유신에 기초한 자신들의 모델을 어떻게 이해했으며 어떻게 이를 동아시아 지역으로 발신했는가?', '청일전쟁 이후 동아시아 지역에서 일본의 소프트 파워의 우위가 확립되는 과정에서 유교적 특징에 관한 어떠한 이해와 오해가 나타났는가?', '일본 우위로 고착된 동아시아 소프트 파워 시스템에서 유교가 차지하는 위치는 이 지역이 가지는 문명적 특징을 정확히 반영하는 것이었는가?'

II. 일본의 유교와 메이지유신 이해: 청일전쟁기까지

에도시대 후반, 특히 칸세 이학의 금[寬政異學の禁, 1790년] 이후에 유교, 그중에서도 주자학이 더욱 깊고 넓게 일본 사회 전반에 침투해갔다. 독서하는 사무라이들 사이에서 사대부적 정치 문화가 점차 확산되었고 이들 사화(士化)된 사무라이들 사이에는 자연스럽게 유교적 공론정치(公論政治)가 전개되었다. 19세기 중반부터 서양의 압력이 심각해지는 상황에서 이 문명사적 변화에 대한 대응을 둘러싸고 각 번, 그리고 중앙정부인 막부에서 무력 대립과 함께 활발한 논의가 진행되었다. 이 과정의 정치적 산물인 메이지유신은 사무라이들을 행위자로 하는 유교적 공론정치의 결과이기도 하였다.[2]

실제로 메이지유신으로 가는 역사적 과정에서 유교가 얼마나 중요한 역할을 하였는가는 그 출발과 종언의 과정을 일별하면 명확히 파악할 수 있다. 첫째, 유교는 메이지유신의 출발점에서 그 방향성을 결정하는, 다시 말하면 서양 근대를 문명의 기준으로 인정하는 변화를 가져오는 중요한 요인이었다. 막말을 대표하는 지식인인 사쿠마 쇼잔[佐久間象山]이나 요코이 쇼난[橫井小楠] 등은 유교를 기준으로 하여, 서양서에 보이는 고아원, 구빈원, 학교 등의 운영이 이상 사회인 삼대(三代)의 그것과 유사하다고 이해했고 서양의 수용에 적극적인 판단을 내렸다.[3] 이러한 판단을 공유한 사무라이들의 공론장에서의 활동은 서양 근대로 향하는

---

2 이 과정의 구체에 대해서는 박훈, 2014, 앞의 책을 참조.
3 渡辺浩, 2010, 앞의 책, 17-21장을 참조.

사상적 방향성을 제공하였다. 둘째, 유교는 메이지유신이라는 정치적 변혁 과정을 완성하는 과정에서 변혁의 정당성을 국민들에게 설득함에 있어 결정적인 역할을 했다. 1868년 4월 메이지 천황은 5개조의 서문[五箇條の御誓文]을 통해 유신의 기본 방침을 밝혔는데, 그중 서양 근대를 받아들이는 이유와 관련하여 "구래의 누습을 깨고 천지의 공도에 기초하여야 한다[舊來ノ陋習ヲ破リ天地ノ公道ニ基クベシ]"라는 조항을 반포하였다. 이 문장의 원리를 제시하는 핵심 개념은 '천지의 공도'였는데 주자학이 인욕의 사[人欲之私]를 극복하여 천리의 공[天理之公]에 도달하는 것을 지향하는 도학(道學)이었다는 점을 고려하면 주자학적 교양이 침투해 있던 당시에 이 추상적 개념이 적지 않은 설득력을 가졌을 것을 알 수 있다. 더하여 주로 주자학의 개념을 사용하여 국제법을 자연법적으로 번역한 『만국공법(萬國公法)』이 다양한 판본으로 출판되어 베스트셀러가 되었기 때문에 상대방인 서양 근대도 천지의 공도에 기초하여 인정하는 주자학적 이해가 주류였다는 점도 고려해야 할 것이다.[4] 즉, 주자학적 배경에서 메이지 일본이 추구할 가치가 보편의 지향으로 제시되고 서양 근대는 이러한 보편을 나타내는 것으로 이해되었다는 것으로, 당대인들이 급격한 정치적 변혁을 받아들이는 과정에서 주자학에 기초한 보편성에 대한 지향이 중요한 역할을 한 것이다.

그런데 이러한 유교와 메이지유신의 정합적 관계는 변혁의 성공에 이어 새로운 체제를 건설하는 과정에서 급속히 잊혀졌다. 이 망각의 가능성은 앞서 소개한 5개조의 서문에 이미 상징적으로 보인다. 즉, 메이지

---

[4] 이러한 관점의 선구적인 제시로는 吉野作造, 1927, 「わが国近代史における政治意識の発生」, 『政治学研究 : 小野塚教授在職廿五年記念』 第2卷, 岩波書店을 참고.

유신은 이전에 존재했던 구습을 타파하고 동시에 이전에 존재했던 보편을 지향하는 방향성으로 전개되었는데, 주자학은 후자의 보편성뿐 아니라 전자의 구습과도 연결되어 있었다. 즉, 주자학은 도쿠가와 시대에 관료화된 사무라이의 정체성 문제를 해결하고 당대의 질서를 정당화하는 이데올로기적 성격도 가지고 있었던 결과 현실적 맥락에서 구질서를 옹호하는 논리이기도 하였다. 따라서 메이지유신으로 서양 근대가 유교를 넘어 문명의 기준으로 전면에 나서게 되면 유교의 역할 중 구시대를 옹호하는 부분이 더 눈에 띄는 상황이 발생할 가능성이 있었다. 이하에서 유교와 메이지유신의 대립적 관계에 대한 인식의 발생과 성장 과정을 더 구체적으로 살펴보자.

첫째, 메이지유신 성공 후 구체적 정책이 구상되고 실현됨에 따라 유교와 서양 근대의 원리적 동일성보다 구체적 특징, 특히 제도의 차이가 두드러진 결과, 유교가 유신의 실행에서 서서히 소외되어 갔다. 메이지유신 직후에는 유교와 서양 근대의 원리적 동일성을 강조하며 유교적인 개혁을 구체화하려는 움직임도 존재했다. 예를 들어 1870년대 초 구마모토번[熊本藩]에서는 메이지유신으로 인한 왕정복고를 인정(仁政)을 실현할 기회로 파악한 실학파가 권력을 잡고 유교적 이상주의를 실현하기 위한 급진적 개혁을 행하였는데 이러한 움직임은 인접한 가라쓰번[唐津藩]까지 영향을 미칠 정도였다.[5] 그러나 1871년 8월 폐번치현으로 지방의 정치적 자율성이 제한되고, 중앙정부가 서양 근대를 따라잡아 불평등 조약 등의 문제를 신속히 해결하기 위해 극단적인 서양화 정책을 전개함에 따라 19세기 서양의 문명 기준을 체현한 제도와 상이한 제도와

---

[5] 池田勇太, 2013, 『維新変革と儒教的理想主義』, 山川出版社, 107-160쪽을 참조.

연관되어 있던 유교는 정치의 장에서 주변화되어 갔다.

둘째, 유교의 원리 자체가 서양 근대와 유사했던 부분도 역효과를 냈다. 유교, 그중에서도 주자학은 형이상학을 포함한 종합성으로 인해 막말부터 메이지 초기에 이르기까지 서양 근대를 번역하고 이해하는 과정에서 결정적인 역할을 하였다. 예를 들어 메이지 초기 일본이 서양 국가의 제도적 기초인 근대법을 수용하는 과정에서 주자학의 추상적 개념어가 두 문명을 수월하게 연결해주었다.[6] 그런데 유교를 배운 세대가 줄어들고 새로운 세대는 해외 유학 등을 통해 서양을 내재적으로 이해하게 됨에 따라 서양 근대를 번역하기 위해 유교의 개념이 더 이상 사용되지 않거나 기표(記表)만 살아남아 유교적 의미가 망각된 채로 사용되는 상황이 나타났다. 이와 같이 유교가 서양 근대를 배우는 과정에서 기능적인 역할을 통해서 가지는 의미가 적어짐에 따라 유교의 생존은 서양 근대와 구별되는 이념이 가진 원리적 가치에 좌우되게 되었다. 그런데 유교의 원리는 서양 근대와 궁극적인 유사성이 있었고, 따라서 서구화가 전개되는 과정에서 유교가 제시할 독립적인 가치는 크지 않았다. 즉, 유교는 자신과 닮은 사상을 일본에 불러들였지만 그 궁극적인 결과는 사상적 자살이었던 것이다.[7]

이와 같이 메이지유신을 전후하여 사상을 둘러싼 문명적 변화가 벌어지는 와중에 유교와 메이지유신의 관계에 대한 인식의 원형들이 등장했는데 이 두 가지 인식들은 대립의 가능성을 지니고 있었다. 첫째, 유교와 서양 근대의 원리적 공통점에 여전히 주목하는 입장에서 메이지유신의

---

6 법학 분야를 중심으로 이러한 과정을 묘사한 연구로는 内田貴, 2018, 『法学の誕生: 近代日本にとって「法」とは何であったか』, 筑摩書房을 참조.
7 渡辺浩, 2016, 앞의 책, 209쪽.

유교적 특징에 대한 인식이 이어졌다. 예를 들어 메이지 초기에는 후쿠자와 유키치[福澤諭吉]와 어깨를 나란히 할 만큼의 영향력을 가지고 있던 나카무라 마사나오[中村正直]가 밀(J. S. Mill)의 *On liberty*를 『자유지리(自由之理)』라는 서명으로 번역한 것이나 나카에 조민[中江兆民]이 루소(Jean-Jacques Rousseau)의 *Du Contrat Social ou Principes du droit politique*를 『민약역해(民約譯解)』라는 제목을 붙여 순한문으로 번역한 것은 메이지기에도 유교와 메이지유신의 정합적 관계를 설정하여 문명을 뛰어넘는 보편을 지향하는 입장이 지속되고 있었음을 입증한다. 그러나 앞서 본 바와 같은 시대적 배경 속에서 시간이 흐름에 따라 정치와 사상의 측면에서 이들의 입장은 힘을 잃어갔다.

둘째, 유교와 서양 근대를 대립시키고 그 틀에서 메이지유신을 해석하는 입장이 점차 세력을 얻었다. 필자는 이전의 연구에서 후쿠자와 유키치의 유교 이해에 대하여 에도시대의 일본에 존재했던 문벌사회(門閥社會)의 이데올로기로서의 유교에 대한 비난과 이상화된 서양 근대에 대한 동경의 결과, 사상으로서의 유교는 물론 조선과 중국의 유교의 실제도 완전히 무시한 오해를 낳았고 이러한 인식이 마루야마 마사오 등에 이어짐을 논증하였다.[8] 그에 있어 메이지유신은 유교를 정신적 기초로 하고 문벌제도를 핵심적 기제로 하는 구시대를 벗어나 문명개화로 가는 여정이었다. 따라서 유교는 메이지 일본이 서양 근대라는 문명을 추구하

---

8 Kang Dongkook, 2015, "Toward a Trans-Civilizational Perspective on Good Democracy: A critique of Maruyama masao's Understanding of Confucianism and Democracy", Insub Mah and Heeok Lee eds., *The Search for Good Democracy in Asia: Essays on Politics and Governance*, New Delhi: Manak Publications Pvt. Ltd, pp. 195-213을 참조.

는 과정에서 극복해야 할 장애물로 이해되어 둘 사이의 관계는 모순적, 그리고 적대적인 것으로 설정되었다. 이러한 이해는 시간이 지남에 따라 주류로 군림했다.

　그런데 당대를 대표하는 지식인들이 정리하여 제시한 메이지유신에 대한 두 가지 이해에서 주목할 점은 이들이 메이지유신이라는 정치적 변혁 과정의 주체가 아니었다는 점이다. 예를 들어 후쿠자와는 메이지유신이 성공한 이후에도 일정 기간 이 정치적 변혁에 회의적인 시각을 표명할 정도로 거리를 두고 있었다. 따라서 이 지식인들이 논의하는 유교와 메이지유신의 관계에는 그 변혁의 과정을 직접 겪은 당사자들이 공유할 수 있는 현장의 경험이 결여되었음에 주의할 필요가 있다.

　한편 실제 변혁의 과정에 참가하고 변혁이 성공한 후 권력을 쥐고 건설을 추진한 세력들에서 유교와 메이지유신의 관계는 지식인들의 논의에 비해 유동적이고 복합적이었다. 즉, 변천하는 시대적 요구에 맞춰 양자의 관계를 유연하게 변화시키는 움직임이 지속되었다. 이러한 변화의 관점에서 볼 때 메이지기의 중대한 전환점은 1880년대였다. 1883년에 로쿠메이칸[鹿鳴館]이 완성된 것으로 상징되는 서양화 정책의 추진은 1880년대 후반이 되면 국내적으로 보수파와 민권파의 비판, 국제적으로는 일본의 상대적 지위 상승으로 인해 약화되었다. 이러한 구화주의의 번성과 쇠퇴의 배후에서 메이지 체제를 완성하려는 노력이 지속되었는데, 특히 1881년의 정변을 통해 독일을 모델로 하는 헌법 제정 노선이 획정된 후 정치와 교육을 포함한 사회 전반에 일본적 근대국가의 완성과 관련된 일련의 변화들이 나타났다.[9] 이 과정에서 메이지 일본이 제시

9　메이지 일본 교육에서 1881년의 정변이 가지는 의미에 대해서는 森川輝紀, 1987,

하는 근대적인 국민상의 중요한 요소로서 유교적 도덕률, 특히 충효가 강조되었다. 예를 들어 1880년의 개정 교육령에서 수신(修身)은 모든 교과 중의 필두로 위치 지워졌다. 수신에 요구되는 기본 소양의 중심 내용은 유교적인 것이었다. 메이지 국가는 유교를 중요한 요소로 하는 도덕을 갖추고 문명인 서양의 고도의 학문을 추구하는 일본인상을 제시했던 것이다. 이 지향 속에서 유교는 메이지유신과 정합적인 관계를 맺었는데, 유의할 점은 이미 헤게모니는 근대국가 쪽에 있었기 때문에 이 정합적 관계 설정은 국가의 요구에 유교의 내용이 변형되는 희생을 통해서 이루어졌다는 점이다.

이러한 변형에 의한 새로운 정합성의 완성태가 말할 것도 없이 1890년에 반포된 '교육칙어(敎育勅語)'였는데, 칙어의 문장은 여러 시도를 거쳐 결국 프랑스 유학파 관료였던 이노우에 고와시[井上毅]와 구마모토 출신의 유자인 모토다 나가자네[元田永孚]가 썼다. 이노우에는 대일본제국헌법의 기초를 쓴 인물인데, 1881년에 이미 「14년진대신(十四年進大臣)」이란 문서에서 일본 사회에서 고조되어가는 '국회 개설' 요구에 대처할 5가지 정책의 하나로 '한학의 권장'을 제언하였다.

> 제4, 한학을 권장한다. 유신 이래 영국과 프랑스의 학문이 번성해서 혁명의 정신이 처음으로 우리 나라에 생겼다. 대저 충애공순(忠愛恭順)의 도를 가르침에 아직 한학보다 간절한 것이 없다. 지금 이것이 쇠퇴하려 하는데 일으킨 것은 또한 서로 평형을 유지하기 위함이라.[10]

『近代天皇制と敎育: その問題史的檢討』, 梓出版社, 85-137쪽을 참조.
10 明治史料研究連絡会 編, 1967, 『明治史研究叢書 第1集: 明治政権の確立過程』, 御茶の水書房, 152쪽.

즉, 영국과 프랑스로 대표되는 서유럽의 사상이 수입되어 일본에 맞지 않는 혁명의 정신으로 발현된 상황에서 이를 제어하기 위해 종래의 학문인 한학을 권장하여 균형을 이루겠다는 것이다. 이 발언은 향후 한학을 중심으로 국민을 교육하겠다는 의지와 함께 한학, 그리고 그 중심인 유교를 사회 안정의 핵심적인 도구로 사용할 것을 천명한 것이다.

이노우에가 메이지 정부를 대표한다면 유교를 대표하여 공동 작업을 행한 이가 모토다였다. 그는 1843년에 시작된 이른바 비호번의 실학당의 회독에 요코이 쇼난과 함께 참여한 적도 있었지만 이후 사상의 전개는 요코이와는 무척 대조적이었다.[11] 유교적 이상주의를 품고 유신의 변혁을 추진했던 모토다는 민선의원 논쟁 이후 궁중에서 공의여론의 제도화를 모색하였지만, 그가 생각한 의회의 성격은 군주와 민의 정을 통해 주는 것에 머무는 등 서양 근대의 입헌주의와 연결되지 못했다.[12] 또한, 도심(道心)의 공허를 미토학의 국체로 채우려 하여 중국 고대 성인의 가르침과 일본 고대의 천조의 가르침이 하나여야 한다는 점에 집착하였고 결국 유학을 국체 이데올로기로 동화시켰는데 그 귀결이 천황존숭을 중심으로 유교 도덕을 재편하는 것이었다.[13] 그가 강조한 '충효' 정신은 천황제 강화를 특화시킨 유교의 덕목이었고, 이것은 일본의 '국체'로 규정되면서 국민이 반드시 지녀야 할 정신으로 일본 사회에 확산되었다.

결국, 메이지 헌법의 제정으로 상징되는 체제의 완성 과정에서 국가

---

11 鎌田浩, 2009, 「実学党の誕生」, 源了圓 編, 『横井小楠1809~1868 公共の先駆者』, 藤原書店, 79-86쪽을 참조.
12 池田勇太, 2013, 『維新変革と儒教的理想主義』, 山川出版社, 245-286쪽을 참조.
13 교육칙어로 향해 가는 모토다의 사상 변화에 대한 설명으로는 森川輝紀, 2003, 『教育勅語への道』, 三元社, 77-113쪽을 참조.

권력이 주도하여 만들어낸 유교와 메이지유신의 관계는 메이지유신을 완성시키기 위하여 변형된 유교를 수단화했다는 의미에서 정합적이었다. 이와 같은 유교와 메이지유신의 부분적인 정합성에 대한 주장은 앞서 소개한 지식인들의 두 입장과 구별되는 세 번째 입장의 출현을 의미했다.

III. 조선의 유교와 메이지유신 이해: 청일전쟁기까지

1. 청일전쟁 이전

메이지유신을 전후한 일본의 변화는 곧 조선 왕조에 알려졌다. 메이지 신정부는 도쿠가와 시대의 대외 관계를 부정하고 그 대신 서양 근대 기준에 맞는 외교로 재편을 추진했는데 이러한 의사는 조선에도 곧 전해졌다. 그러나 조선의 입장에서 보면 일본이 국내 정치적 변화를 이유로 양국이 수백 년 동안 존중했던 교린(交隣) 관계를 일방적으로 바꾸려 시도하는 것이었기 때문에 관계의 재정립은 원활하게 진척되지 못했다. 이 시기 메이지 일본에 대한 조선 인식의 전형은 다음과 같았다.

> 저들이 비록 왜인(倭人)이라고 하나 실은 양적(洋賊)입니다. 강화가 한번 이루어지면 사학(邪學)의 서책과 천주(天主)의 초상이 교역하는 속에 뒤섞여 들어오고, 조금 지나면 선교사가 전수하여 사학이 온 나라에 퍼질 것입니다. 포도청에서 살피고 검문하여 잡아다 처벌하려 한

다면 저들이 사납게 노하고 게다가 강화로 맺은 맹세가 허사로 돌아갈 것입니다. 그대로 내버려 두고 불문에 부치면 조금 지나서는 집집마다 사람마다 사학을 받아들여 아들은 아버지를 아버지로 여기지 않고 신하는 임금을 임금으로 여기지 않게 됩니다. 그러면 예의는 시궁창에 빠지고 사람들이 변하여 금수(禽獸)가 될 것입니다. 이것이 바로 강화가 난리와 멸망을 부르는 까닭의 셋째 이유입니다.[14]

당대 조선인의 문명 기준인 유교의 관점에서 보았을 때 사대(事大)와 함께 바람직한 국제관계인 교린 관계를 부정하는 메이지유신 이후의 일본은 유교의 가치를 부정하는 대표적 존재인 양적과 다름 없는 것으로 이해되었다. 최익현은 유교와 서양은 완전히 다른 것이라는 전제 위에 일본이 메이지유신으로 유교를 버리고 서양을 받아들였다고 이해했다. 이후에도 오랜 기간 통념으로 군림하는 이 판단은 사실 충분한 정보를 가진 객관적 판단이라고 할 수 없었다. 사실의 확인, 그중에서도 메이지 일본의 다양한 담론을 검토하지 못한 채 간접적으로 획득한 단편적 정보에 기초한 주관적 판단이었기 때문에 일본과 직접 접하여 메이지유신에 대한 이해가 깊어지면 변화할 가능성이 있었다.

조선이 일본을 통해 유교와 메이지유신에 대한 직접적인 정보를 얻는 과정은 1876년 조일수호조규를 체결하면서 본격화했다. 특히 1880년대에 들어서 조선이 적극적으로 일본에 대한 정보를 수입하는 변화가 나타났는데 그 대표적인 예가 고종의 명령으로 일본에 파견된 조사시찰단(朝士視察團)의 활동이다. 시찰단의 일원이었던 이헌영(李𨩱永)이 남긴

---

14 최익현, 持斧伏闕斥和議疏(丙子正月二十二日).

기록에 의하면 고종은 봉서를 통해서 "일본 사람의 조정 논의와 시세 형편, 풍속/인물과 다른 나라들과의 수교/통상 등의 대략을 한번 염탐하는 것이 아주 좋겠다"라는 임무를 부여했다.[15] 이와 같은 임무를 마친 후 이헌영이 보고한 별단에는 당시의 메이지 일본에 대하여 다음과 같은 관찰과 평가가 보인다.

> 학교를 말한다면 학교에서 배우는 것은 우리가 이르는 바의 학교가 아니다. 성현의 경서는 묶어 높은 다락집에 두었고, 화학, 이론, 실험, 수학 등을 과목으로 두어 가르치되 장소를 나누고 있다.[16]

> 당초에는 척양을 하여 그릇됨과 올바름의 분별을 엄하게 할 뿐만이 아니었는데, 지금에 와서는 서양에 복종을 하니 풍속의 변화가 쉬운 것이 어찌 이 마당에 이르렀단 말인가? …… 대저 서양 나라들의 배우는 것은 예수교이고, 그들이 일삼는 것은 공리를 탐냄이며, 오직 기발하고 매우 교묘함만은 첫째로 힘쓸 일로 생각하는 것이다. …… 한 행위를 판단 없이 모방하여 한 해 두 해에 거개가 변한다면, 우리의 옛 것은 잃어버리고 남의 단점만 취하게 되는 것이니, 세계의 만국 간에 어찌 이런 이치가 있을 수 있겠는가?[17]

이상의 문장을 통해 이헌영이 유교적 가치 기준으로 일본을 바라보았으며, 이러한 관점에서 일본이 성현의 가르침을 버리고 분별없이 서양을

---

15 이헌영, 1977, 『일사집략』(『해행총재』 11집), 민족문화추진회, 三쪽.
16 이헌영, 1977, 위의 책, 五쪽.
17 이헌영, 1977, 위의 책, 六쪽.

좇는 면을 중점적으로 관찰하고 보고했음을 알 수 있다. 그가 고종에게 복명하는 자리에서 "그들의 정치와 법은 장단을 헤아리지 않은 채 오로지 서양을 모방하여 날로 그 법을 고칩니다"라고 한 것은 그의 관찰한 내용과 그에 대한 가치 판단을 극명하게 보여준다.[18] 이러한 그의 입장은 앞서 본 최익현과 동일한데, 한편으로 당시 일본의 유교와 메이지유신 이해와 비교하면, 사실 인식은 문명 개화의 주류와 동일하나 가치 판단은 완전히 반대인 것으로 볼 수 있을 것이다. 그 결과, 유교와 메이지유신에 대한 정합적 이해나 모델로서의 메이지유신의 관점은 나타날 수 없었다.

물론 조사시찰단이나 수신사 등의 사절단에 속한 인물들은 사상이 다양했으므로 관찰의 내용과 결과에는 어느 정도 편차가 있었다. 예들 들어 어윤중(魚允中)이나 홍영식(洪英植)은 변화를 지향하고 있었기 때문에 유교의 가치관을 고수하면서 일본을 관찰하고 비판한 다수의 조사들과는 관점이 적지 않게 달랐다. 1880년대 전반기에는 이와 같은 변화를 지향하는 이른바 개화로의 움직임이 활발해졌고 이들 사이에서는 일본에 대한 인식에도 변화가 나타났다. 즉, 비밀결사인 개화당은 물론 김윤식(金允植) 등 유교적 지향과 개화적 지향을 함께 가졌던 조선의 관료들은 개혁 모델로서 청의 양무운동과 함께 일본의 메이지유신을 주목하기 시작했다. 특히 김옥균(金玉均)은 갑신정변을 일으키기 이전부터 한 세대 동안에 서양을 따라잡은 "일본을 모델로 치고 조선을 개혁시킴에 그의 우의와 조력을 청하려 백방으로 분주"하였다는 서재필의 회고

---

18 이헌영, 1977, 앞의 책, 九쪽.

에서 알 수 있듯이,[19] 그를 중심으로 하는 개화당 세력은 일본과의 밀접한 관계 속에서 정치적 변혁을 기도했을 뿐만 아니라 메이지 일본을 중요한 모델로 삼았기 때문에 메이지유신을 지향한 정치 변혁의 최초 등장으로 볼 수 있다.

그런데 지향성의 차이에도 불구하고 유교와 메이지유신의 관계에 대한 김옥균 등의 이해는 기본적으로 둘 사이의 대립을 강조한 이전의 논의와 큰 차이는 없었다. 이러한 연속성에는 중요한 2가지 배경이 있었다. 첫째, 김옥균 등이 일본에 관한 지식과 정보를 획득하는 주된 정보원이 후쿠자와 그리고 그를 중심으로 하는 지식인/언론인 그룹이었다는 점이다. 김옥균은 1882년 처음 일본을 방문했을 당시부터 후쿠자와의 지원을 받아 게이오학교나 흥아회(興亞會) 활동에 참가하였다. 이러한 개화당과 후쿠자와의 관계는 기본적으로 서로의 이해가 일치했기 때문에 갑신정변에 이르기까지 끊임없이 이어졌을 뿐만 아니라 이노우에 가쿠고로[井上角五郎] 등 그의 제자들의 조선 파견 등을 통해 더욱 확장되었다.[20] 개화당에 대한 후쿠자와 계열의 압도적인 영향력을 고려하면 유교와 메이지유신의 관계에도 그의 입장이 받아들여졌다는 것은 당연한 귀결이라고 하겠다.

둘째, 발신자인 후쿠자와의 정보만이 아니라 수신자인 개화당의 특징도 중요했다. 앞서 설명했듯이 후쿠자와의 유교와 메이지유신의 대립적 관계 설정의 저변에는 문벌제도가 지배하던 도쿠가와 시대에 대한 반감이 있었다. 그런데, 개화당의 사상적 지주였던 중인 오경석(吳慶錫)도 양

---

19 서재필, 「회고 갑신정변」, 《동아일보》, 1935년 1월 1일, 1면.
20 두 세력의 관계를 순수한 호의로 보아온 오해에 대한 비판으로는 김종학, 2017, 『개화당의 기원과 비밀외교』, 일조각, 138-144쪽을 참조.

반이 지배하는 조선사회에서 부당하게 처우받았다는 분노를 가지고 있었다.[21] 그는 유교의 사상적 가치가 아니라 실제로 지배자들이 이용하여 유교가 행하는 역할에 주목하여 반대하였고, 이러한 유교를 부정하고 변화를 원하는 강력한 의지를 후쿠자와 등과 공유하고 있었다. 이러한 의지의 한 귀결이 유교와 메이지유신의 대립적 관계의 수용이었다.

결국, 메이지유신이 발생한 후 1880년대까지 조선의 유교와 메이지유신에 대한 이해에는 한편에 유교의 가치 기준을 유지하며 메이지유신을 비판하는 유교 중심주의, 그리고 다른 한편에 유교를 비판하고 메이지유신을 모델로 하는 개화당의 논의가 있었다. 이 둘은 가치 지향에서는 전면적으로 대립했지만, 유교와 메이지유신을 상극으로 인식하는 점에서는 사실 인식을 공유하였다.

조선에서 메이지유신이라는 변혁이 가지는 유교적 성격을 전혀 인식하지 못한 사실은 실제 정치사의 전개에도 영향을 미친 듯하다. 이 무지와 오해를 갑신정변이 실패한 한 원인(遠因)으로 볼 수 있기 때문이다. 갑신정변을 일으킨 소수의 비밀결사는 중앙정권 장악을 통해 변혁을 이루려 했는데, 이것은 메이지유신의 방법이 아니었다. 표면적으로는 무진전쟁(戊辰戰爭)이라는 전면전이 결정적이었지만 이러한 전쟁으로 이어지는 정치적 대립 구조는 사무라이들 사이에서 수십 년간 벌어진 공론정치에 의해 만들어졌다. 즉, 일본 국내적으로는 조정과 막부 중 어느 쪽이 정당한 지배자인가, 그리고 국제적으로는 서양과의 관계를 어떻게 설정할 것인가를 중심된 의제로 하여 논의가 치열하게 전개

---

21 개화당의 성립에 있어 오경석의 중심적 역할에 대해서는 김종학, 2017, 앞의 책, 27-65쪽을 참조.

되었고, 그 귀결인 메이지유신은 무력투쟁만이 아니라 이 거대한 논쟁의 결과물이기도 했다. 사(士)가 된 사무라이들이었기에 이러한 논쟁을 전개할 수 있었는데, 조선의 개화당은 이러한 과정을 거치지 않은 채 폭력을 통해 중앙 권력을 탈취하여 문제를 해결하려 하였던 것이다.

따라서 적어도 정치 과정의 특징으로 보자면 갑신정변은 메이지유신보다 덜 유교적이었고, 유교 정치가 강력히 존재했던 조선에서는 실패할 운명이었다고 평가할 수 있다. 만일 일본의 지원이 이어져서 3일천하가 아닌 더 긴 시간의 정권 유지가 가능했다 하더라도 자립적인 세력을 형성하고 있던 지방의 유자들이 이 정권의 새로운 정책에 따르게 할 수 있는 정당성의 근거를 공론정치 등을 통해서 마련하지 못했던 상황에서는 개화당 정권이 순조롭게 유지되기 어려웠을 것이기 때문이다. 메이지유신의 유교적 성격에 대한 이해가 있었다면 이러한 정치적 상황의 위험성을 인지할 수도 있었겠지만, 후쿠자와와 김옥균이 공유한 것은 오해와 무지였던 것이다.

그런데 조선에서 유교를 지키려 한 쪽과 서양 근대를 지향한 쪽이 모두 전제로 하고 있던 유교와 메이지유신의 대립이라는 인식과 다른, 즉 유교와 메이지유신의 정합적 인식의 가능성은 아예 없었던 것일까? 이러한 가능성은 앞에서 살펴본 사례와는 배경이 다른 행위자들의 만남을 통해서만 기대될 수 있었다. 우선, 일본 측에서 유교와 메이지유신을 정합적으로 생각하는 행위자가 이들의 관계를 설명할 필요가 있었고, 조선 측에서는 유교를 지키면서도 메이지유신의 서양 근대의 측면을 포용할 수 있는 행위자가 이 설명을 받아들인다면 상황이 달라질 수 있었.

이 시기의 양국의 만남에서 아주 예외적으로 이와 근접한 상황이 있었다. 우선 조선 사절과 흥아회 구성원들의 소통을 들 수 있다. 흥아회는 특히 초기에 회원의 대부분이 일본 정부의 관리, 군인, 언론인이었고, 한때 천황의 하사금까지 받아 운영 경비로 사용한 관변단체의 성격을 띠었다는 한계가 있었지만 동아시아에 관심을 가진 다양한 배경의 일본인뿐만 아니라, 청국 주일 공사 하여장(何如璋)을 비롯한 20여 명의 중국인, 그리고 김옥균을 비롯해 적지 않은 숫자의 조선인 등 외국인 회원이 가입하면서 지역으로 확대되었다. 이 국제화한 조직은 아시아주의를 표방하고 중국이나 조선과의 밀접한 관계를 강조했다. 따라서 이 흥아회의 논의는 당시 국민국가와 서양 근대를 중심으로 구성되어 있었던 일본의 메이지유신에 대한 이해를 완전히 부정하지는 않았지만, 동아시아라는 지역적 요소를 보다 적극적으로 평가하는 경향이 있었다. 그 결과, 일본 내부의 논의가 급속하게 후쿠자와류의 문명 개화 쪽으로 흘러가는 상황에서도 흥아회를 중심으로 한 아시아주의 담론 공간에서는 동아시아가 공유하는 유교의 역할에 대한 강조가 상대적으로 오랫동안 유지될 가능성이 있었다. 실제로『흥아회회보』를 살펴보면 앞서 소개한 대로 유교와 서양 사이에 존재하는 보편성을 대표하는 나카무라 마사나오가 초기부터 동맹원으로 참가하여 한문으로 논설을 발표하는 등 메이지의 유교적 측면을 잘 드러내고 있었으므로 이러한 메시지가 유교를 공유하는 한국 그리고 중국 측에 전달될 가능성도 충분히 존재했다. 일례로 1881년 6월 23일에는 흥아회에서 홍영식, 어윤중 등을 초대하는 자리를 마련했는데 당일 참석자 기록에 나카무라의 이름도 있다.[22] 그러나 이날의 만남이 홍영식이나 어윤중의 유교와 메이지유신에 대한 인식의 변화와 연결된 듯한 기록은 남아 있지 않다. 일본을 방문한 수신

---

22 「本會記事」,『興亞會報告』제18집, 1880년 10월, 4쪽.

사나 조사시찰단 일행이 흥아회가 주최한 모임에 참석한 일은 대체로 의례적인 사교모임 참여나 다름없어 유교와 메이지유신의 관계와 같은 복잡한 문제에 대한 깊은 이해를 가능하게 하는 의사소통은 어려웠던 것이 무엇보다 중요한 이유로 생각된다. 또한 같은 시기 이헌영이 홍영식, 어윤중의 숙소에 갔다가 흥아회 동맹원인 기타자와 마사나리[北澤正誠]의 방문을 받고 「흥아회규칙(興亞會規則)」 2책을 기증받은 데 이어 다수의 흥아회원과 접촉한 기록이 남아 있는 등 공식 모임 이외의 교류도 어느 정도까지 있었다고는 하나 이들 사절이 공식적인 업무를 띠고 있어 활동의 폭이 한정되었다는 점과 주어진 기간 자체가 그리 길지 않았다는 점에서 이러한 교류를 통해 유교와 메이지유신의 관계가 전환되기는 기대하기 힘들었다.[23]

정부가 파견한 외교사절단의 이와 같은 한계를 고려할 때, 윤치호(尹致昊)의 예외적인 경험은 검토할 가치가 있다. 윤치호의 경우는 유학이라는 안정된 제도를 통한 장기간의 학습과 교류에 의해 의례적이고 짧은 만남이 주는 한계를 돌파할 가능성이 있었다. 그는 1881년 4월에 17살의 나이로 조사시찰단 어윤중의 수행원으로 일본에 건너가 외무경 이노우에 가오루[井上馨]의 알선으로 도진샤[同人社]에 입학하였다. 물론 유길준(兪吉濬)과 윤정수도 같은 시기에 도쿄에서 유학했으나 윤치호의 유학에서 주의할 점은 도진샤가 나카무라 마사나오가 세운 사학이라는 점에 있었다. 후쿠자와의 게이오에서 배웠던 김옥균이나 유길준이 유교와 메이지유신의 관계에 대한 후쿠자와의 해석을 받아들인 것을 고려하면 윤치호가 나카무라와의 지속적인 학문적 관계 속에서 유교와

---

23 이헌영, 1977, 앞의 책, 二四쪽.

메이지유신의 정합적인 관계를 인식할 가능성도 있었다.

실제 『도진샤문학잡지[同人社文學雜誌]』에 남아 있는 기록들을 보면 유학기의 윤치호는 나카무라와 시를 주고받는 등 유교적인 지식인의 교류를 행했을 뿐만 아니라 동아시아 학문과 서양 학문의 겸비를 주장하기도 하였다.[24] 그러나 주지하듯이 1880년대 후반부터는 기독교의 입장에서 유교의 무효성을 강조하는 관점을 전면에 내세웠다. 이러한 변화 속의 유교의 역할 등에 대해서는 더 논의가 필요하다고 생각되나 본고의 주제인 유교와 메이지유신의 관계라는 면에 한정하면 이어 서술하는 바와 같이 윤치호는 유교와 메이지유신의 정합적 관계에 대한 명확한 인식에 도달하지 못한 듯하다.

우선 윤치호는 유학 생활을 거쳐 다음과 같이 일본을 인식하게 되었다.

> 청국은 사람이 많고 땅이 커서 일본의 11배나 됩니다. 그런데 일본은 30년 내외로 경장하고 진작하여 문명과 부강을 사람들이 일컫게 되었고 60년이나 외국과 더불어 통상한 청국보다 백 배 더 낫습니다. 그것은 무슨 까닭입니까? 청국은 옛것만 지켰으나 일본은 능히 옛것을 고쳐 새것을 본받았기 때문입니다. 우리나라에는 두 개의 본보기가 있습니다. 새것을 쫓고 옛것을 지키는 이익과 손해가 분명하여 의심할 것이 없는 것입니다.[25]

윤치호는 청에 대비하여 일본을 모델로 보고 있는데 그 이유는 청이

---

24 柳忠熙, 2018, 『朝鮮近代と尹致昊 : 東アジア知識人エトスの変容と敬能のエクリチュール』, 東京大学出版会, 29-38쪽을 참조.
25 윤치호, 1968, 『윤치호일기 1』, 국사편찬위원회, 85쪽.

옛것만 지키는 데 반해서 일본은 새것을 본받았다는 점에 있었다. 즉, 일본이 전근대를 고쳐 서양 근대를 받아들였다는 점을 상찬한 것이다. 이러한 인식은 말할 것도 없이 나카무라보다는 후쿠자와적인 것이었고, 윤치호의 논의에서 유교와 메이지유신의 정합적 관계에 대한 인식은 눈에 띄지 않는다. 이 한계의 원인은 무엇일까? 첫째, 발신자인 나카무라의 사상이 가지는 복잡성이 어느 정도 영향을 미친 듯하다. 나카무라는 유교와 서양 근대를 연결했지만 그 중요한 매개항은 기독교였다. 즉, 그는 기독교의 신(god)을 유교적인 천과 동일시하였고 이러한 이해로 획득한 보편성을 통해 유교를 서양 근대와 연결했다. 따라서 유교와 서양 근대를 직접적으로 연결한 사카타니 로로[阪谷朗廬] 같은 지식인의 사상보다 구조적으로 복잡하였고 그 결과 지식으로서 또한 신념으로서 유교와 메이지유신의 정합성에 대한 발신은 약화될 수밖에 없었다.[26] 실제로 윤치호는 이후 개인의 신념으로 기독교를, 국가의 모델로서 메이지 일본을 받아들였는데 이는 나카무라와 정합적이라 하겠으나 유교에 대한 태도에는 거리가 생겼던 것이다.

둘째로 수신자인 윤치호라는 개인의 특징도 중요한 요소였다. 주지하다시피 윤치호의 아버지 윤웅렬(尹雄烈)은 무관이자 서얼 출신이었기 때문에 자신의 신분 탓에 윤치호가 과거를 통해 출세할 수 없을 것을 염려하였고, 윤치호의 일본행과 유학은 윤웅렬이 이러한 상황을 타개하려고 노력한 결과이기도 하였다. 이런 그의 처지는 후쿠자와나 이동인과 마찬가지였고 그 결과 유교에 대한 태도도 이들과 유사한 것은 어쩌면

---

26 사카타니의 사상에 대해서는 河野有理, 2011, 『明六雜誌の政治思想: 阪谷素と「道理」の挑戦』, 東京大学出版会를 참조.

당연한 귀결이었다. 윤치호가 유학 시절 후쿠자와를 자주 만났고 윤웅렬이 이동인과 연결되었던 것, 그리고 윤치호가 결국 유교에 적대적인 태도를 가지게 된 것도 결코 우연이 아닐 것이다.

결국 윤치호는 유학을 통해 유교와 메이지유신의 정합적 관계에 대한 인식을 획득할 수 있는 기회에 누구보다도 가까이 접근했으나 발신자로서의 나카무라의 사상이 가지는 복잡성, 그리고 무엇보다도 수신자인 자신의 유교에 대한 적대감으로 인해 이해에 도달하지 못하였던 것이다.

2. 갑오개혁기

갑오개혁은 조선인 관료와 함께 일본 세력이 직접적으로 관여했다는 점에서 메이지유신이 강력한 영향을 미친 것은 당연했다.[27] 또한 당시 조선의 체제교학이 유교였기 때문에 현실과 모델의 관계 설정을 위한 유교와 메이지유신의 관계에 대한 이해는 개혁을 구상하고 실천하는 데 중대했다. 이 시기 유교와 메이지유신의 관계에 대해서는 두 세력이 2가지 이해를 제시했다.

첫째, 갑오개혁이 권력을 쥔 중앙정부가 주도하는 정치 개혁이었기 때문에, 개혁을 주도하는 세력 사이에는 메이지 정부가 국가 건설 과정에 근대국가의 필요를 기준으로 유교와 메이지유신의 부분적인 정합성을 상정한 것을 모델로 하여 정합적 관계에 대한 이해가 널리 받아들였다. 예를 들어 1894년 9월 2일에 학무아문 대신 박정양(朴定陽)의 이름으로

---

[27] 갑오개혁기의 일본의 간섭 정책에 대해서는 왕현종, 2003, 『한국 근대국가의 형성과 갑오개혁』, 역사비평사, 171-208쪽을 참조.

'학무아문고시(學務衙門告示)'를 내려 학교 교육에 관한 방향을 제시했는데, 그 내용에는 학무아문에서 만든 소학교와 사범학교를 통해 경제나 법률과 같은 서양 학문과 함께 경서, 자전, 육예와 백가를 교육한다는 점이 제시되었다. 이러한 입장은 당시 박정양의 이해가 크게 영향을 미치고 있었다고 보이나, 다음 해에는 고종의 명의로 교육강령을 제시함으로써 이러한 이해가 조선 조정의 공감대를 얻고 있었음을 보여주었다.

> 세상 형편을 돌아보면 부유하고 강성하여 독립하여 웅시(雄視)하는 여러 나라들은 모두 그 나라 백성들의 지식이 개명(開明)하고 지식이 개명함은 교육이 잘됨으로써 말미암은 것이니, 교육은 실로 나라를 보존하는 근본이다. …… 이제 짐은 교육하는 강령(綱領)을 제시하여 허명을 제거하고 실용을 높인다. 덕양(德養)은 오륜(五倫)의 행실을 닦아 풍속의 기강을 문란하게 하지 말며, 풍속과 교화를 세워 인간 세상의 질서를 유지하고 사회의 행복을 증진시킬 것이다. 체양(體養)은 동작에는 일정함이 있어서 부지런함을 위주로 하고 안일을 탐내지 말며 고난을 피하지 말아서 너의 근육을 튼튼히 하며 너의 뼈를 건장하게 하여 병이 없이 건장한 기쁨을 누릴 것이다. 지양(智養)은 사물의 이치를 연구하는 데서 지식을 지극히 하고 도리를 궁리하는 데서 본성을 다하여 좋아하고 싫어하며 옳고 그르며 길고 짧은 데 대하여 나와 너의 구별을 두지 말고 상세히 연구하고 널리 통달하여 한 개인의 사욕을 꾀하지 말며 대중의 이익을 도모하라. 이 3가지가 교육하는 강령이다.[28]

---

28 『고종실록』 33권, 고종 32년(1895) 2월 2일 갑진 1번째 기사.

교육의 모델을 부유하고 강성하여 독립하여 웅시하는 여러 나라로 설정하였고, 조선이 근대국가가 되기 위해 필요한 교육의 방향으로 실용을 높이는 것을 제시했는데, 이 실용의 구체는 덕과 체와 지를 함양하는 것이었다. 주의할 점은 유교의 오륜의 행실을 강조하는 덕의 함양이 강령의 필두로 제시되었다는 점이다. 즉, 국가의 건설이라는 실용적인 목적을 달성하기 위한 교육 과정에서 유교의 덕을 함양하는 것은 그 목적에 방해가 되기는커녕 본질적으로 중요한 것으로 이해되었다. 메이지 정부가 '국민 통합'이란 현실 과제를 타개하고자 유교를 이용한 것처럼, '교육입국조서' 역시 '유교'를 기반으로 하여 사회를 안정시키기 위한 모색의 일환이었음을 알 수 있다.

둘째, 일부의 논자에서 유교와 메이지유신의 근본적인 대립 관계에 대한 인식도 찾을 수 있다. 갑오개혁을 대표하는 관료인 유길준의 경우가 그러하다. 유길준도 당대의 많은 관료처럼 근대국가 건설이라는 목적을 위하여 조선 전반에 강력히 남아 있는 유교의 영향력을 인정하고 때로는 이용했다. 그러나 그가 사상적으로 유교와 메이지유신, 그리고 유교와 갑오개혁을 어떻게 이해하였는가의 문제는 현실을 고려한 정치적 결정과는 다른 문제이다. 유교에 대한 그의 반발이 가장 명확하게 드러난 정책으로 지방 제도 개혁을 들 수 있다. 군국기무처는 1894년 7월 12일(음력)에 향회를 설치하여 지방 행정 사무를 처리하도록 하는 개혁안을 내었고 이어 11월(음력)에는 향약변무규정과 향회조규를 제정하여 지방 제도 개혁을 지속적으로 추진하였다. 본고의 과제와 관련하여 주목할 점은 유길준이 후쿠자와에게 편지를 보내 이들 개혁에 대해서 설명했다는 점이다.[29] 『유길준전서』의 문답(問答)과 서(書)에는 개혁 추진과 관련하여 일본인들과 나눈 음성언어와 문자언어의 기록들이 수록되어 있는데, 상대방 6명 중 5명은 이토 히로부미[伊藤博文]를 필두로 한 총리대신, 각부의 대신과 차관, 즉 현역 관료였다. 유길준은 실제 정책에 영향력을 발휘하는 일본 고위 관료들과 조선의 현안을 구체적으로 논의했는데, 이들은 국가의 필요에 따라 유교를 수단으로 이용하는 세력이었으므로 이들과의 대화에서는 조선의 정국에서 대원군을 어떻게 활용할까 등 실용적인 주제를 다루는 경향이 현저했다.[30] 나머지 1명의 상대방이 바로 후쿠자와 유키치였다. 오랜 기간 교류를 지속했고 정책의 실행과는 직접 관련이 없는 후쿠자와와의 문답과 서에서는 정치적 고려가 필요없었기 때문에 유길준의 본심이 잘 드러날 것으로 기대되는데, 그는 1895년 12월의 편지에서 우선 이노우에 가오루를 정치 대가로 상찬하고 이에 대해 "부패한 한학(漢學)으로 가히 헤아릴 수 있는 바가 아니다"라고 평가하였다.[31] 또한 조선의 현실에 대해서는 "조선인이 한서를 읽은 이래로 완고함이 습관을 이루게 되어 애국심으로 하등의 일을 할 수 있는지 알지 못하며, 각자가 단지 작은 이익을 꾀하는 마음만 오래되었을 뿐입니다"라고 비판하였다.[32] 즉, 모델로서의 메이지유신과 그와 반대되는 한학의 조선을 대비한 것이다. 유길준이 편지에 쓴 한학이 일본에서 유교를 대표로 하는 중국 문명을 나타내는 개념이었다는 것을 고려하면 유길준이 생각한 유교와 메이지유신의 대립적 관계를 파악할 수 있

---

29 유길준전서편찬위원회 편, 1971, 『유길준전서 5』, 일조각, 278-279쪽.
30 유길준전서편찬위원회 편, 1971, 『유길준전서 4』, 일조각, 353-385쪽.
31 유길준전서편찬위원회 편, 1971, 『유길준전서 5』, 일조각, 278쪽.
32 유길준전서편찬위원회 편, 1971, 위의 책.

을 것이다. 이상에서 갑오개혁기의 유길준이 메이지유신을 모델로 삼아 유교를 이와 대립적인 것으로 설정하고 있었음을 알 수 있는데 이러한 인식은 후쿠자와와 공통된 것이었다.

결국 갑오개혁기의 유길준은 메이지유신을 모델로 하면서 이 모델과 유교의 관계에 대해서는 일본 측의 2가지 논의를 동시에 받아들이며 한쪽은 권력의 강화를 위해 다른 한 쪽은 이전 권력의 파괴를 위해 사용했다고 할 수 있다. 유길준은 일본과 다른 조선의 정치 현실에 기초하여 파괴와 건설을 동시에 진행해야 했으므로 이러한 선택적 사용은 정치적으로 현명했지만 동시에 위험도 도사리고 있었다. 즉, 조선의 정치 현실, 그중에서도 유교의 특징을 정확하게 파악하지 않으면 메이지유신의 건설과 파괴 두 측면을 적용하는 과정에서 현명하지 못한 정치적 선택을 할 가능성이 상존했다. 말할 것도 없이 단발령 반포와 실행이 가져온 비극적 결과는 이러한 잠재된 위험성의 발현이었다. 즉, 메이지 일본에서 1871년에 산발탈도령(散髮脫刀令)을 내려 머리 모양을 자유롭게 하고 1873년에 메이지 천황이 단발을 행한 것은 일본의 문명 개화 추진을 가속화한 성공적인 정책이었다. 그런데 이 정책은 이미 정치적 변혁이 이루어지고 문명의 기준이 변화한 상황에서 나타난 것이었다. 1895년 12월에 김홍집 내각에서 내무대신 유길준이 건의하여 전격적으로 시행한 단발령을 둘러싼 조선의 정치적 맥락은 전혀 달랐다. 조선의 유교적 지배층, 특히 지방 세력은 여전히 강력했고 사서의 필두인 『대학』의 8조목을 존중하던 그들에게 단발령은 유교적 삶의 출발점인 신(身)을 자의적으로 속박하는 것으로 받아들여졌다. 당시 조선에 메이지 일본의 평화로운 단발과 대비하여 의병으로 대표되는 격렬한 저항이 나타난 것은 당연한 귀결이었고 유길준의 개혁은 철저히 실패하고 말았다.

이러한 역사를 전제로 할 때 앞서 소개한 후쿠자와에게 보낸 편지에서 단발에 관한 언급이 보이는 점은 흥미롭다. 우선 이노우에에 대한 상찬에서 "의복을 바꾸고 머리를 자르는 일[改服剃髮]"을 조선에 권하더라도 이루어질 것이라고 평하고, 이어지는 문장에서 유길준이 생각하는 개인을 이끄는 대요(大要) 중에 단발(斷髮)을 언급하고 있다.[33] 유길준의 단발령 구상과 메이지유신의 경험은 분명 그의 사고 속에서 연결되어 있었다. 따라서 유길준의 단발령을 둘러싼 실패에는 복합적인 요인이 있지만 모델의 관점에서 본다면, 후쿠자와의 메이지유신과 유교에 대한 오해를 그대로 받아들여 유교에 대한 타자의 편견을 내면화함은 물론 그 연장선상에서 자국의 개혁과 유교를 파악한다는 점에서 식민지적 사고 패턴을 보였다는 점을 지적할 수 있을 것이다. 만약 메이지유신의 유교적 성격을 이해하고, 더하여 조선의 상황을 깊이 이해했더라면 조금이라도 더 많은 정치적 공간을 확보했을 가능성이 있었지만 메이지 일본의 소프트 파워에의 도취는 이러한 가능성의 현실화를 막았던 것이다.

3. 대한제국기

유교와 메이지유신의 관계를 둘러싼 논의는 대한제국에서 또 다른 맥락에서 전개되었다. 예를 들어 1899년 4월 27일 고종은 다음과 같은 조칙을 내렸다.

나라에 학교를 설치한 것은 인재를 양성하여 장차 지식과 견문을 넓

---

[33] 유길준전서편찬위원회 편, 1971, 앞의 책.

히고 더욱 전진하게 하여 만물의 도리를 알고 일을 처리하여 이루며 기물의 사용을 편리하게 하여 재물을 풍부하게 하는 기초의 근본을 삼자는 것이다. 현재 세계 각국(各國)이 날로 상승하여 당할 수 없이 부강해지는 것이 어찌 다른 데 원인이 있겠는가? 이치에 맞는 학문에 종사하고 사물의 이치를 연구하며 정밀한 지식을 더욱 정밀하게 하고 기묘한 기계가 날이 갈수록 더 새로운 것이 나오는 데 지나지 않는다. 나라를 다스리는 일이 이보다 앞서는 것이 어디에 있겠는가?[34]

세계 각국의 부강을 목표로 삼은 교육과 학문의 필요성에 대한 강조였다. 즉, 서양 근대를 기준으로 하는 개혁적인 교육론이 개진되었다. 그런데 같은 날 유교와 관련하여 아래와 같은 내용의 포함된 조령도 내려졌다.

우리 정묘(正廟) 대에 와서는 하늘이 낸 훌륭한 성군(聖君)으로 날로 새로워지는 공부에 힘쓰고 유교 학문을 발휘하여 유학을 숭상하고 장려하여 한 세대를 고무하니 문명한 경지에 오르게 되었다. 높고 높은 그 공적과 빛나고 위대한 그 문장이며, 공경하여 아(雅)와 송(誦)의 서문(序文)을 읽으면 성조(聖祖)가 주자의 도통을 이었다는 것은 속일 수 없는 바가 있다. 태평하고 융성한 5백여 년의 역사가 어찌 저절로 그렇게 되었겠는가? 그런데 어찌하여 근래에는 세상 기풍이 날로 저하되어 처음에는 입으로 말하고 귀로 들으면서 마음을 닦는 공부를 등한히 하고 내용이 없는 글을 숭상하여 실제적인 학문에는 어두웠으며 오늘에는 그 형식마저 없어지고 있다. 거문고를 타고 글을

---

[34] 『고종실록』 39권, 고종 36년(1899) 4월 27일 2번째 기사.

외우는 소리가 상서(庠序)에서 들려오지 않고 경서는 책상에 버려지고 있다. 벼슬살이하는 자는 자신만 알고 나라가 있는 것은 알지 못하며, 선비라는 자는 벼슬을 하지 못하는 것을 근심하지 학문이 없는 것은 걱정하지 않는다. 그리하여 욕심은 하늘에 넘치고 명분과 교화는 쓸어버리듯 없어지며 예법은 크게 무너지고 윤리는 퇴락하였다. 변괴는 날마다 일어나고 난신과 역적은 뒤따라 나와 을미년에 와서는 변란이 극도에 달하였다.[35]

고종은 이번에는 조선 사회의 도의 근본은 유교에 있다는 주장을 전제로 근래에 이를 등한시한 결과 사회가 혼란해졌다고 강조하고 해결책으로 유교 이념의 강화라는 처방을 내렸다. 결국 고종에게 서양 근대를 배우고 유교의 도덕을 추진하는 두 사실은 전혀 모순된 것이 아니었다. 메이지 일본이 대한제국의 한 중요한 모델이었다는 것을 생각하면 메이지 정부의 유교 이용과 유사한 이러한 이해가 보이는 것도 자연스럽게 보일지도 모르겠다.

그런데 이 시기에 직접 경험했기에 고종보다 메이지 일본을 더 잘 이해했을 듯한 세력이 이러한 주장에 대한 거부를 나타낸 것도 주의할 필요가 있다. 예를 들어 갑오개혁 당시 박영효가 중심이 되어 일본에 대규모의 관비 유학생을 파견하였는데 이들 중 상당수는 메이지유신을 개혁의 모델로 삼았다. 그중 일부는 메이지유신을 통해 만들어진 정체가 입헌군주제인 점에 주목하여 천황이 통치권을 가지고 있지만 독단으로써 법률을 제정하지 못하도록 되어 있다고 설명하고 바로 이 점이 입헌정

---

[35] 『고종실록』 39권, 고종 36년(1899) 4월 27일 2번째 기사.

체의 요지라고 보아 메이지유신의 중요한 성과로 높게 평가다.[36] 이러한 평가는 막말의 유학자들이 서양 근대 정치를 유교적 기준으로 높게 평가했던 이유와 통하는 것이었다. 이 시기 조선의 유학생들은 유교적 특징은 거의 인식하지 못한 것으로 보이지만 메이지 일본의 입헌정체의 측면은 주목하고 있었다.

주지하듯이 고종은 1899년에 반포한 대한국국제(大韓國國制)의 제2조에서 "대한제국의 정치는 과거 5백 년간 전래되었고, 앞으로 만세토록 불변할 전제정치(專制政治)이다"라고 선언하여 대한제국이 전제정임을 선포하였고 이를 조선 왕조와의 연속성에서 정당화하였는데,[37] 이 논리에 의하면 조선 왕조의 체제교학이었던 유교는 이 전제정치와 정합성이 있었다. 한편 관비 유학생들은 메이지 일본이 입헌군주제라는 제도를 통해 권력 구조를 재구성했다는 점을 강조했는데, 실제 유교는 헌법 제정을 중심으로 한 제도의 재구성과 보조를 맞추어 지배의 논리로 재이용되었다. 물론 교육칙어의 억압적 성격을 생각하면 메이지 일본이 정치적 변혁 후에 유교를 도구로 이용한 것도 비판할 부분이 있겠지만, 헌법과 의회의 규제를 받지 않는 절대군주권을 가진 고종의 사례는 보다 극단적이었다.[38] 과거제와 같은 유교 정치를 뒷받침하던 제도적 기초가 사라져 유교 정치가 붕괴하던 상황에서 변혁을 거치지 않은 기존 지배 세력이 유교를 이념적 도구로 이용할 경우 자립성을 잃어버린 유교는 전

---

36 이 시기 유학생들의 입헌정체론에 대해서는 박찬승, 1999, 「1890년대 후반 도일 유학생의 현실 인식: 유학생친목회를 중심으로」, 『역사와 현실』 31권, 144-151쪽을 참조.
37 『고종실록』 39권, 고종 36년(1899) 8월 17일 양력 2번째 기사.
38 대한제국의 절대왕정적 성격과 메이지 일본과의 비교에 대해서는 서영희, 2006, 「국가론적 측면에서 본 대한제국의 성격」, 한영우 외, 『대한제국은 근대국가인가』, 푸른역사, 83-86쪽을 참조.

제적 체제를 보위하기 위한 압제의 프로파간다로 타락할 가능성이 있었다. 즉, 대한제국에서 조선 유교는 왕권을 제한하고 보편을 추구했던 강인한 역사적 전개와는 전혀 무관하게 견제받지 않는 전제군주의 자의적인 사용을 신민에게 강요하는 정치 과정에서 국가에 대한 신민의 일방적 복종을 정당화하는 이념적 도구로 이용되었다. 대한제국에서 황제 통치의 이념적 근거가 약하여 인위적인 각종 상징 조작과 국가 의례라는 이데올로기 장치로 보강해야 했던 것은 대한제국이 유교 이념을 억지스럽게 재해석하여 그 이념적 활력을 박탈한 경위를 고려하면 당연한 귀결이었다.[39]

결국 고종은 유교와 메이지유신의 관계에서 다른 단계는 보지 않고 국가 건설 단계에서 행한 유교의 역할만을, 그것도 입헌정체라는 당시의 배경을 무시한 채 받아들인 듯하다. 그 결과는 유교와 메이지유신의 관계와 표면적, 그리고 부분적으로 유사한 유교와 대한제국의 관계의 성립이었지만, 관립 유학생 출신자들이 비판한 것처럼 다른 정치적 맥락이 존재한 결과 유교의 역할은 더 억압적인 체제를 이념적으로 뒷받침하는 데 머물고 말았다.

---

[39] 이윤상, 2003, 「대한제국기 국가와 국왕의 위상제고사업」, 『진단학보』 96권, 81-112쪽을 참조.

IV. 일본의 유교와 메이지유신 이해: 청일전쟁 이후

청일전쟁을 전후하여 일본의 담론계에는 두 가지 중대한 변화가 나타났다. 첫째는 세대의 변화로 메이지유신을 직접 경험하지 않은 이른바 메이지 청년이라는 세대가 등장하여 이전 세대가 형성한 주류적 이해에 문제를 제기하는 상황이 나타났다.[40] 둘째는 서양 근대의 학적 체계의 도입이 완성된 결과 학문적인 접근이 필요한 많은 주제가 본격적으로 연구되기 시작하였다. 이러한 두 가지 변화는 유교와 메이지유신의 관계에 대한 이해에도 영향을 미쳤고 그 결과 청일전쟁을 전후한 시기부터 이전 시기의 그것과 명확히 구별되는 새로운 이해가 등장하였다. 이 새로운 이해의 핵심은 양명학에 대한 새로운 해석을 통한 유교와 메이지유신의 결합이었다. 이하에서 이 변화의 과정을 간략히 살펴보자.

양명학의 대두는 이전 시기의 인식과의 단절에서 출발하였는데 이 측면은 양명학이라는 학문의 명칭 자체에서 확인할 수 있다. 근세 일본에서 명대 왕양명을 출발점으로 한 유교의 한 유파를 가리키던 명칭은 왕양명의 성을 딴 왕학(王學)이나 그의 출신지를 딴 요강(姚江)의 학, 그리고 주자학과의 차이를 강조하는 심학(心學) 등이었다. 그런데 현대 일본에서는 그의 이름을 따 양명학이라 부른다. 이 두 명칭의 구별은 양명학에 대한 전근대와 근대의 이해에 다른 이름을 부여해야 할 만큼의 차이가 나타났다는 역사적 사실을 내포하고 있다.

---

40 메이지 청년에 대해서는 和崎光太郎, 2017, 『明治の〈青年〉: 立志・修養・煩悶』, ミネルヴァ書房을 참조.

1893년에 출판된 미야케 세쓰레[三宅雪嶺]의 『왕양명(王陽明)』은 근대 일본의 양명학에 대한 새로운 이해의 시작을 알렸다. 미야케의 저작은 그가 전문적인 학자가 아니라는 점에서 학문적인 완성도를 기대할 수 없었으나 양명학 이해의 근대적 변화의 방향성을 제공했다는 의미에서 결정적인 중요성이 있다. 그의 양명학 이해의 특징으로는 첫째, 「심즉리(心卽理)」, 「지행합일(知行合一)」, 「치양지(致良知)」를 각각 한 장으로 설정하여 설명하며 양명학을 이 3가지 원리로 간략화하는 통속적 이해를 제시하였고, 둘째, 도쿠가와 시대의 나카에 도주[中江藤樹]나 구마자와 반잔[熊澤蕃山]에서 메이지기의 사이고 다카모리[西鄕南洲]나 다카스기 신사구[高杉晋作]로 이어지는 일본 양명학의 계보를 제시했으며, 셋째, 양명학이야말로 메이지유신을 이끈 사상이라는 주장을 제시한 점을 들 수 있다.

　이 글의 주제와 관련된 세 번째 특징의 등장을 이해하려면 미야케 등이 대표하는 메이지 청년들의 사상과 실천을 살펴봐야 한다. 메이지유신 이후에 본격적인 교육을 받은 이 세대들은 앞 세대가 권력을 쥐고 서양 근대국가를 모델로 하는 변혁을 추구한 것에 반해 권력이 없는 민의 입장에서 서양화에 대한 부분적 혹은 전면적인 문제를 제기하는 특징이 있었다. 평민주의(平民主義)와 국수주의(國粹主義)가 이 세대의 주요한 이념이 된 것, 그리고 이러한 이념을 내세운 『국민지우(國民之友)』나 『일본인(日本人)』이 환영받았던 것도 세대의 변화를 고려하면 자연스러운 일이었다.[41] 따라서 이 세대의 지식인들은 토착의 이념 중 민의 자발적인 움직

---

[41] 메이지 청년의 이념이 평민주의와 국수주의의 민족주의였다는 점에 대해서는 米原謙, 2003, 『德富蘇峰: 日本ナショナリズムの軌跡』, 中央公論新社 와 中野目徹, 2014, 『明治の青年とナショナリズム: 政敎社·日本新聞社の群像』, 吉川弘文館을

임을 뒷받침하는 사상을 갈구했고 이들의 열망은 일본 사상사를 재구성하여 일본 근대 양명학을 빚어냈다.[42] 결국 메이지 청년의 민족주의 담론이 현재의 실천적 이상을 역사에 투영하여 창작한 것인데, 이 과정에서 유교의 한 학파, 즉 양명학이 메이지유신을 이룩한 영웅들의 사상으로 화려하게 부활했다.

이 부활은 언론 활동에 그치지 않고 일본 학계로 확산되기에 이른다. 즉, 근대적 학문의 관점에서 일본의 유학을 연구하는 움직임이 시작되자 한편 이들의 양명학 이해가 채택되어 급속히 권위를 획득하는 과정이 나타난 것이다. 이 과정을 주도한 학자가 도쿄제국대학교 문학부 철학과 교수였던 이노우에 데쓰지로[井上哲次郞]와 그의 제자 다카세 다케지로[高瀨武次郞, 1869~1950]였다. 두 사람의 작업은 이노우에가 주도하는 가운데 협력적으로 전개되었는데, 최초의 본격적 논의는 이노우에가 서문을 쓰고 다카세가 출판한 『일본의 양명학[日本之陽明學]』이었다. 다카세는 1905년 선진제자철학 연구로 박사학위를 취득한 뒤 1907년부터 교토대학교에서 중국철학을 강의하였는데, 1898년에 학생 신분으로 이미 이 책을 발표했다.[43] 이로부터 2년 뒤 이노우에 자신이 『일본 양명학파의 철학[日本陽明學派之哲學]』을 발표하여 직접 논의에 뛰어들었다.[44] 이 시기의 두 학자의 입장은 대동소이하므로 논의를 이끌었고 영향력이 압도적이었던 이노우에의 저작을 중심으로 양명학과 메이지유신의 관계

각각 참조.
42 일본 근대 양명학의 작위성에 대해서는 荻生茂博, 2008, 『近代・アジア・陽明学』, ペリカン社를 참조.
43 高瀨武次郞, 1898, 『日本之陽明学』, 鉄華書院.
44 井上哲次郞, 1900, 『日本陽明学派之哲学』, 冨山房.

를 정리해보자.[45]

이노우에는 도쿄대학교 조교수로 독일에 파견되어 약 6년간 유학하고 1890년에 귀국한 후 동서양을 가로지르는 철학적 훈련을 살려 일본 유학에 대한 3부작을 차례로 출판하였는데, 양명학을 다룬 저작이 그 첫 작품이었다. 에도시대의 일본 유학에 대한 지식이 있는 독자는, 일본적인 유학의 전개를 대표하는 고학에 대한 연구인 『일본 고학파의 철학[日本古學派之哲學]』(1902), 그리고 에도시대, 특히 후반에 압도적인 영향력을 행사했던 주자학에 대한 연구 『일본 주자학파의 철학[日本朱子學派之哲學]』(1905)보다 양명학에 대한 연구가 먼저 출판된 사실을 의외로 느낄 수도 있을 것이다. 그러나 메이지 청년이 언론 활동 등을 통해 만들어놓은 메이지유신과 양명학의 결합이라는 시대적 컨텍스트에서 보면 이러한 선택은 자연스러운 것이었다. 이노우에는 귀국 후의 연구 방향에 대하여 다음과 같이 회고한 적이 있다.

> 당시 독일 국민의 애국심이 무척 왕성했다는 것은 내가 절실히 체험한 바이다. 우리 일본의 사정을 돌아보면 유신 이후 20년간은 서양 숭배의 시대로 충군애국보다 오히려 외국 숭배가 훨씬 커서 진실로 우려해야 할 경향이 나타나고 있었다. 그런데 내가 독일의 애국심이 극히 왕성한 분위기에서 교육을 받았기 때문에 어떻게 해서든 귀국 후에는 충군애국의 정신을 크게 진작해야 한다고 통감하고 돌아왔다.[46]

---

45 이노우에와 다카세의 공통된 양명학 이해에 『일본 양명학파의 철학』이 출판되는 1900년을 경계로 차이가 나타나기 시작했다는 사실을 밝힌 연구 성과로는 山村奬, 2019, 『近代日本と変容する陽明学』, 法政大学出版局, 128-144쪽을 참조.

46 井上哲次郎, 1942, 『釈明教育勅語衍義』, 廣文堂書店, 284쪽.

일본 사상을 연구함으로써 모델인 독일의 애국심을 일본에도 진작하려 한 그에게는 당시 일본 사상과 애국심의 연결을 대표하는 미야케 등의 근대 일본 양명학 담론이 학문 연구의 절호의 주제로 보였다. 그의 작업은 그가 생각한 시대의 요구에 대응하여 근대 양명학 담론을 치밀한 학문적 작품으로 재구성한 것으로 볼 수 있다. 그 결과, 이노우에와 다카세의 논의에는 그 기초인 미야케의 담론과 유사한 부분이 많다.

> 요코이 쇼난, 사쿠마 쇼잔, 사이고 다카모리, 요시다 쇼인 같은 이들은 곧 양명학파라고 칭할 수 없지만 또한 양명학으로부터 얻은 바가 있었던 것은 의심할 여지가 없다. 그렇다면 양명학이 밀접하게 유신의 대혁신에 관여한 것도 결코 위대하지 않았다고 할 수 없고 따라서 그 개설을 서술하여 사상의 복선(伏線)을 명석하게 하려고 한다.[47]

학자인 이노우에는 메이지유신 지도자들을 양명학자로 보는 미야케 등의 관점에 대해서 일단 비판적이다. 학자로서는 당연한 자세로 볼 수 있다. 그런데 그의 작업에서 주목할 점은 이러한 비판은 명칭의 차원으로 놓아두고 곧 실질적인 내용, 즉 그들이 양명학의 영향을 받았으며 또한 양명학이 메이지유신과 밀접하다는 미야케의 이해는 지지하고 받아들였다. 도쿄대학교 철학 교수의 비판을 거치면서도 살아남은 양명학과 메이지유신의 관계에 대한 담론은 이제 제국이 뒷받침하는 학문적 권위를 가지게 되었다.

물론 이노우에의 연구가 미야케 등의 단순한 추인에 머물지 않은 측

47　井上哲次郎, 1900, 『日本陽明学派之哲学』, 冨山房, 535쪽.

면도 있다. 이노우에의 논의는 시대적 배경과 학문의 변화가 반영된 2가지 변화를 노정하였다. 첫째, 양명학 논의가 명확하게 정책/교육/학문의 종합인 국민도덕론(國民道德論)의 맥락에 놓여졌다. 이노우에는 저서의 서문에서 책을 쓰게 된 배경에 대해서 "오늘날 사회적 병근(病根)을 고치는 역할을 하기 바란다"라고 쓰고 곧이어 국민적 도덕심(國民的道德心)에 관한 논의를 전개하였다.[48] 양명학이 당시 일본의 국민적 도덕심의 배양에 도움이 된다는 것인데, 이러한 작업이 필요한 시대적 배경에 대해서는 "유신 이래 학자는 공리주의를 제창하거나 이기주의를 주장하여 그 결과로 결국 우리 국민적 도덕심을 파괴하곤 했다"고 설명했다.[49] 이노우에는 후에 "국민도덕이라는 것은 메이지 초기부터 있었지만 그것을 하나의 학(學)으로 논하게 된 것은 메이지 말기였다. 나는 국민도덕을 주장하여 학계의 결함을 보충하고 크게 윤리가 실제적인 것이 되도록 노력하였다"라고 회고했다.[50] 그는 『일본 양명학파의 철학』을 바로 이러한 국민도덕론의 흐름 위에서 논의했다.

둘째, 이노우에가 양명학을 서양, 특히 독일 철학의 관점에서 해석하였다는 점도 중요하다. 앞서 소개한 국민도덕론이 연구의 지향에 관한 것이었다면 이 특징은 연구의 방법에 관한 것이라고 하겠다. 이노우에는 도쿄대학교 철학과에 1기로 입학하여 철학과 정치학을 전공하고 졸업 후 1884년부터 1890년까지 독일 하이델베르크대학교와 라이프치히대학교에 유학한 뒤 일본 최초의 철학 교수가 되었다. 유학 후 이노우에는

48　井上哲次郎, 1900, 앞의 책, 2쪽.
49　井上哲次郎, 1900, 위의 책, 3-4쪽.
50　井上哲次郎, 1965, 「明治哲学界の回顧 結論 自分の立場」, 『現代日本思想大系 24 哲学思想』, 筑摩書房, 65-66쪽.

서양 철학의 소개자로 널리 알려졌고 그 과정에서 형이상(形而上) 등 여러 번역 개념을 만들어냈다. 그의 철학에는 서양 중에서도 특히 독일 철학의 영향이 결정적이었는데, 일본 철학사를 재구성하는 그의 작업도 독일 철학의 틀을 이용하여 진행되었다. 이러한 특징은 『일본 양명학파의 철학』에서도 현저한데, 예를 들어 나카에 도주의 우주론에 대해서 그가 "일원적 세계관"을 가지고 있었는데 그중에서도 "유심적"인 것이었다고 설명한 구절에 각각 monostische weltanschanung과 idealistisch라는 독일어 원단어를 덧붙였다.[51] 이러한 현상은 인격이나 자유 개념을 사용할 때도 반복되었는데[52] 이는 이노우에가 독일 철학의 틀을 가지고 양명학을 이해했음을 보여준다. 이러한 이해 방식은 철학 개념만이 아니라 철학자를 다룰 때에도 보이는데 소크라테스 그리고 예수가 비교의 대상으로 등장하곤 했던 것이 그 예이다.[53] 일본에서는 미야케의 작업에서부터 서양의 철학이라는 시좌를 가지고 양명학을 해석하기 시작했는데 전문가인 이노우에의 단계에 이르러 이 작업이 학문적 수준에 이르렀다고 할 수 있을 것이다.

이상의 고찰을 통해 메이지 일본의 양명학과 메이지유신의 정합적 이해는 메이지 청년 세대의 창조 이래로 연속성을 가지고 전개되어 메이지 말기에 이르면 이노우에 등의 주류 학계에서도 인정을 받게 되었음을 알 수 있다. 이러한 양명학과 메이지유신의 관계 설정은 앞서 본 논자들이 언론인이나 학자였던 것에서 예상할 수 있듯이 신문, 강의, 연구서 등

51　井上哲次郎, 1900, 앞의 책, 45쪽.
52　井上哲次郎, 1900, 위의 책, 53쪽과 60쪽 참조.
53　井上哲次郎, 1900, 위의 책, 95쪽 참조.

을 통해 일본 국내에 퍼져나갔다. 이에 더하여 1896년에 대중잡지인 『양명학(陽明學)』이 창간됨에 따라 일본 양명학은 안정적인 기반을 가지고 전면적인 발신을 지속하게 되었다.

또한 주목해야 할 점은 이러한 발신이 일본 국내에 한정되지 않았다는 점이다. 주지하다시피 러일전쟁을 전후한 시기부터 서양에 대한 일본의 자기 발신이 활발해졌는데 이러한 발신의 일환으로 메이지 일본의 양명학 이해는 세계적으로 퍼져나갔다. 예를 들어 1904년에 오카쿠라 덴신[岡倉天心]은 The Awakening of Japan을 발표하여 서양에 메이지 일본의 성취에 대해서 설명하였다. 그는 이 책의 4장 「안에서부터의 소리」에서 유신의 진정한 원인은 서양의 자극이 아니라 내부적인 것이라 주장했다. 이 내부적인 원인의 두 번째로 양명학자들이 거론되었다. 예를 들어 "사쓰마, 조슈라면 현대 일본의 대정치가가 모두 그 출신인데, 이 두 번이 이 학파(양명학파)의 주된 피난처였다는 점은 의미 깊다. 청일전쟁과 러일전쟁에서 이름을 떨친 육해군 대장 중 많은 사람이 왕양명의 주의를 갖춘 젊은이로 키워졌다"라고 썼다.[54] 더 나아가 이렇게 재해석된 양명학을 서양 사상과 연결하여 이해하는 움직임도 나타났다. 거의 같은 시기에 우치무라 간조[內村鑑三]는 Representative Men of Japan을 발표하였는데, 이 책에서 사이고 다카모리를 설명하는 중에 "왕양명은 중국 철학자 중에 이 양지와 인자하면서도 준엄한 천리에 대한 위대한 학설에 있어서 아시아에서 함께 기원한 극히 준엄한 신앙에 가장 가까운 곳에 달한 사람이었다"라고 하여 사이고 다카모리의 사상적 기반으로 제시된 양명학을 기독교와 연결하여 설명하는 논의를 전개

---

54 Okakura Kakuzo, 1904, *The Awakening of Japan*, The Century Co. p. 81.

하였다.[55] 결국 청일전쟁을 전후한 시기에 등장해 지속적으로 전개된 양명학과 메이지유신을 연결하는 담론은 일본 국내에서 널리 확산되었을 뿐만 아니라 러일전쟁을 전후한 시기에 이르러 일본을 넘어 국외로 활발하게 전해지기에 이르렀다.

V. 조선의 유교와 메이지유신 이해: 애국계몽기

주지하듯이 애국계몽기의 대한제국에는 국가와 민족의 현실과 전망에 대하여 다양한 세력들의 논의가 한우충동했다.[56] 특히 이 시기는 다수를 점한 유교 지식인들도 근대의 영향을 인정하면서 논의에 참가했다는 점에서 이전 시기와 차별성이 있는데, 이들에게 유교와 근대의 관계 설정은 핵심적인 문제였다. 따라서 일본에서 제시하는 유교와 정합적인 메이지유신의 상은 강력한 소프트 파워를 가질 잠재력이 있었다. 게다가 유교와 메이지유신의 관계에 대한 관심은 중국도 마찬가지였기 때문에 캉유웨이나 량치차오 등 중국 지식인들을 통해 한역된 일본 관계 정보가 쏟아져 들어옴에 따라 유교와 메이지유신에 대한 이해는 더욱 심화될 가능성이 있었다. 그러나 다른 한편으로 제2차 한일협약으로 대한제국의 외교권을 침탈한 결과, 일본의 제국주의적 성격이 더욱 명확해졌다. 이러한 제국주의 침략자 일본이라는 인식은 모델로서의 일본의 매력을 증오로 바꿀 만큼 강력한 영향을 미쳤다. 주지하듯이 신채호가 한국

---

55 Uchimura Kanzo, 1908, *Representative Men of Japan*, The Keiseisha, p. 8.
56 이 시기의 다양한 논의들에 대해서는 김도형, 1994, 『대한제국기의 정치사상연구』, 지식산업사를 참조.

민족주의의 기초를 만드는 과정에서 동양주의를 신랄하게 비판한 것은 이러한 소프트 파워의 파탄의 일단을 보여준다. 그럼에도 불구하고, 제국주의에 대한 저항을 비껴서 유교와 연결된 일본의 소프트 파워가 영향을 미치는 두 가지 경로가 나타났다.

첫째, 오가키 다케오[大垣丈夫]의 영향으로 메이지유신과 유교에 관한 논의가 적지 않은 개신 유학자들에게 소개되어 환영받았다. 일본의 젊은 아시아주의자인 오가키는 대한자강회와 대한협회의 고문이자 당시의 영향력 있는 외국인 논자로 애국계몽기에 서울을 중심으로 활약하였는데 그는 유교와 메이지유신의 관련에 대하여 다음과 같이 주장하였다.

> 무릇 우리 일본 문명은 비유하자면 유교의 신체에 서양 과학의 의복을 감은 것이라 하루아침에 새롭게 만들어진 것이 아니다. 보라. 전국 수백만 명의 학생에게 훈시한 교육칙어는 유교의 신수(神髓)로 만들고 국민 정신의 기초를 충효라는 말에 두었으니 누가 유교를 유해무익하다 할 것인가. 특히 문명 이래 국민의 뇌수(腦髓)에 침륜(沈淪)한 유교의 대의는 하루아침에 폐지할 것이 아니다.[57]

오가키는 메이지유신을 통해 만들어진 당시의 일본 문명을 유교와 서양 과학의 조화로 설명한다. 그중에서도 유교가 신체로 표현되어 서양의 과학보다 더욱 본질적인 것으로 제시되었다. 이러한 유교의 중요성을 증명하는 예로 든 것이 교육칙어와 충효였고, 일본의 사례는 유교 대의를 폐지하지 않아야 할 일반적인 이유로 제시되었다. 이 글이 《대한매

---

57 大垣丈夫, 「論儒者之通弊明孔孟之眞意」, 《대한매일신보》, 1906년 6월 21일, 3면.

일신보》에 소개되었을 때 오가키가 소개한 유교를 기초로 한 근대국가 건설 과정으로서의 메이지유신 이해는 당대의 개신 유학자들의 사상적 필요를 정확하게 만족시켜주었다. 또한 오가키는 40~50년 전의 일본도 미개했는데 야마토혼[大和魂]을 발휘하여 서양 문명을 배우고 더 나아가 구미를 능가했다고 하며 한국도 한국혼(韓國魂)을 발휘하여 일본과 같은 성과를 얻어야 할 것이라고 연설하는 등 대한제국이 일본의 메이지유신 모델을 받아들이도록 하기 위한 활동을 전개하였다.[58]

그런데 이후 오가키가 유교와 근대의 문제에 대하여 앞에 인용된 추상적인 담론의 제시를 넘어 보다 구체적이고 실용적인 형태로 논의를 전개한 흔적은 보이지 않는다. 이러한 중단은 첫째, 그의 사상적 지향과 관련 있을 듯하다. 한 예로 오가키는 신문기자 시절이던 1890년에 『덕의론(德義論)』이라는 소책자를 출판하였는데 그 마지막 부분은 다음과 같다.

> 인간이라는 동물은 그 사회에서 서식함에 명예의 훼손과 영욕의 감정을 없애려고 하여도 없앨 수 없는 존재이다. 시비득실의 판단을 할 수밖에 없는 존재이다. 이미 이런 상황에서 시비를 보아도 명예의 훼손을 보아도 노란색의 안경만을 이용해서도 붉은색의 안경만을 이용해서도 안 된다. 흰색, 빨간색, 보라색의 여러 색깔의 안경을 사용하면 진정한 진리를 발견할 수 있게 된다. 진정한 진리를 발견하면 멋대로인 동물인 인간은 명예를 위해서, 사적인 이익을 위해서 덕의를 어기지 않음에 이르는 존재가 된다. 따라서 우리가 사람들에게 가장 바라는 것은 시각에 여러 색의 변종이 있음을 알고 한쪽의 색에 미혹되지 않아서 덕

---

[58] 윤효정, 1906년 7월, 「본회회보」, 『대한자강회월보』 제1호, 25~26쪽.

의를 지켜야 하는 이유를 발명하는 것을 절실히 기원할 뿐이다.[59]

오가키는 지방 신문 등의 예를 들면서 메이지시대의 도덕적 타락을 반복적으로 비판하면서 그 극복을 위한 대안을 위와 같이 제시하였다. 이 마지막 단락에서 그는 진리와 도덕의 직접적인 관련성을 전제로 하여 진리를 발견하는 방법론을 제시하고 있는데 그것은 다양한 시각에서 사안을 파악해야 한다는 경험주의적인 논의였다. 그가 공부했던 게이오의 영국적 학풍을 고려하면 그가 속한 학맥의 전형적인 논의라 할 수 있다. 본고의 주제와 관련하여 중요한 점은 이 소책자에서 당대의 덕의에 대한 교육을 설명하는 중에 충신효자에 대한 언급이 두 차례 나오기는 하지만,[60] 덕의에 대한 오가키 자신의 주장 속에는 공자, 맹자, 사서를 포함한 유교적 담론이 전혀 보이지 않는다는 것이다. 즉, 오가키는 덕의라는 주제를 논의하는 중에서도 유교를 살펴볼 가치가 있는 체계로 보지 않았던 것 같다. 따라서 그가 대한제국에서 유교와 메이지유신의 정합성을 논의했을 때도 그 논의가 얼마나 그의 신념을 반영하고 있었는지 의문의 여지가 많고, 따라서 대한제국에서 유교를 강조하는 논의를 전개할 강력한 의도가 있었는지도 의심스럽다.

둘째, 유교에 대한 그의 논의의 단절은 의도 이전에 능력 때문에 이미 결정되어 있었던 듯하다. 유교와 메이지유신의 정합적 관계가 조선의 유교적 지식인들에게도 사상적으로 의미가 있으려면 유교와 서양을 아우르는 사상적 보편성이 제시될 필요가 있었는데 이 작업에는 유교에 대

---

59 大垣丈夫, 1890, 『德義論』, 醉香堂, 22쪽.
60 大垣丈夫, 1890, 위의 책, 3쪽.

한 깊은 이해가 필요했다. 그런데 오가키에 대한 전기적 연구에 의하면 그가 유교를 본격적으로 공부한 흔적이 전혀 발견되지 않는다.[61] 오가키는 1862년생이므로 본격적인 교육을 메이지유신 이후에 받았다. 예를 들어 그가 후쿠자와와 같이 1835년생이라면 기록에 남지 않았더라도 칸세 이학의 금 이후 정통 사상으로 인정받고 있던 주자학을 공부했을 가능성이 크다. 그런데 오가키 세대라면 앞서 다카세의 경우에서처럼 대학 전공 등 특별한 계기가 없었다면 유교를 본격적으로 공부했을 가능성은 무척 낮다. 따라서 오가키는 당대의 일반적인 지식인 이상으로 유교에 대한 이해를 갖추기 어려웠을 것이고, 그가 제시한 메이지유신과 유교의 정합적 관계의 상은 나카무라 마사나오와 같은 깊이를 갖춘 논의라고 보기 어렵다. 앞서 인용한 문장에서 메이지 일본의 유교적 특징을 나타내는 예가 근대 천황제의 국민도덕의 핵심으로 재구성된 교육칙어와 충효 개념에 머물고 있는 점은 그의 유교 이해의 한계를 간접적으로 증명한다.[62] 그런데 오가키가 대한제국에 관한 논의에서 관심도 적고 이해도도 낮은 유교에 관한 논의를 제시한 것은 그가 아시아주의에 끌리고 있었다는 점을 고려하면 결코 예외적인 현상이 아니었다. 일본의 아시아주의자들의 논의에서 한국과 중국을 유교의 나라로 이해하고 정치적 목적을 달성하기 위하여 일본의 유교적 특징을 강조하는 사례가 빈번한데 그의 행동도 한 전형으로 이해할 수 있을 것이다.

---

61 오가키의 성장과 학문의 배경에 대해서는 池川英勝, 1985년 10월, 「大垣丈夫について: 彼の前半期」, 『朝鮮学報』 117호, 65-84쪽을 참조.
62 오가키의 유교 이해와 메이지 일본 경험의 선전에 대해서는 池川英勝, 1986년 7월, 「大垣丈夫の研究; 大韓自強会との関連を中心として」, 『朝鮮学報』 119·120호, 551-552쪽을 참조.

결국, 애국계몽기에 유교적 지식인들이 서양 근대를 받아들일 준비가 되었을 때 오가키는 유교와 메이지유신의 정합적 관계를 제시하여 한때 크게 환영을 받았으나 그의 논의는 메이지유신을 겪은 세대에서 보이는 두 문명의 사상에 대한 깊은 이해에 기초한 것이 아니라, 메이지 일본의 필요에 따라 변형된 유교의 논의에 그쳤으므로 유교와 메이지유신의 본질적인 정합적 관계에 대한 인식은 끝내 발신되지 못했고 따라서 수신되지 못했던 것이다.

둘째, 일본 근대 양명학의 수용과 변용이 나타났다. 애국계몽기에 일본은 신기선(申箕善) 등의 대동학회(大東學會)를 내세워 유림계를 친일화하려는 정치 공작을 전개하였다. 이에 대항하여 신채호와 같은 논자는 동양주의와 유교주의를 버렸지만, 유교에 대한 신념을 유지한 채 민족주의에 기초한 저항을 지향한 세력도 있었다. 이러한 흐름을 대표하는 논자가 박은식이었다. 박은식은 전형적인 주자학자로 출발했지만 1898년 무렵부터 시대의 변화를 인정하고 조선도 변화하여야 함을 받아들였다. 그리고 1905~1910년 사이에 그는 《대한매일신보》나 『서우』 등을 통해 대한제국의 개혁을 위한 논의를 활발히 전개했는데 특히 경술국치 직전에는 유교의 개혁에 대하여 활발하게 논의했다.

박은식은 1904년에 『학규신론(學規新論)』을 썼는데, 「국운이 학문과 관련됨을 논함[論國運關文學]」이라는 장에서 학문이 발달하여 국운이 흥한 나라의 한 예로 일본을 들고 다음과 같이 평가했다.

> 일본은 30년래 신학문이 날로 흥하여 학문 분야, 유형의 구별, 그리고 절목이 번다해졌다. 관립과 사립의 대·소학교의 많음이 3만여 곳에 이르렀다. 이에 따라 국민의 생산이 날로 늘고 국가의 세력이 날로 강

해져 그 공과 효과의 신속함이 실로 천하 고금에 미칠 수 없는 바가 되었다.[63]

이러한 일본 학문에 대한 관심은 박은식이 1909년 「유교구신론」을 저술하는 등 유교 개혁에 대한 논의를 전개함에 발맞춰 일본의 유교에 대한 관심으로 이어졌다. 1909년에 일본 양명학회 주간 아즈마 게이지[東敬治, 1860~1935]에게 보낸 서한에는 아래와 같은 문장이 보인다.

> 대개 양명은 공맹의 학을 활용한 자이다. 귀국 제현은 또한 양명의 학을 활용한 자이다. 따라서 유신의 호걸 중 많은 수가 양명학파[姚江學派]였고 그 실효의 발전이 중국[支那]보다 훨씬 뛰어났다.[64]

박은식은 여전히 메이지유신을 높게 평가하였을 뿐만 아니라 그 정신적 배경으로 유교, 그중에서도 양명학의 존재를 거론하기 시작했다. 이러한 입장은 다음 해인 1910년에 『왕양명실기(王陽明實記)』의 출판으로 이어졌다. 이 책의 서에서 박은식은 "일본 유신 호걸의 다수가 왕학파"라 소개하고, 이어 논의에 참고한 서적으로도 『전습록』, 『명유학안』과 같은 전근대의 필수 문헌과 함께 다카세의 『왕양명상전(王陽明詳傳)』을 들었다.[65] 이 책은 다카세가 박사 학위를 받기 2년 전인 1903년에 간행한 책

---

63 박은식, 1904, 『학규신론』, 박문사, 23쪽.
64 박은식, 1975, 「再與日本哲學士陽明學會主幹東敬治書」, 『박은식전서(하)』, 단국대학교출판부, 236쪽.
65 백암박은식선생전집편찬위원회 편, 2002, 『白巖朴殷植全集(제5권)』, 동방미디어, 124쪽.

으로, 앞서 소개한 그의 저서에 이어 이노우에와 공유하는 근대 양명학의 이해를 다시금 명확히 드러내었다. 실제로 박은식은 저서에서 일본 양명학이 주장하는 나카에 도주에서 요시다 쇼인, 그리고 사이고 다카모리로 이어지는 일본 양명학의 계통을 소개했다. 이 시기 박은식의 양명학과 메이지유신에 대한 이해는 메이지 일본의 가공물에 영향을 받고 있었다고 평가할 수 있다. 이러한 수용은 물론 부정확한 사실에 근거했다는 의미에서 적지 않은 문제를 포함했지만, 한편으로는 주체적인 수용이었기 때문에 논의의 문제점을 극복할 방향성도 제시했다. 즉, 박은식은 일본 근대 양명학에 보이는 유교와 메이지유신의 결합이라는 인식을 무비판적으로 받아들였지만 대한제국의 현실에 기초하여 그가 제기한 유교개혁론의 한 부분으로 이를 이용하였다는 점에서 주체적으로 활용하였다.[66] 예를 들어 「유교구신론」은 대한제국의 유교에 대하여 3가지 문제를 제기하는데, 일본 근대 양명학은 그중 세 번째인 간단하고 쉬우며 직접적이고 절실한[簡易直切] 방법을 필요로 하지 않고, 흩어지고 방만한[支離汗漫] 공부를 오로지 숭상하였다고 학풍과 학문 방법의 어긋남에 대한 대안으로 논의되며 전체 체계의 일부로 편입되었다.[67] 다음 세대인 정인보의 경우를 보면, 1933년에 연재한 「양명학연론(陽明學演論)」에서 주체적 방법은 계승하면서도 일본 양명학의 계통 등은 더 이상 언급하지 않는 등 일본 근대 양명학의 담론을 극복하는 특징을 보였다.[68] 이러한 성취는 박은식이

---

[66] 박은식의 일본 근대 양명학 수용과 극복에 대해서는 최재목, 2004, 「박은식의 일본양명학의 관련성」, 『일본사상』 제8호, 117-144쪽과 이혜경, 2015, 「박은식의 양명학 해석: 다카세 다케지로와의 차이를 중심으로」, 『철학사상』 제55권, 3-31쪽 참조.
[67] 박은식, 1975, 「유교구신론」, 『박은식전서(하)』, 단국대학교출판부, 46-48쪽.
[68] 정인보, 1983, 「양명학연론」, 『舊園鄭寅普全集(2)』, 연세대학교출판부, 113-242쪽.

한국 근대 양명학 이해의 출발점에서 보여준 자세 때문에 가능했다고 하겠으나, 정인보가 조선학의 문제의식에서 출발하여 스스로가 양명학자로 생각하지 않았던 인물을 양명학의 계보에 넣는 등의 무리한 역사의 재구성을 실행한 점을 보면 내용이 아닌 방법에서는 일본 근대 양명학의 그림자가 여전히 보인다는 점도 함께 지적해야 할 것이다.[69]

VI. 맺음말

일본의 메이지유신은 유교가 존재했기 때문에 가능했지만, 이 사실은 널리 인식되지 못했을뿐더러 길게 기억되지도 못했다. 청일전쟁 이후 동아시아에서 일본이 강력한 소프트 파워를 가지게 되었는데 유교와 메이지유신의 조화로운 관계에 대한 발신은 근대국가의 필요에 맞추어 유교를 변형한 작업의 결과물, 예를 들면 교육칙어 등이 중심이었고 메이지유신의 변혁 과정에서 중대한 역할을 한 유교와 서양 근대의 본질적인 유사성 등은 거의 발신되지 못했다. 한편 한국에서의 수신에도 적잖은 문제가 있었다. 메이지유신을 직접 겪은 세대와 접촉이 가능했던 시기에는 유교에 대한 이해가 모자란 청년층의 한계가 명확했고, 유학자들이 근대를 받아들이는 움직임을 보여 유교와 메이지유신의 관계에 대해서 새롭게 생각할 수 있는 준비가 갖추어진 애국계몽기에는 일본에서 이미

---

69 정인보는 조선 양명학파를 세 부류로 나눴는데 그중 세 번째 부류에 대해서 "양명의 학을 일언반구도 제급(提及)한 적이 없고 존봉함은 주자[晦庵]에 있다, 그러나 양명을 말하지 아니하되 그 생평주장의 주뇌(主腦)되는 정신을 보면 두말할 것 없이 양명학임을 알 수 있는 이들이다"라고 서술했다. 정인보, 1983, 위의 책, 211쪽.

보편성에 기초한 발신이 약화된 상황이었다. 대한제국의 일부 지식인이 근대 양명학 등 일본이 창조한 관련 담론을 스스로의 필요에 따라 이용하는 등의 작업은 나타났지만 이러한 작업은 유교와 메이지유신의 정합적 관계에 대한 오해에 기초해 있었다.

본문의 내용, 그리고 이상의 정리가 서론에서 제기한 세 질문 중 앞의 두 질문, 즉 '청일전쟁을 전후하여 일본은 메이지유신에 기초한 자신들의 모델을 어떻게 이해했으며 어떻게 이를 동아시아 지역으로 발신했는가?', '청일전쟁 이후 동아시아 지역에서 일본의 소프트 파워의 우위가 확립되는 과정에서 유교적 특징에 관한 어떠한 이해와 오해가 나타났는가?'에 대한 대답이다.

마지막으로 본문의 내용을 음미하는 과정을 통해 '일본 우위로 고착된 동아시아 소프트 파워 시스템에서 유교가 차지하는 위치는 이 지역이 가지는 문명적 특징을 정확히 반영하는 것이었는가?'라는 질문에 대답해보자. 메이지 일본에서 유교는 결국 국가 권력이 부분적으로 동원하거나 새로운 세대가 정치적 필요성에 따라 재구성하는 상황에 처해졌다. 메이지유신 과정에서 실제로 등장한 유교와 서양 근대의 문명을 뛰어넘는 대화나 사색은 잊혀져 일본이 제시하는 소프트 파워에는 누락된 결과 동아시아 문명, 그리고 그 핵심인 유교의 특수한 부분과 보편적인 부분이 어디인지를 역사적 경험에 기초하여 정위할 수 있는 기회는 사라지고 말았다. 현재 동아시아 각국에서 활발한 유교와 민주주의와 같은 서양 근대와의 관계성 재고에 대한 연구는 역사적으로 보면 1세기 반을 묵힌 지역의 숙제를 해나가는 과정의 일부라 할 수 있을 것이다.

참고문헌

• 사료

『고종실록』

박은식, 1904, 『학규신론』, 박문사.

_____, 1975, 『박은식전서(하)』, 단국대학교출판부.

백암박은식선생전집편찬위원회 편, 2002, 『白巖朴殷植全集(제5권)』, 동방미디어.

서재필, 「회고 갑신정변」, 《동아일보》 1935년 1월 1일.

유길준전서편찬위원회 편, 1971, 『유길준전서 4·5』, 일조각.

윤치호, 1968, 『윤치호일기』, 국사편찬위원회.

윤효정, 「본회회보」, 『대한자강회월보』 제1호, 1906년 7월.

이헌영, 1977, 『일사집략』(『해행총재』 11집), 민족문화추진회.

정인보, 1983, 『詹園鄭寅普全集(2)』, 연세대학교출판부.

최익현, 持斧伏闕斥和議疏(丙子正月二十二日).

吉野作造, 1927, 「わが国近代史における政治意識の発生」, 『政治学研究: 小野塚教授在職廿五年記念』 제2卷, 岩波書店.

大垣丈夫, 1890, 『德義論』, 醉香堂.

_____, 「論儒者之通弊明孔孟之眞意」, 《대한매일신보》 1906년 6월 21일.

井上哲次郎, 1900, 『日本陽明学派之哲学』, 富山房.

_____, 1942, 『釈明教育勅語衍義』, 廣文堂書店.

_____, 1965, 「明治哲学界の回顧 結論 自分の立場」, 『現代日本思想大系 24 哲学思想』, 筑摩書房.

「本會記事」, 『興亞會報告』 제18집, 1880년 10월.

Okakura Kakuzo, 1904, *The Awakening of Japan*, The Century Co.

Uchimura Kanzo, 1908, *Representative Men of Japan*, The Keiseisha.

• 연구

김도형, 1994, 『대한제국기의 정치사상연구』, 지식산업사.

김종학, 2017, 『개화당의 기원과 비밀외교』, 일조각.

박찬승, 1999, 「1890년대 후반 도일 유학생의 현실 인식: 유학생친목회를 중심으로」,

『역사와 현실』 31권.

박훈, 2014, 『메이지유신은 어떻게 가능했는가』, 민음사.

왕현종, 2003, 『한국 근대국가의 형성과 갑오개혁』, 역사비평사.

이윤상, 2003, 「대한제국기 국가와 국왕의 위상제고사업」, 『진단학보』 96권.

이혜경, 2015, 「박은식의 양명학 해석: 다카세 다케지로와의 차이를 중심으로」, 『철학사상』 제55권.

최재목, 2004, 「박은식의 일본양명학의 관련성」, 『일본사상』 제8호.

한영우외, 2006, 『대한제국은 근대국가인가』, 푸른역사.

鎌田浩, 2009, 「実学党の誕生」, 源了圓 編, 『横井小楠1809-1868 公共の先駆者』, 藤原書店.

高瀬武次郎, 1898, 『日本之陽明学』, 鉄華書院.

内田貴, 2018, 『法学の誕生: 近代日本にとって「法」とは何であったか』, 筑摩書房.

渡辺浩, 2010, 『日本政治思想史 十七~十九世紀』, 東京大学出版会.

_____, 2016, 『東アジアの王権と思想 増補版』, 東京大学出版会.

柳忠熙, 2018, 『朝鮮近代と尹致昊: 東アジア知識人エトスの変容と敬能のエクリチュール』, 東京大学出版会.

明治史料研究連絡会 編, 1967, 『明治史研究叢書 第1集:明治政権の確立過程』, 御茶の水書房.

米原謙, 2003, 『徳富蘇峰: 日本ナショナリズムの軌跡』, 中央公論新社.

山村奨, 2019, 『近代日本と変容する陽明学』, 法政大学出版局.

森川輝紀, 1987, 『近代天皇制と教育: その問題史的検討』, 梓出版社.

_____, 2003, 『教育勅語への道』, 三元社.

小島毅, 2017, 『儒教が支えた明治維新』, 晶文社.

苅部直, 2017, 『「維新革命」への道:「文明」を求めた十九世紀日本』, 新潮選書.

荻生茂博, 2008, 『近代・アジア・陽明学』, ペリカン社.

中野目徹, 2014, 『明治の青年とナショナリズム: 政教社・日本新聞社の群像』, 吉川弘文館.

池田勇太, 2013, 『維新変革と儒教的理想主義』, 山川出版社.

池川英勝, 1985년 10월, 「大垣丈夫について: 彼の前半期」, 『朝鮮学報』 117호.

_____, 1986년 7월, 「大垣丈夫の研究: 大韓自強会との関連を中心として」, 『朝鮮学報』 119·120호.

河野有理, 2011, 『明六雑誌の政治思想: 阪谷素と「道理」の挑戦』, 東京大学出版会.

和崎光太郎, 2017, 『明治の〈青年〉: 立志・修養・煩悶』, ミネルヴァ書房.

Dongkook, Kang, 2015, "Toward a Trans-Civilizational Perspective on Good Democracy: A critique of Maruyama masao's Understanding of Confucianism and Democracy", Insub Mah and Heeok Lee eds., *The Search for Good Democracy in Asia: Essays on Politics and Governance*, New Delhi: Manak Publications Pvt Ltd.

8장

근대 '개화'의 수용과 정치 변동
(1876~1895)

김종학
국립외교원 교수

I. 머리말

　이 글의 목적은 1876~1895년까지 '개화'라는 말이 조선 사회에 전파되어 정착한 양상을 살펴보고, 이를 바탕으로 이 시기의 정치 변동 과정과 그 의미를 재해석하는 데 있다. 1960년대 후반부터 본격적으로 제기되어 학계의 주류 담론이 된 내재적 발전론에 따르면, 개화 사상은 조선 후기 실학이 개항기의 국내외 상황에 조응하여 진화한 자주적 근대화 사상으로 정의되며, 이는 다시 개항 이후 정치 변동 과정을 설명하는 유력한 해석 틀을 제공하였다.[1] 이와 같은 실학-개화 사상 담론이 당면해 온 난제 중 하나는 '개화'라는 말의 어원에 관한 것이었다. 그것이 만약 개항 이후 수입된 외래어라고 한다면, 개화 사상이란 곧 조선 후기 지성계의 내재적 발전의 산물이라는 선험적 전제와 다소 모순되기 때문이다. 이에 따라 '개화'는 '개물성무(開物成務)'와 '화민성속(化民成俗)'의 준말이라는 견해가 일반적으로 받아들여졌다. 이는 각각 『주역(周易)』「계사전(繫辭傳)」과 『예기(禮記)』「학기(學記)」에서 인용한 구절로, '만물의 이치를 밝혀 천하의 사업을 성취한다'와 '백성을 교화해서 선한 풍속을 이룬

---

*　이 글은 서울대학교 규장각한국학연구원, 『한국문화』 제90호, 2020에 게재된 동명의 원고를 전재한 것이다.
1　김영호, 1969, 「近代의 새벽: 開化思想」, 『韓國現代史』 6, 신구문화사, 32쪽. "최근에 와서 실학사상과 개화사상이 내면적으로 서로 밀접히 연결되어 있다는 견해가 제기되고 있다. 필자는 이것을 매우 주목할 만한 문제 설정이라고 생각하고 있다. 만일 실학과 개화사상을 아주 설득력 있게 연결시킬 수가 있다면 그것은 곧 전통의 내부에서 근대화로 이어지는 주체적인 자기전개(自己展開)의 한 논리를 말해주는 것이요, 아울러 전통과 근대의 단절사관을 극복할 수 있는 한 풍토를 열어주는 셈이 되는 것이다."

다'라는 뜻이다.²

하지만 '개화'의 전파와 유행 양상을 실증적으로 분석한 최근의 연구들은 이와 같은 통설에 근본적인 의문을 제기한다. 그것들은 '개화'라는 말이 개항 이후 일본으로부터 수입된 구체적 경로를 보다 분명하게 제시하는 한편,³ 그 사용 빈도 또한 점진적으로 증가한 것이 아니라 1894년을 기점으로 급증한 사실을 입증한다.⁴ 다른 한편으로 근대 정치 변동을 개화 사상의 발전과 그 구현 과정으로 설명해온 역사 내러티브에 관한 지식사회학적 분석도 이뤄졌는데, 갑신정변 직후 일본의 후쿠자와 유키치[福澤諭吉]가 조선 정치사를 '독립(獨立) 대 사대(事大)'의 이항 대립으로 해석하는 역사관을 창안하였으며,⁵ 대한제국 말기와 일제강점기를 거치며 이인직, 이광수, 최남선 등이 이를 '개화 대 수구'의 역사 프레임으로 확대했다는 주장이 설득력 있게 제시됐다.⁶ 이는 개항 이후 형

---

2   그 용례 가운데 가장 유명한 것은 1898년 9월 23일자 《皇城新聞》의 "客이 余다려 問호여 曰 開化라호는 者는 何物을 指홈이며 何事를 謂홈이뇨 余ㅣ 應호여 曰 開物成務호며 化民成俗을 開化라 謂호느니라"라는 구절이다. 이러한 풀이는 이미 1894년부터 나타나기 시작했는데(각주 43번 柳冕鎬의 상소 참조), 여기서 보다 본질적인 질문은 '개화'의 의미 자체가 아니라, 그 의미에 관한 해석이 시작된 시점(時點)에 있다.
3   김윤희, 2008, 「갑신정변 전후 '개화' 개념의 내포와 표상」, 『개념과 소통』 1-2, 83-92쪽; 김종학, 2017, 『개화당의 기원과 비밀외교』, 일조각, 346-362쪽; 장인성, 2017, 『서유견문: 한국 보수주의의 기원에 관한 성찰』, 아카넷, 664-671쪽.
4   김영작, 2008, 「조선조 말기의 서구수용과 전파양상에 관한 실증 연구: 문명개화, 자주독립, 부국강병 의식의 구조를 중심으로」, 와타나베 히로시·김영작 공편, 『문명' '개화' '평화'』, 아연출판사; 노관범, 2019, 「개화와 수구'는 언제 일어났는가?」, 『한국문화』 87.
5   강동국, 2009, 「'사대주의'의 기원」, 『일본공간』 5.
6   류승렬, 2017, 「事大=守舊 對 獨立=開化의 二項對立의 近代敍事 프레임의 創出과 變容」, 『역사교육』 142.

성된 '개화' 관념과 정치 변동과의 관계를 추적하고, 또 조선의 정치사회적 콘텍스트 속에서 그것이 새로운 의미를 획득하는 과정에 관한 변증법적 접근의 필요성을 제기한다.

'개화'라는 말의 수용 과정은 크게 1876~1884년의 도입기(導入期)와 1894년 이후의 정착기(定着期)로 구분할 수 있다. 이 글의 제2절에서는 도입기를 다루되, 주로 일본의 외무 당국과 언론이 조선의 '개화'와 '개화당'을 처음 운위한 배경과 그것이 1881년 조사시찰단(朝士視察團)의 일본 방문을 계기로 조선 사회에 전파된 과정에 초점을 맞출 것이다. 단, '개화'의 수용사(受容史)에서 갑신정변은 일대 전기(轉機)가 되었지만, 이 사건의 경위와 이를 주도한 '개화당'의 정체는 이미 별도의 연구에서 상세히 다루었으므로,[7] 여기서는 논지 전개상 필요한 부분만 간략히 언급하면서 새로 발굴한 사료를 소개하는 데 집중하고자 한다.

제3절에서는 1894년 갑오개혁을 전후하여 '개화'가 정착되는 양상을 다룬다. 갑신정변의 실패 이후 조선 사회에서 터부시된 '개화'가 본격적으로 유행한 것은 1894년에 이르러서였다. '개화'는 갑오개혁의 이념이자 명분이었다. 일본 세력의 간섭하에 추진된 이 급진적 개혁에 대한 여러 사회 세력의 입장과 태도는 다양했는데, 이들은 그 이해관계와 미래에 대한 전망 및 기대에 따라 각기 '개화'의 의미를 전유(專有, appropriation)했다. 여기서는 해당 사회 세력을 군국기무처(軍國機務處)의 주축을 이룬 중인(中人) 출신 의원들, 김홍집(金弘集)·김윤식(金允植)·어윤중(魚允中) 등의 원로 대신들, 왕실, 민중(民衆)으로 분류한 후, 이들이 각기 '개화'를 어떻게 달리 해석하고 정치적 언어로 활용했는지 살펴보고 그것이 이 시

---

[7] 김종학, 2017, 앞의 책.

기 정치 변동 과정을 이해하는 데 갖는 의미를 고찰할 것이다.

II. '개화'의 초기 수용 과정

1. 근대 일본의 '문명개화(文明開化)'와 '개화당'이라는 호명

'개화'라는 말은 근대 일본에서 '서구화' 또는 '문명화'라는 의미로 처음 정의되고 유행했다. 그 계기는 후쿠자와 유키치가 버턴(John Hill Burton)의 *Political Economy for use in Schools and for Private Instruction*(1852)이라는 책을 『서양사정외편(西洋事情外篇)』(1868)으로 번역하면서 civilization이라는 단어를 '문명' 또는 '문명개화(文明開化)'로 옮긴 것이었다. 원래 civilization에는 정태적 의미의 '문명'과 그것에 도달하기까지의 과정이라는 동태적 의미의 '문명화'라는 2가지 뜻이 함축되어 있는데, 후쿠자와는 후자의 경우 '문명' 뒤에 '개화'를 덧붙임으로써 그 뉘앙스를 구분했다.[8] '개화'는 1870년대부터 '문명'과 분리되어 독립된 단어로 통용됐다. 처음에는 '열리다[ヒラケル]', '인심이 열린 모양[人心ノヒラケルアリサマ]', '아랫사람을 가르쳐 인도하는 것[下ヲオシエミチビクコト]' 등의 의미로 통용되다가 1880년대부터 '문명'을 대체하기 시작했다.[9]

---

8 丸山眞男, 김석근 옮김, 2007, 『문명론의 개략을 읽는다』, 문학동네, 96-132쪽.
9 惣郷正明・飛田良文 編, 1986, 『明治のことば辭典』, 東京堂出版, 51-52쪽. 이에 따르면, 사전류 중에선 1881년 발간된 『哲學字彙』에서 처음 '開化'의 의미가 'civilization'으로 정의되었다.

이와 함께 단선적 진보사관(進步史觀)에 입각해서 인류 사회를 문명, 반개(半開), 미개(未開)의 세 등급으로 구분하는 문명 발전 단계설이 유행했다.[10] 문제는 이에 따르면 일본의 문화 전통과 문물 제도는 기껏해야 반개에 지나지 않으며, 문명에 도달하기 위해선 기존의 삶의 방식을 모두 서양식으로 고쳐야 한다는 데 있었다. 이에 문명과 야만은 상대적 개념이며, 따라서 반개는 문명에 대해선 야만이지만 반대로 야만을 대할 땐 문명이 된다는 논리가 등장했다. 그 이면에는 상처 입은 민족 자존심을 주변국의 비하와 상대적 우월 의식을 통해 보상받으려는 심리가 내재돼 있었다.

> 이같이 3단계로 구별해서 그 상태를 기록하면, 문명과 반개와 야만 간의 경계는 분명하지 않다. 하지만 원래 이 명칭은 상대적인 것으로, 아직 문명을 보기 전에는 반개를 최상의 수준으로 여기더라도 무방하다. 이 문명도 반개에 대할 때만 문명이 되는 것이지만, 반개라고 해도 그 것을 야만과 대하게 한다면 또한 문명이라고 부르지 않을 수 없다.[11]

비록 현 시점에서 일본은 반개에 지나지 않지만, 야만의 단계에 안주하고 있는 중국과 조선에 대해선 문명을 자부할 수 있다는 이러한 논리는, 동아시아에서 일본의 지도적 지위를 정당화하는 것으로 이어졌다. 이러한 맥락에서 '개화'는 이미 1860년대 말부터 조선에 대한 일본의 지

---

10 함동주, 2001, 「근대일본의 형성과 역사상: 田口卯吉의 〈日本開化小史〉를 중심으로」, 『역사학보』 174, 176-181쪽.
11 福澤諭吉, 1875, 『文明論之概略』(福澤諭吉, 1959, 『福澤諭吉全集』 4, 岩派書店, 17-18쪽).

도와 간섭을 정당화하는 명분으로 사용되기 시작했다. 예컨대 1869년 일본 외무 당국은 태정관(太政官)에 조·일 간 전통적 교린 관계(交隣關係)를 근대적 조약 관계로 재편할 것을 건의하면서 그 명분을 '문명개화의 시세(時勢)'에서 구했다.

> 이처럼 전 세계 문명개화의 시세에 이르러, 조약을 맺지 않고 애매한 사교(私交)로 일개 번(藩)의 소리(小吏)들에게 처리하게 놓아두신다면, 황국(皇國)의 성문(聲聞)에 관계됨은 물론, 만국공법에 따라 서양 각국으로부터 힐문을 받을 때 변해(辨解)할 말이 없을 것입니다.[12]

이윽고 '개화'는 조·일 간 교섭 석상에도 등장하기 시작했다. 그 최초의 사례는 1876년 조일수호조규(강화도조약) 협상 당시 일본 전권변리대신 구로다 기요타카[黑田淸隆]가 접견대관 신헌(申櫶)에게 한 발언에서 찾을 수 있다. 다음 글은 구로다가 쓴 『사선시말(使鮮始末)』에서 인용한 것인데, 이 기록이 사실이라면 신헌은 '개화'라는 말을 처음 들은 조선인이었다.[13]

> 귀국 예전(禮典)에 관해선 이미 알고 있소. 하지만 일에 변통이 없어

---

12 日本外務省調査部 編, 1938, 『大日本外交文書』 2-2, 문서번호 488(이하 『日外』로 약칭).
13 이보다 앞서 역관 오경석(吳慶錫)이 일본 함선에서 문정(問情)을 하는 과정에서 "개화인을 만나서 개화의 이야기를 나누니 몹시 유쾌하다[開化ノ人ニ遇ヒ開化ノ談ヲ爲ス情意殊ニ舒ズ]"라고 말했다는 기록이 있다. 단, 이는 단편적 언급에 불과하고 또 필담 과정에서 일본식 표현으로 옮겨졌을 가능성도 있으므로 '개화'에 대한 오경석의 인식을 단언하기는 어렵다. 『日外』 9, 문서번호 6.

선 안 되오. 즉, 이 찻잔 같은 것도 차를 따르는 기물이지만, 다른 물건을 담는 데도 바꿔 쓸 수 있소. 세상의 개화[世ノ開化]에 따라선 일률적으로 구애되어선 안 되는 것이 있소. (중략) 비준 한 가지 사안을 귀국의 예전에 구애되어 변통하지 않고 끝내 교의(交誼)를 손상한다면 참으로 유감스러울 것이오.[14]

이후에도 일본 외무 당국은 조·일 관계의 근대적 개편을 정당화하는 근거로 종종 '개화'를 언급한 것으로 보인다. 그 가운데 조선 문헌에 기록된 첫 사례는 이시바타 사다[石幡貞]의 「증미리견지서(贈米利堅志序)」였다. 1877년 11월(음력) 당시 이시바타는 일본 대리공사 하나부사 요시모토[花房義質]의 수행원으로 송전(松田, 함경남도 문천) 개항에 관한 협상에 참여하고 있었다. 이 과정에서 조선 대표 김기수(金綺秀)에게 『미리견지(米利堅志)』라는 책을 증정하면서 그 서문을 써서 동봉한 것이다.[15]

처음 미국 사신 페리가 우리 나라에 왔을 때, 간혹 강개하고 분격하여 응징할 것을 크게 외치는 자도 있었다. 이윽고 저들과 화친하고 맹약함에 옛날에 오랑캐로 여겼던 자들이 우방(友邦)이 되었으니, 또한 시세가 변함에 세운(世運)이 개화(開化)한 효과가 많았다.[16]

---

14 黑田淸隆, 1876, 『使鮮始末』; 『日外』 9, 문서번호 21.
15 이시바타의 간략한 경력과 부산 재근 경험에 관해서는 허경진, 2010, 「일본 시인 이시바타 사다[石幡貞]의 눈에 비친 19세기 부산의 모습」, 『인문학논총』 15-1 참조.
16 "初米使百理之來我邦也 或有慷慨憤激 盛倡膺懲者 旣而與之和親盟約 昔之所爲夷狄觀者 則爲友邦 亦時勢變 而世運開化之效居多", 『倭使問答』 1, 丁丑年 11月, 「贈米利堅志序」, 서울대학교 규장각한국학연구원 소장(청구기호: 奎古5710-7-v.1-2) 참고로 『米利堅志』는 미국 교육학자 G. P. Quackenbos의 저서 *Illustrated school history of the United States and the adjacent parts of America*(1867

1881년 초 조사시찰단의 방일을 앞두고 일본의 일부 언론이 조선의 '개화당'을 운위하기 시작했다. 조일수호조규 체결 이후 양국 간에는 부산과 인천의 개항, 수출입에 대한 과세, 공사주경(公使駐京) 등 여러 외교 현안이 제기됐다. 이에 따라 일본 외무 당국은 조선의 젊은 관리들에게 자국의 문명개화의 실상을 견문하게 함으로써 조선 조정 내에 우호세력을 부식(扶植)하고자 했다.[17] 이러한 일련의 정책은 '개화'를 명분으로 입안되고 추진되었다. 따라서 이 시기 일본 언론이 호명한 '개화당'은 일본의 조선 정책에 협조할 것으로 기대되는 일파를 지칭하는 말이었다.

> 그 조정에서는 개화설이 뜻밖에 승리를 얻어서, 재상을 필두로 현관(顯官)들이 왕왕 그것에 좌단(左袒)했다. 국왕 또한 굳이 거절하지 않으니, 묘당의 방향이 대략 이것으로 정해져서, 마침내 개화당(開化黨)의 주창자 김옥균(金玉均), 이원회(李元會), 민종묵(閔鐘黙), 홍영식(洪永植), 박정양(朴正陽-원문), 어윤중(魚允仲-원문), 엄정창(嚴正昌-원문), 조준영(趙竣永-원문), 강문형(姜文馨), 이동인(李東仁)을 우리 나라에 파견하여 일본 개진(改進)의 규모를 모방해서 충분한 개정(改正)을 하며, (후략)[18]

를 1873년에 고노 미치유키[河野通之]와 오카 센진[岡千仭]이 번역, 출간한 책이다.
17 "이상은 (조사시찰단-인용자) 유람의 명분이지만, 실제로는 국왕으로부터 우리 나라의 정세를 시찰하라는 특지에 따라 파견되는 것이니, 이 일행이 곳곳에서 조선국 개화의 기본이 될 것입니다. 따라서 가능한 한 잘 대우해서 저들을 개안시키는 조처를 취하시길 바랍니다." 1881년 4월 23일 부산 주재 영사 곤도 마스키[近藤眞鋤]의 보고, 『日外』 14, 문서번호 127의 부속서 1.
18 "朝鮮開化ノ情況", 《朝野新聞》, 1881년 4월 29일.

오늘날 '개화당'은 일반적으로 김옥균과 박영효를 중심으로 갑신정변을 일으킨 결사를 가리키지만, 1881년 당시 일본 언론에서 언급한 '개화당'의 외연은 이와 일치하지 않았다는 사실에 유의할 필요가 있다. 이는 2가지 사실을 의미한다. 하나는 '개화당'이란 원래 일본 언론에서 임의로 붙인 이름이라는 것이다. 앞의 인용문에서 언급된 이들이 '개화당'이라는 정체성을 공유한 증거는 어디서도 찾을 수 없다. 다른 하나는 이때만 해도 훗날 갑신정변을 일으키는 '개화당'이 아직 이름 없는 비밀결사에 머물고 있었다는 것이다. 간혹 일본의 외교문서나 신문기사 등에서 김옥균 또는 이 결사를 '개화당'이라고 호명한 사례가 있지만, 앞의 조사시찰단의 경우와 마찬가지로 그 정체성에 큰 의미를 부여하기는 어렵다.[19] 김옥균이 분명한 정치적 의도를 갖고 '개화당'을 자처한 것은 1883년 가을 일본 외무성과의 차관교섭이 최종 실패한 후 후쿠자와 유키치 및 고토 쇼지로[後藤象二郞] 등 재야 세력과 정변 모의를 마친 뒤

---

[19] 예를 들어 1881년 1월 17일 곤도 마스키 부산 영사가 이노우에 가오루[井上馨] 외무경에게 올린 비밀 보고는 이재긍(李載兢)과 박영효, 김옥균, 서광범을 '개화당'으로 분류했다. 언론과 달리 외무 당국이 이 비밀결사의 실체를 정확히 파악할 수 있었던 것은, 그들이 외무성의 원조를 얻기 위해 스스로 정체를 드러내고 접촉을 시도했기 때문이다. "今般朝鮮人李憲愚ナル者潛カニ浦瀨裕ヲ紹介トシ下官ノ面會ヲ乞ヒ以テ付 (중략) 朝鮮國開化黨ノ第一流ナル李載兢[領議政ノ子卽國王ノ從兄ナル]朴泳孝[國壻卽錦綾衛ト稱スル者]金玉均徐光範ノ內命ヲ以テ密ニ東京ニ赴キ閣下與岩倉右大臣公トニ拜謁シ右四名ヨリ時々兩閣下ト內書往復スルノ一事ヲ請願シ"(東京都立大學付屬圖書館 所藏, 『花房義質關係文書』). 단, 앞에서 열거된 4인 모두 일본을 실지 견문하기 전이었다는 점에서, '개화당'이라는 것도 곤도의 일방적 호명이었을 가능성이 크다. 설령 이들이 '개화당'을 자칭했더라도 그것은 일본 외무 당국의 환심을 구하려는 방편에 지나지 않았을 것이다. 한편, 1882년 3월 김옥균의 첫 번째 도일을 전후하여 그를 조선 개화당의 영수로 소개하는 기사가 여러 신문에 실렸지만, 이때도 그 의미는 조선의 '개화'에 유용한 세력을 호명한 것에 가까웠다(《朝鮮新報》1882년 2월 15일, 3월 15일, 3월 25일;《京都新聞》1882년 3월 25일;《時事新報》1882년 9월 11일 등).

의 일이었다.[20]

2. '개화'의 도입

'개화'는 메이지 초기 일본 사회를 풍미한 말이었다. 따라서 일본의 언론과 외무 당국에서 일방적으로 조선의 '개화'와 '개화당'을 운위한 것과 별도로, 조·일 관계가 긴밀해지면서 이 말들은 조선에도 자연스럽게 전파되었다.

그 첫 번째 계기는 조사시찰단의 일본 방문이었다. 시찰단의 일원이었던 이헌영(李𨯶永)의 『일사집략(日槎集略)』에는 일본 외무경 이노우에 가오루와 회견한 일화가 기록되어 있다. 이 자리에서 이노우에는 '개화당'의 의미를 설명했다.

> 외국과 교통할 때 중론(衆論)의 난립이 없을 수 없소. 우리 나라는 예전에 개화당과 쇄항당(鎖港黨)이라고 불렸는데, 처음엔 나도 쇄항당이었다가 결국 개화당이 되었소.

그에 따르면, 1853년 '흑선(黑船)'의 내항을 계기로 서구 열강의 수교 통상 요구가 본격화하면서 일본의 여론이 분열되었는데, 그에 순응할 것을 주장한 일파를 '개화당'이라고 부른다는 것이었다. 몇 마디 다른 대화가 오간 후 이헌영도 '개화'를 언급했다. 그런데 그 의미는 이노우에가 말한 것과는 사뭇 달랐다.

---

20 김종학, 2017, 앞의 책, 353-355쪽.

귀국과 근년 다시 이웃 나라 간의 우의를 닦은 것이 도탑지 않은 것은 아니지만, 수백 년 전 일(임진왜란)로 미뤄 보면 어찌 의심이 없을 수 있겠소? 이 때문에 인민이 아직 믿고 복종하지 않아서 끝내 개화하기 어려운 것이오.

이헌영의 '개화'는 어리석은 백성을 개도(開導)하고 교화한다는 의미였다. 다시 말해서 이노우에와 이헌영의 '개화'는 서로 다른 말이었고, 그 의미의 차이는 10여 년이라는 짧은 기간에 조·일 양국이 밟아온 역사적 여정의 간극을 고스란히 반영하고 있었다.

일본 현지를 시찰하던 이헌영으로선 저들이 '문명개화'라는 명목으로 서구화 정책을 추진하고 있으며, 실제로도 어느 정도 성과를 거둔 사실을 모르진 않았을 것이다. 다만 전통적 유교 지식인의 언어 감각으로 납득하기 어려웠던 것은 자국의 문화 전통을 송두리째 부정하고 문물 제도를 모두 서구식으로 바꾸는 것이 '개화'가 되는 이유였다. 얼마 후 그는 요코하마 청국 이사서(理事署, 영사관) 역관 하야시 마타로쿠[林又六]를 만나 다시 '개화'의 의미를 물었다.

이헌영: 귀국에 들어온 뒤로 처음 '개화' 두 글자를 들었소. 개화의 설은 무슨 뜻이오?
하야시: 개화라는 것은 서양인의 설이요, 또 일본 서생의 설입니다. 예의(禮義)를 깨뜨리고 고풍(古風)을 무너뜨려 지금의 양풍(洋風)을 따르는 것을 득계(得計)로 여기는 것입니다. 예의를 지키고 고풍을 귀중히 여기는 자를 시속(時俗)에 밝지 않다고 하며 물리칩니다. 이는 서양인이 이웃 나라를 깨뜨리는 음계(陰計)인데도 관가의 고관 중에는

한 사람도 깨닫는 이가 없습니다.

이헌영: 그 말을 들으니 참으로 개탄스럽소. 예의를 버리고 이속(異俗)을 따르는 것이 어찌 '개화'가 되겠소?

하야시는 당시 일본 사회에서 통용된 '개화'의 의미를 서양 열강이 다른 나라를 수월하게 침략하기 위해 먼저 그 예의와 고풍을 무너뜨려서 자신들을 추종하게 만드는 음모라고 설명했다. 이 말은 '개화'의 의미에 관한 이헌영의 의혹을 크게 해소해주었다.[21] 이헌영과 함께 조사시찰단에 참여한 박정양(朴定陽) 또한 어전 복명하는 자리에서 '개화'를 "서양과 교통한 이후로 정법(政法)을 모두 서양인을 모방할 것을 주장하는 것"이라고 아뢰었다.[22] 이들은 예의와 고풍, 정법을 버리면 결코 나라가 제대로 설 리 없다고 믿었다. 따라서 이들에게 일본의 '개화'란 서양인의 음흉한 계략과 미숙한 서생의 방담(放談)을 분식하는 미사여구에 불과한 것으로 비쳤다.

그로부터 3년 뒤 '개화당'을 자처한 무리가 일본인과 결탁한 쿠데타를 시도해서 조선 사회에 큰 파란을 일으켰다. 이른바 갑신정변이었다. 하지만 그전에도 드물긴 하지만 '개화'라는 말이 전혀 쓰이지 않은 것은 아니었다. 그중에 가장 잘 알려진 것은 임오군란 직후 지석영(池錫永)이

---

21 본문의 이헌영과 이노우에, 하야시 간의 대화는 李𨯶永, 「問答錄」, 『日槎集略』(국사편찬위원회 편, 2009, 『敬窩集略』 上, 한국사료총서 제53집)에 수록되어 있다. 한편, 이헌영은 하야시의 설명을 듣고 크게 공감했던 듯, 자신을 외국인이라고 여겨 멀리하지 말고 부디 속내를 털어놓아 의혹을 해소해줄 것을 부탁했다. "第今日貴國之變更法度 一從泰西風俗 雖未知利害便否之何居 而上自縉紳 下至輿儓 無不稱善 而今君之言論 尙有不然底意 願君不以我外國之人而外之 必開言裏許 以解此惑如何".

22 한국학문헌연구소 편, 1984, 『朴定陽全集』 5, 아세아문화사, 24-25쪽.

상소에서 "의구심은 사라지고 비방하는 말도 얼음처럼 녹아서, 개화하고 태평한 날이 금방 올 것입니다"[23]라고 한 구절이다. 지석영은 1880년 제2차 수신사 김홍집의 수행원으로 도일한 경험이 있고, 귀국 후에도 일본인에게 서양 의학을 배웠으므로 자연스럽게 '개화'라는 말을 접한 것으로 보인다. 그럼에도 불구하고, 이 상소에서의 '개화'는 '문명개화'라기보다는 '백성의 견문이 트여서 외국과의 교제에 의구심을 품지 않게 되는 것' 정도의 의미로 쓰였다.

흥미로운 것은 김창희(金昌熙)의 사례이다. 그는 임오군란 후 청 장령의 접대 임무를 맡았는데, 당시 저술한 「육팔보(六八補)」라는 글에서 "또한 총명한 사람들은 외교의 일에 마음을 두고 개화의 의론에 기대서 왕성하게 관세의 이익과 배, 수레, 총, 대포의 제도를 설명한다. 하지만 그 요체를 알지 못하면 그 대충 아는 것으로는 국사를 망칠 뿐이다"라고 썼다.[24] 김창희는 일본 방문이나 대일 외교 경험은 물론 개화당과도 별 관계가 없었다. 그런데도 마치 전부터 '개화'를 알고 있던 것처럼 그 요체를 알려주겠다고 호기롭게 나선 것이다. 그의 경우엔 관왕묘(關王廟) 등에서 이뤄진 강필(降筆) 계시라는 도교식 신탁(神託)과 관계가 있는 것으로 보인다.[25]

---

23 『承政院日記』, 고종 19년 8월 23일, "疑懼之心瓦散 訛謗之說氷消 開化之期 昇平之日 可翹足而待也".

24 金昌熙, 1882, 「六八補」(한국문집편찬위원회 편, 1973, 『石菱先生文集』 1, 경인문화사, 264-326쪽), "亦有聰明之人 留心外交之事 自托開化之議 津津說關稅之利 舟車銃礮之制 然不得其要之所在 則其所粗知 適以償敗國事". 「六八補」는 임오군란의 수습과 조선의 재건 방책에 관해 청국인 장건(張謇)이 지은 「六策」과 이연우(李延祐)의 「八議」를 보완했다는 의미. 관련 연구로는 노관범, 2010, 「1880년대 김창희의 경세사상: 임오군란 직후 부강정책의 재설정」, 『한국사상사학』 35 참조.

25 김지현에 따르면, '개화'는 '삼성개화(三聖開化)'와 같이 도교에서 흔히 사용되던 용

이 밖에 1883년 10월 《한성순보(漢城旬報)》가 창간된 후 그 지면에서 간헐적으로 '개화'가 소개되었다.[26] 단, 1884년 12월 폐간되기까지 총 36호가 발행된 가운데 '개화'를 언급한 기사는 10건 정도에 불과하므로 빈도는 높지 않았다. 게다가 그중에서 '문명개화'의 형태로 쓴 것은 1건에 불과하며,[27] 또 '개화'의 의미에 관한 설명 없이 원래 어휘에 있는 말처럼 사용했으므로 아마도 조선인 대부분은 전통적 유교의 의미로, 일부는 도교적 의미로 이해했을 것이다.

3. '개화'의 잠복

갑신정변과 그 실패는 '개화'의 수용 과정에서 획기적인 사건이었다. 단, 여기서는 이 정변의 가담자들이 신분에 따라 '개화'를 어떻게 달리

어였다고 한다. 이는 '겁운(劫運)'이라는 도교적 종말론, 더 정확하게는 순환적 파괴와 생성의 시간관과 관계가 있는데, 파괴의 시간이 끝나고 새로운 우주가 열릴 때 이뤄지는 교화와 구원을 '개화'라고 불렀다는 것이다. 1879년 대왕대비 조씨와 왕세자가 각각 콜레라와 천연두에 걸렸을 때 그 처방을 이를 통해 구하는 등 왕실에서도 강필 계시에 많이 의존한 것으로 보인다. 또 왕실에서 큰 관심을 가졌던 만큼, 이최응, 민겸호, 김창희, 조영하, 류재현 등 당대의 손꼽히는 척신과 근신이 이 의식에 관계했다. 김창희는 그 핵심 인물 중 하나로서 1880년 삼성(三聖, 文昌帝君·孚佑帝君·關聖帝君)의 경전을 간행해서 보급하라는 어명이 내린 후 문창제군과 부우제군의 문집 『桂宮誌』와 『重響集』의 출간을 담당했다. 김지현, 2019, 「고종기 권선서의 개화: 관왕묘(關王廟)와 도덕 개화」, 2019, 규장각한국학워크숍 "개화란 무엇인가?" 발표문. 왕실의 관우 숭배와 관련해서는, 진령군(眞靈君)이라는 무당이 관우의 딸을 자칭하며 명성왕후의 큰 총애를 얻어 북악산 아래 새로 관제묘(關帝廟)를 짓게 했다는 일화가 전한다. 黃炫, 『梅泉野錄』(국사편찬위원회 편, 1955, 『梅泉野錄』上, 한국사료총서 제1집, 69쪽); 鄭喬, 1910, 『大韓季年史』(국사편찬위원회 편, 1957, 『大韓季年史』上, 한국사료총서 제5집, 20쪽).

26 김윤희, 2008, 앞의 논문.
27 "泰西運輸論", 《漢城旬報》 제12호(甲申正月二十一日).

이해했는지만 강조하고자 한다.

김옥균이 본격적으로 '개화당'을 자처한 것은 1883년 가을 이후의 일이었다. 당시 일본 외무성과의 차관교섭에서 최종 실패한 김옥균은 마지막 수단으로 고토 쇼지로[後藤象二郞]라는 인물과 정변을 공모했다.[28] 김옥균과 고토를 매개한 것은 다름 아닌 후쿠자와 유키치였다. '개화'는 후쿠자와의 상징(trademark)과도 같은 말이었다. 정변을 준비하고 실행하는 과정에서 '개화'는 그 대의명분이 되었고, '개화당'이라는 정체성은 곧 김옥균과 후쿠자와, 고토 간의 은밀한 결탁을 암시하고 있었다.

그런데 정변 가담자들은 신분에 따라 '개화'를 다른 의미로 받아들였다. 즉, 양반 영수들은 '개화'를 국왕 측근의 사이비 개혁론자를 몰아내고 자신들이 주도할 '참된 개혁'의 의미로 썼다.[29] 그에 반해 '상놈' 위주의 종범(從犯)들은 거사 실패 후 심문 과정에서 이 말을 천한 신분도 인간다운 대접을 받고 출세할 수 있는 '사민평등의 세계'로 이해했음을 일관되게 진술했다.[30] 이와 같은 신분 차별에 대한 문제의식은, 김옥균을 제외하면 양반 영수들에게선 찾기 어렵다.[31] 그렇지만 정변 가담자들이

---

28 김옥균이 후쿠자와 및 고토와 정변을 공모한 경위에 관해서는 김종학, 2017, 앞의 책, 267-302쪽 참조.

29 伊藤博文, 1970, 『(秘書類纂) 朝鮮交渉資料』 上, 原書房, 282-286쪽; 같은 책, 289-294쪽(이하 『秘書類纂』으로 약칭).

30 「謀反大逆不道罪人景純等鞫案」, 『推案及鞫案』 326(박은숙 옮김, 2009, 『추안급국안 중 갑신정변 관련자 심문·진술 기록』, 아세아문화사, 191-247쪽).

31 아마도 유일한 예외는 박영효가 1931년 이광수와의 인터뷰에서 갑신정변의 '신사상'에 관해 "『연암집』에 귀족을 공격하는 글에서 평등사상을 얻었지요"라고 한 말일 것이다(이광수, 1931, 「박영효 씨를 만난 이야기」, 『東光』 19). 하지만 당시 박영효는 70세의 고령인 데다가 갑신정변 후 이미 50년의 세월이 흐른 뒤였다는 점에서 그 신빙성은 신중히 검토할 필요가 있다. 그에 반해 김옥균은 갑신정변을 일으키기 몇 해 전부터 고종과 대원군에게 신분에 구애받지 않는 고른 인재 등용을 지속적으로 건의

신분의 차이를 넘어 함께 정변에 투신할 수 있었던 것은, 역설적으로 '개화'라는 말의 모호성(ambivalence)으로 인해 다양한 욕망이 유연하게 반영될 여지가 생겼기 때문이었다.

갑신정변 이후에도 조선 정부에서 '개화'의 의미나 적용 가능성 등을 진지하게 검토한 흔적은 보이지 않는다. 이와 관련하여 정변 직후 전권대신으로 일본에 건너간 서상우(徐相雨)와 외무대보(外務大輔) 요시다 기요나리[吉田淸成]의 회견이 주목된다. 당시 서상우에게는 일본으로 도피한 '개화당'을 호송해 오라는 비밀 임무가 주어져 있었다. 하지만 일본 정부는 그들이 국사범(國事犯)에 해당한다는 이유로 이 요청을 거부했고, 이로 인해 정변의 대의명분인 '개화'의 의미에 관해서까지 논쟁이 벌어졌다. 서상우는 귀국 후 다음과 같이 아뢰었다.

> 얼마 후 연회가 끝난 뒤에 또 말하길, "귀국 10월의 변(갑신정변)은 '개화'를 원치 않은 데서 나온 것이다"라고 했습니다. 그에 대해 신은 "신하가 된 자가 '개화'를 강명(講明)하여 부강을 기약하는 것은 본디 그만둘 수 없는 일이거늘, 어찌 유럽의 여러 나라를 본받은 뒤에야 비로소 마음에 유쾌하겠는가? 요·순·우와 같은 성인이 자리에서 내려오지 않아도 천하가 다스려지는 것은 모두 신하들이 힘을 바쳤기 때문이다"라고 했습니다. 그러자 고개를 숙이고 아무 말이 없었습니다.[32]

하였고, 실제 생활에서도 중인 이하 평민을 대할 때도 차별을 하지 않았다. 김옥균을 중심으로 신분을 초월한 비밀결사 '개화당'이 결성된 데는 이러한 그의 인간적 면모가 크게 작용했다. 김종학, 2017, 앞의 책, 360-361쪽.

32 『承政院日記』, 고종 22년 2월 20일.

한편, 같은 대화가 일본 측 문헌에는 다음과 같이 기록되어 있다.

요시다: 원래 국사범으로 인정할 경우엔 가령 다른 나라 정부로부터 어떤 요청이 있더라도 우리 정부는 결코 그에 응하지 않는다. 또 지금 귀하께서 간당(奸黨)이라고 지목하는 것은, 곧 일국의 대개혁을 일으키거나 개화의 영역[開化之域]에 나아가려고 거사를 도모하려면 반드시 다소의 변동을 초래하는 것은 당연한 이치다.

서상우: 저들의 의도는, 조금이나마 개화 등의 본뜻이 있어서 시도한 것이 아니다. 단지 사사로운 원한으로 충신을 도륙하고 사사로운 이익을 펼치려고 한 것에 불과하다. 이로써 논한다면 사사로운 죄인이며, 결코 국사범이 아니다.[33]

서상우는 '개화'를 고대 중국 성왕(聖王)들의 지극한 통치의 경지라는 뜻으로 이해했다. 그에 반해 요시다는 이 말을 서구화 또는 문명개화라는 의미로 사용했다. 이날의 대화를 어느 한쪽이 의도적으로 왜곡해서 기록한 것이 아니라면, '개화'에 관한 서상우와 요시다의 인식은 평행선을 달린 채 어떠한 합의에도 도달하지 못한 것이다.

서상우의 보수적 태도는 갑신정변 이후 '개화'에 대한 여론이 극도로 악화된 것과 무관하지 않았다. 당시 '개화'는 매국이나 반역과 같은 말로 여겨졌다. 이와 관련하여 윤치호(尹致昊)의 일기에 따르면, 이전에는 설령 '개화'가 마음에 들지 않더라도 대놓고 배척하는 분위기는 아니었는데, 정변을 겪은 뒤에는 '개화당'이 외국인과 결탁해서 나라를 팔아먹었다고 여겨 '개화'와 같은 말은 흔적도 없이 사라졌다고 하였다.

---

33 『日外』18, 문서번호 67.

그런데 어찌 생각이나 했으랴? 끝내 예전에 개화를 인도하던 4, 5명이 갑자기 과격하고 패악한 일을 감행해서 국가를 위태롭게 하여 전보다 몇 배나 청나라 사람의 압박과 능멸을 당하게 했으니, 이른바 개화 등의 말은 흔적도 없이 사라졌다. 전에는 인민이 비록 외교를 좋아하지 않더라도 시비를 분간하진 않았으며, 개화당을 비난하는 자는 많았지만 그래도 개화가 이로운 것이라고 말하는 이들이 있었고 듣는 이 또한 굳이 크게 배척하진 않았다. 하지만 정변 이후에는 조야(朝野)가 모두 말하길, "이른바 개화당이라는 자들은 충의를 잃고 외국인과 결탁해서 나라를 팔아먹고 종사를 배반했다"라고 한다.[34]

III. 갑오개혁과 '개화'의 전유

1. '개화'의 부활

'개화'에 대한 사회적 터부는 갑신정변 이후 10년간 이어졌다.[35] 그것이 깨지기 위해선 대단히 큰 충격이 필요했다. 그 계기는 1894년의 일련의 역사적 격변들-동학농민운동, 일본군의 경복궁 점령, 청일전쟁, 갑오개혁 등-이었다. 이때 비로소 '개화'라는 말은 조선 사회에서 크게 유행

34　尹致昊, 『尹致昊日記』, 고종 21년 甲申 12월 30일(국사편찬위원회 편, 1974, 『尹致昊日記』 1, 한국사료총서 제19집, 136-137쪽).
35　1884년부터 1894년까지 '개화'라는 말이 전혀 쓰이지 않은 것은 아니다. 예를 들어 흥선대원군은 1890년 2월 일본 공사관 측의 환심을 사기 위해 대리공사 곤도 마스키에게 "나는 예전과 같이 완고옹(頑固翁)이 아니며 완전히 개화당(開化黨)이 되었다"라고 발언했다고 한다. 『日外』 23, 문서번호 70.

하기 시작했는데, 이와 관련하여 이돈화(李敦化)의 기록이 매우 시사적이다.

> 우리가 처음으로 開化의 말을 듯고 開化라 함을 입으로 불러보기는 甲午年으로써 第1期를 삼지 아니치 못할지니 屢百年間-惰眠에 무텨 因襲에 꿈꾸던 一般 民衆이 俗所謂 東學亂이라 稱하는 民衆的 改革黨의 活動에조차 一般社會는 처음으로 退屈의 窩穴로부터 惰眠을 들어 '이것이 웬일이냐' 하는 뜻을 두게 되엇다. 딸아서 日淸戰爭이 일어남에 이르러 開化의 소리가 漸漸 民間에 놉하젓다. 勿論 甲午以前에 在하야도 一部 志士政客의 開化黨이 업슴은 아니나 그러나 그는 極히 一部 政治家의 新舊衝突에 지내지 아니한 것이요 온 民衆이 다 가티 思想的 童謠를 일으켯스며 變態的 心理를 가지게 된 것은 少하야도 甲午의 年代가 이에 이르게 함이라. 朦朧하나마 開化라 稱하는 用語가 民間에 流行하기를 始作하야 그를 贊同하는 사람도 생겻스며 그를 反對하는 사람도 잇게 되엇다. 意味를 알고 불럿던지 모르고 불럿던지 어쨋든 이 開化 開化라 하는 用語 한마디가 過渡期의 初期를 形成하엿슴은 避치 못 할 事實이엇다.[36]

이에 따르면, 갑신정변 전에도 '개화당'을 자처한 이들이 없지 않았지만, 이는 소수 지배 세력 내의 권력 쟁탈 과정에서 등장한 것에 불과했다. 1894년에 이르러 동학농민운동과 청일전쟁의 충격으로 비로소 사회 전반적으로 사상적 동요가 생겨났고, 변화를 모색하는 민중의 열망

---

36 李敦化, 1921, 「混沌으로부터 統一에」, 『開闢』 13.

이 '개화'라는 말의 대유행으로 표출되었다. 그러한 점에서 이 시기 '개화'라는 한마디 말은 역사적 과도기를 형성했다고 해도 과언이 아니다. 그럼에도 불구하고, 그 의미는 아직 모호해서 조선인 대부분이 "알고 불렀든 모르고 불렀든" 하는 식의 개념적 혼란을 면치 못 하고 있었다는 것이다.

'개화'가 부활한 배경에는 청일전쟁이 있었다. 당시 일본의 가장 중요한 외교적 과제는 서양 열강의 간섭을 피할 수 있는 조선 파병과 대청 개전의 정당한 명분을 찾는 것이었다. 이 문제는 외무성과 조선 주재 공사관, 그리고 군부 간의 견해 차이로 인해 다소 복잡하게 전개되었는데, 결국에는 조선의 독립과 내정 개혁 문제로 정리되었다. 그런데 문제는 일본이 조선의 내정 개혁에 직접 간여하면 조선의 독립이라는 또 다른 명분이 훼손된다는 데 있었다. 따라서 일본의 역할은 적어도 외견상으로는 지도와 원조에 그치고, 모든 개혁은 조선인이 자주적으로 해야 했다. 이러한 맥락에서 '개화'는 일본이 지도하는 조선의 자주적 개혁이라는 모순된 의미를 내포하게 되었다.

이러한 의미에서 일본군 제21연대가 경복궁을 무단 점령한 바로 다음 날인 1894년 7월 24일에 오토리 게이스케[大鳥圭介] 일본 공사가 고종에게 내정 개혁을 강요하면서 '개화'를 언급한 것은 대단히 상징적인 장면이었다. 이는 '개화'가 일본식 '문명개화'의 의미로 관찬 사료에 기록된 첫 사례이다.

> 일본 공사 오토리 게이스케를 불러들여 입시하였다. (중략) 공사가 아뢰었다. "크게 놀라신 뒤에 감히 문후를 여쭙습니다." 주상이 통역에게 명하여 하교하셨다. "다치지는 않았다." 공사가 아뢰었다. "지금부터

'개화'를 한다면 양국의 교린이 전일에 비해 더욱 돈독해질 것입니다." 주상이 하교하셨다. "양국이 한 나라처럼 서로 여기고 함께 교린지의(交隣之誼)를 닦는다면 실로 서로 돕고 의지하는 방법이 될 것이다." 공사가 아뢰었다. "일전에 상주한 5개 조목은 마땅히 유념하여 시행해야 할 것입니다."[37]

일본 공사가 국왕을 위협하며 '개화'를 강요했다는 소문은 삽시간에 전국에 퍼졌다. 당시 부여에 거주하던 한 사대부인은 불과 3, 4일 만에 자신의 일기에 "왜장 오토리 게이스케가 궐내로 쳐들어왔다. 병사들이 모두 칼을 빼 들고 활을 당기며 국태공(대원군)을 맞이하고는 양전(兩殿)과 함께 거처하게 하고, 온갖 수단으로 협박하면서 개화를 요구했다고 한다"라고 적었다.[38] 2개월 뒤에는 조정 대신들이 모두 '개화신(開化臣)'으로 대체됐다는 소문이 평안도까지 전해졌다.[39]

이와 함께 상소에서 '개화'를 언급하는 사례도 늘어났다. 어떤 이는 '개화'의 불가피함을 호소하고,[40] 다른 이는 '開化'의 '化'를 '和'의 의미로 풀이하며 개혁이 적절한 균형과 속도를 유지해야 한다고 주장했다.[41] 오

---

37 『承政院日記』, 고종 31년 6월 22일.
38 李復榮, 「日記 十」, 『南游隨錄』, 甲午 六月卄五日 (동학농민전쟁백주년기념사업추진위원회 편, 1996, 『동학농민전쟁사료총서』 3, 사운연구소, 220쪽), "倭將大鳥奎開闒入闕內 兵皆露刃張弓 迎取國太公 使與兩殿同處 迫脅萬端以求開化云云".
39 『沙亭日記』, "(八月) 十六日 晴涼 自龍川衙中京毛中政事軸來 自六月二十二日至晦日 政目也 官制衣制他外章程 一從倭制 大官則皆以開和('化'의 오기-인용자)臣爲之 世事極爲寒心也".
40 池錫永 上疏, 『承政院日記』, 고종 31년 7월 5일, "彼衆愚蠢 焉知開化之如何 獨立之如何 但知淸國大日本小 淸國親日本疎而已 忽見今日之事 大驚大怪 萬口同聲曰 何以棄大取小 捨親親疎乎 風鶴擾亂 市虎喧嚷 群情皇皇 若將有變 可不危哉".
41 尹起晉 上疏, 『承政院日記』, 고종 31년 7월 29일, "化之意 和也 鍘羹之不調 五味

토리의 모순된 언행을 지적하며 '개화'의 위선적 성격을 통렬하게 비판하는 이가 있는가 하면,[42] '개화'의 의미를 '개물성무(開物成務)'와 '화민성속(化民成俗)' 같은 전통 유교의 언어로 치환함으로써 개혁의 명분 자체를 소멸시키려는 이도 있었다.

병자년(1876)에 개화한 이후로 온 나라 신민이 지금까지 통곡하고 있으니, 전하의 일은 그르친 지 이미 오래입니다. 옛날의 개화는 개물성무, 화민성속이었는데 지금의 이른바 개화는 역신(逆臣)의 무리가 사주해서 이웃 나라가 까닭 없이 출병하여 군부(君父)를 핍박하고, 화친을 주장하며 나라를 팔아먹는 것입니다.[43]

1년 후 고종은 갑오개혁을 '경장개화(更張開化)'라는 말로 총괄했다.[44] 이로부터 알 수 있듯이 '개화'는 '자주'와 더불어 갑오개혁의 이념이자

以和之 琴瑟之不調 六律以和之 國治之不調 八政以和之 時義大矣哉 雖然今當化議之始 不思和之爲務 徒事功之是急 譬如人之四肢百體 俱受病焉 而其醫治者 不知調和之方 徒試砭攻之劑 則其不殺人者幾希矣 是豈霸者之可爲哉".

42 劉冕斗 上疏, 『承政院日記』, 고종 31년 7월 30일, "噫 我國之於日本 交鄰講好 旣非不久 矧又開港以來 構釁無說 奈之何相連群凶之腸肚 禍胎忽生於甲申 潛伺匪類之猖獗 亂階叵測於今年 始托蟻援 末乃蝟集 縱兵暴掠 無所不至 而脅我至尊 把守堅密於九闥 亂我定制 氣色愁沮於三班 已市數月 尙無撤還之意 所云開化 固如是乎".

43 柳冕鎬 上疏, 『羅巖隨錄』, 甲午 八月初九日(국사편찬위원회 편, 1980, 『羅巖隨錄』, 한국사료총서 27집, 383-384쪽). '개물성무'와 '화민성속'은 각각 『周易』, 「繫辭傳」과 『禮記』, 「學記」에 나오는 구절로, 전자는 만물의 도리를 밝히고 천하의 사업을 행해서 공(功)을 이루는 것이고, 후자는 백성을 교화해서 선한 풍속을 이룬다는 뜻이다.

44 『高宗實錄』, 고종 32년 윤5월 20일, "朕惟昨夏以來 維新國政 肇獨立之基 建中興之業 (중략) 俾朕赤子懷恩而畏法 安生而樂業 咸知更張開化之寔出於爲民也 朕言不再 惟爾臣民勖哉".

핵심 구호(catch phrase)가 되었다. 하지만 '개화'의 의미는 여전히 모호하였고, 이 때문에 그것은 개혁의 구체적 지향점을 제시하기보다는 급변하는 국내외 정세 속에서 사회적 혼란과 정책적 혼란을 가중시켰다.

2. 중인(中人) 관료의 '개화'

갑오개혁과 함께 조선 정계에 '개화당'이 다시 등장했다. 하지만 이들은 갑신정변 때의 '개화당'과 이름은 같을지언정 친일 세력이라는 것을 제외하면 인적 구성, 결사의 성격과 응집력, 정치적 목표 등 거의 모든 면이 달랐다. 갑오개혁의 '개화당' 또한 1881년의 경우와 마찬가지로 일본 외무 당국이 우호 세력으로 간주한 일파를 호명한 것에 가까웠는데, 1894년 7월부터 1895년 말까지 그 문헌에서 지칭된 '개화당'의 외연의 잦은 변화가 이를 방증한다.[45]

앞에서 설명한 것처럼, 조선의 개혁은 어디까지나 조선인이 자주적으로 행하는 외양을 갖춰야 했다. 따라서 '개화당'은 일본의 지도와 영향력

---

45 1894년 10월 특명전권공사로 부임한 이노우에 가오루의 보고만 보더라도, 같은 해 11월에는 조희연, 안경수, 김가진 등을 '개화당'의 주요 인물로 열거했는데, 이듬해 5월 보고에서는 김홍집이 여기에 새로 추가되었다. 井上馨, 「大院君ノ東學黨煽動ニ關スル」(1894. 11. 10.), 『주한일본공사관기록』 5 및 「大院君李埈鎔ノ陰謀ニ關スル顚末報告」(1895. 5. 9.), 『주한일본공사관기록』 7. 또 1894년 12월 17일에 이른바 김홍집-박영효 내각이 수립된 뒤에는 '개화당'을 다시 신파(박영효, 서광범)와 구파(김가진, 안경수, 조희연)로 구분하기도 했다. 井上馨, 「朝鮮內閣員分離幷總辭職動議ノ件」, 『秘書類纂』 下, 573-581쪽. 1895년 4월 삼국간섭으로 일본 세력이 후퇴하고 6월에 이노우에 공사도 일시 귀국하자 조선 정계는 정동파(이완용, 이채연, 윤치호, 이하영, 김가진)와 군인파(또는 일본파)로 재편되었는데, 이번엔 전자가 러시아와 미국의 원조에 의지하면서 '개화당'을 자처했다. 杉村濬, 1904, 『明治廿七八年在韓苦心錄』(市川正明, 1981, 『日韓外交史料』 10, 原書房, 386-387쪽에서 재인용).

을 긍정하면서 갑오개혁에 적극적으로 참여한 이들을 가리켰는데, 유길준(俞吉濬), 김학우(金鶴羽), 김가진(金嘉鎭), 안경수(安駉壽), 조희연(趙義淵), 권형진(權瀅鎭), 권재형(權在衡), 김종한(金宗漢) 등 군국기무처(軍國機務處) 의원들과 장박(張博)·고영희(高永喜)·정병하(鄭秉夏) 등 실무 관료가 이에 속했다. 특히 경복궁 점령 직후 설치된 군국기무처는 '개화당'의 소굴로 간주됐다.

> 군국기무회의(군국기무처) 개설 후 수일간은 구폐(舊弊)를 제거하는 문제를 다루었는데, 그 의사(議事)는 파죽지세로 진행되었다. 특히 의원 중에는 개화당(開化黨)이라고 부르는 사람들이 많았으니, 전적으로 최근의 문명 제도를 모방해서 신제(新制)를 세우고 정무의 책임을 정부로 귀속시키려는 희망을 갖고 착착 그 방향으로 추진해나갔는데,[46]

1894년의 '개화당'을 1884년의 그것과 비교할 때, 가장 두드러진 차이는 신분에서 찾을 수 있다. 즉, 1884년의 '개화당'은 김옥균, 박영효, 서광범, 홍영식, 서재필 등 양반 자제가 주축이 되었다. 그에 반해 1894년의 '개화당'의 대부분은 문과를 거치지 않은 중인, 서얼, 무반, 향반 출신으로서, 전통 사회에선 신분상의 제약으로 출세가 제한된 한계

---

[46] 『明治廿七八年在韓苦心錄』(『日韓外交史料』 10, 332쪽) 오토리 공사 또한 군국기무처 설치 직후 외무경에게 올린 보고에서 이를 "어쨌든 일본파, 즉 개화주의의 사람들이 집합한 곳[兎ニ角日本派, 卽チ開化主義ノ人人集合スル處ナリ]"이라고 규정했다. 大鳥圭介, 「老生對韓政策私案」(1894. 9. 29.), 『秘書類纂』中, 643-652쪽.

인들(marginal men)이었다.[47] 이들에게 갑오개혁은 신분 상승과 벼락출세의 기회를 제공했다. 예를 들어 유길준은 갑오개혁 이전에는 외아문 주사였다가 1895년 말에는 내부대신에까지 올랐으니, 오늘날로 말하자면 외교부 서기관이 불과 1년여 만에 행정안전부 장관으로 승격한 셈이었다.[48] 또한 연령대로 보면 30대에서 40대 중반에 걸친 소장파로서, 김홍집(1894년 당시 52세), 김윤식(59세), 어윤중(46세) 등 원로 대신들과는 대략 10~20년 정도 터울이 있었다.

특기할 것은, 이들 '개화당'이 일본군의 경복궁 점령 한 달 전부터 자발적으로 일본 군대를 끌어들이려고 시도한 사실이다. 안경수는 6월 20일 오토리를 비밀리에 찾아와서 "앞으로 외병(外兵)의 여위(餘威)를 빌려서 내부의 개혁을 하는 것 말고는 방법이 없으니, 이제 당분간 귀국이 군대를 주둔시킬 것을 내심 희망한다"라고 했다. 며칠 후 오토리는 이러한 생각을 공유하는 '정부 개혁파'로 김가진, 조희연, 권형진, 유길준, 김학우, 안경수, 홍종우 등이 있으며, 이들의 계획은 대원군을 추대해서 민

---

[47] 군국기무처 핵심 멤버(김홍집, 박정양, 김윤식, 어윤중, 김가진, 안경수, 조희연, 유길준, 김학우, 이윤용, 권재형) 가운데 과거 급제자는 문과 5명(김홍집, 박정양, 김윤식, 어윤중, 김가진), 무과 1명(조희연)에 불과했다. 그리고 김가진, 안경수, 김학우, 이윤용, 권재형은 서자 출신이었다.(유영익, 1990, 『갑오경장연구』, 일조각, 〈표 3〉 "군국기무처 핵심멤버의 배경", 141쪽) 그 대신에 이들은 유학(유길준, 안경수, 김학우), 외교관(안경수, 김가진), 훈련병대 생도(조희연, 권형진) 경력을 통해 축적한 전문성과 일본인들과의 인맥을 바탕으로 중앙 정계에 진출했다.

[48] 유길준은 노론 명문 출신으로 박규수(朴珪壽)와도 사제의 연이 있었다. 그럼에도 일찍 과문(科文)을 포기하고 일본과 미국 유학을 통해 신학문을 습득했으며, '개화'에 뜻을 둔 20대 초 이후 교우(交友)에 신분을 가리지 않았다고 한다. 갑신정변 이후에는 1885년부터 1892년까지 7년간 취운정에 사실상 유폐되었으며, 풀려난 뒤에도 미관말직을 전전하는 등 학문과 경력에서 군국기무처의 '개화당'과 공통점이 많았다. 유길준과 김학우를 비롯한 '개화당' 간의 관계에 관해선 유동준, 1987, 『유길준전』, 일조각, 189-194쪽 참조.

씨를 몰아내고 정사(政事)를 근본부터 개혁하려는 데 있고, 따라서 일본 군대가 하루라도 더 진주할 것을 희망하며 철군 전에 개혁을 결행하려고 일을 서두르고 있다고 보고했다.[49] 이어서 28일에는 '일본당(日本黨)'에 김가진, 유길준, 조희연, 안경수 등 10여 명이 있다는 추가 보고가 이뤄졌다.[50] 당시 외아문 주사였던 유길준은 일부러 과격한 내용의 외교문서를 기안해서 조선과 일본 간의 충돌을 촉진하고, 김가진과 안경수 등은 일본 공사관과 긴밀히 연락하면서 도움을 주었다.[51] 심지어 일본군이 경복궁을 기습한 7월 23일 궁궐을 수비하던 조선군이 발포하자 안경수는 대내(大內)에서 급히 나와 어명을 빙자하여 이를 만류했다.[52]

당시 '개화당'의 구상은 일본의 위세를 빌려 민씨 척족을 몰아낸 후, 흥선대원군을 추대하여 민심을 수습하고 근본적 개혁을 추진한다는 것이었다. 이와 같은 판단의 이면에는 현실적으로 조선 사회 내에선 변혁의 전망과 수단을 찾기 어렵다는 절망적 인식이 있었다.[53] 이는 1884년의 '개화당'이 직면했던 근본적인 문제이기도 했다.

---

49 『日外』 27-2, 문서번호 579.
50 『日外』 27-1, 문서번호 384.
51 『日外』 27-1, 문서번호 412.
52 「甲午實記」 甲午六月二十一日(국사편찬위원회 편, 1959, 『東學亂記錄』 上, 한국사료총서 제10집, 18쪽).
53 1894년 음력 10월 보빙대사(報聘大使) 의화군(義和君)의 수행원으로 도일한 유길준은 외무대신 무쓰 무네미쓰[陸奧宗光]를 만난 자리에서 스스로 개혁을 하지 못하고 일본의 '권박(勸迫)'에 몰려 하게 된 것을 본국 인민, 세계 만국, 천하 후세에 대한 '3가지 부끄러움[三恥]'이라고 하였다. 俞吉濬, 「外務大臣陸奧宗光問答」(俞吉濬全書編纂委員會 編, 1995, 『俞吉濬全書』 4, 일조각, 376-377쪽), "今朝鮮之改革 不可不行 而爲朝鮮人者 有三恥也 吾所謂三恥者 不能自行改革 而爲貴國之所勸迫 故對本國人民可恥 一也 對世界萬國可恥 二也 對天下後世可恥 三也 今冒此三恥 無面立於世 唯有善行改革 以保自己之獨立 不爲見屈於人 有開進實效 而保國安民 猶可贖也".

경복궁 점령 다음 날인 7월 24~29일까지 '부국학민(負國虐民)'과 '범장(犯贓)' 죄로 민영준(閔泳駿), 민형식(閔炯植), 민응식(閔應植), 민병석(閔丙奭), 민치헌(閔致憲), 김세기(金世基), 조병식(趙秉式), 임치재(任穉宰), 조필영(趙弼永), 김창석(金昌錫) 등 척족 세력과 민비의 총애를 입은 진령군(眞靈君)이 유배되거나 투옥되었다. 그 추종 세력으로 간주된 영의정 김병시(金炳始), 좌의정 조병세(趙秉世), 우의정 정범조(鄭範朝)와 내무독판 민영환(閔泳煥)과 민영소(閔泳韶), 경기감사 홍순형(洪淳馨), 수원유수 조병직(趙秉稷), 초토사 홍계훈(洪啟薰) 등도 모두 파직되어 20여 년간 지속된 민씨 정권이 일거에 붕괴했다.

이와 동시에 '개화당'은 군국기무처(7월 27일 설치)를 중심으로 불과 4개월 동안에 210여 건에 달하는 급진적 개혁안들을 쏟아냈다. 그 개혁의 범위는 실로 광범위하지만, 그중에서도 핵심은 두 가지로 요약된다.

하나는 왕실의 국정 간여를 차단하고, 재정, 인사, 군사 등 정부의 독자적 권한을 확립하는 일이었다.[54] 만약 이를 제도화하는 데 실패할 경우, 개혁의 성과는 한 마디 어명으로 수포가 되고 세도정치와 같은 파행적 국정 운영이 재연될 수 있다는 점에서 이는 모든 개혁의 전제조건이기도 했다. 갑오개혁의 참모 역할을 한 유길준은 옛 스승 모스(Edward Morse)에게 보낸 서한에서 자신들이 추구한 개혁의 근본 취지를 다음과 같이 설명했다.

> 국가와 왕실 간에 명확한 구분이 그어져야 합니다. 즉, 국왕은 국왕이고 단지 국가의 수반에 지나지 않습니다. 국왕 자신이 국가는 아닙니

---

54 유영익, 1990, 앞의 책, 155-158쪽.

다. 지금까지 우리 정부 조직이나 모든 것이 국가나 국민을 위해 있지 않고 국왕 한 사람을 위해 만들어져 있습니다. 그래서 국왕은 국민의 생사여탈권을 갖고 있었습니다. 이것은 무엇보다 더 악의 원천이 되어 국가가 약해지고 가난해졌던 것입니다.[55]

이에 따라 궁중의 기구와 인원은 대폭 정리되고, 인사, 재정, 군사에 관한 국왕의 권한은 크게 제한되거나 박탈당했다. 이사벨라 비숍(Isabella B. Bishop)은 당시 국왕의 처지를 '급여 받는 꼭두각시(salaried automaton)'에 비유했다.[56]

다른 하나는 사회적 차별의 철폐였다. 군국기무처의 활동이 시작된 7월 30일부터 다음 날까지 제출된 의안(議案) 16건 가운데 10건이 사민 평등과 능력 본위의 인재 등용, 여성의 사회적 대우 향상, 공사 노비 제도의 폐지 및 인신매매 금지 등 사회적 평등에 관한 것이었다.[57] 이는 중인과 서얼, 무반과 향반으로 구성된 '개화당'의 출신 배경과 무관하지 않았고, 그 개혁의 신속함과 급진성은 이들이 평소 가졌던 깊은 문제의식을 반영했다.

임오군란 직후 고종은 민심을 수습하기 위해 앞으로 귀천과 출신 지역을 가리지 않고 인재를 등용하겠다는 전교를 내린 바 있지만,[58] 그 뒤에도 사정은 크게 달라지지 않아서 1894년까지 배출된 당상관 375명

---

55 "The Reformation We Made", *Morse Papers*, Peobody Essex Museum Library 소장.
56 I. B. Bishop, 1897, *Korea and Her Neighbours*, Fleming H. Revell Company, p. 261.
57 유영익, 1990, 앞의 책, 229쪽 〈자료 3〉 "군국기무처 의정안" 참고.
58 『承政院日記』, 고종 19년 7월 22일.

가운데 서얼과 중인 출신은 각각 2명과 1명에 그쳤다. 이러한 추세는 군국기무처에서 '전고국조례(銓考局條例)', '선거조례(選擧條例)', '문무수임식(文武授任式)' 등을 제정해서 과거제를 폐지하고 관리 임용 제도를 개혁하면서부터 변화하기 시작하여 이후 중인과 서얼, 신흥 자산가의 관직 진출이 크게 늘었다. 그 결과 대한제국 말기에 이르면 명문(名門)의 족보와 『만성대동보(萬姓大同譜)』 등에서 그 씨족과 신분을 확인할 수 없는 관료가 70%에 달하였다.[59]

이는 갑오개혁의 고유한 성과라기보다는 조선 후기부터 진행되어온 신분제 붕괴라는 거시적 사회 변화를 반영하는 것이었다.[60] 또한 수백 년간 특정 신분이 독점해온 관직을 널리 개방한 점은 분명히 긍정적 측면이 있었다. 하지만 중인과 서얼 출신의 신흥 관료는 양반 관료에 비해 인맥이나 사회적 명망 등이 크게 부족했고, 따라서 그 지위를 유지하기 위해선 왕실의 신임 또는 외국 공사관의 후원에 의존해야 했다. 이는 이들 가운데 적지 않은 수가 결국 맹목적인 근왕파 또는 반민족적 매판 세력으로 전락한 이유가 되었다.

> 그러나 조정을 쟁탈해서 이른바 문벌을 타파했다는 자들은 그 재능에 따라 선발한 것이 아니요, 오직 군상(君上)의 사인(私人)일 뿐이었다. (중략) 또 서류(庶類) 가운데 갑자기 귀해진 자들은 모두가 곤궁함 속에서 스스로 일어나지 못하다가 하루아침에 높은 자리에 올랐으니, 오직 재물과 이익에만 탐닉해서 이를 스스로 늘리기만 하여 사대부들

---

59 김영모, 2002, 『조선 지배층 연구』, 고헌출판부, 300쪽.
60 四方博, 1938, 「李朝人口に關する身分階級別の觀察」, 『朝鮮經濟の硏究 第三』(京城帝國大學法學會論集 13), 岩波書店.

의 구습을 답습할 뿐 1명도 청렴함을 지켜서 보답하려고 결심하는 자가 없었다. 그러므로 갈수록 위에서는 정치가 문란해지고 아래서는 세속의 풍습이 망가져서 종사(宗社)는 서서히 무너지고 그들은 한통속이 됨을 면치 못했던 것이다.[61]

3. 원로 대신의 '개화'

군국기무처의 '개화당'과 함께 갑오개혁 당시 조선 정부의 한 축을 담당한 이들은 김홍집, 김윤식, 어윤중 등 원로 대신이었다. '개화당'은 명망과 경력, 문벌에서 도저히 이들에게 비할 바가 못 되었고, 일본 공사관 측에서도 국내외 평판을 고려하여 이들을 새 정부의 수반으로 내세우지 않을 수 없었다.[62] 세 사람은 각각 총리대신, 외부대신, 탁지부대신을 역임하며 1894~1895년까지 정부를 대표했다. 이들의 굴곡진 행적은 정부가 일본 공사관뿐 아니라 왕실 및 일반 백성과의 관계에서 처한 삼중고(三重苦)를 반영했으며, 아관파천(俄館播遷)으로 이들이 맞이한 비참한 최후는 갑오개혁의 붕괴를 상징하는 장면이었다.[63] 그렇다면 '개화'에

---

61 黃炫, 『梅泉野錄』(국사편찬위원회 편, 1955, 『梅泉野錄』 上, 한국사료총서 제1집, 93쪽).

62 군국기무처 설립 직후 오토리의 구상은 ① 대원군을 추대해서 왕비와 그 일족의 권력 농단을 막고, ② 군국기무처 의원들의 내정 개혁을 도와 실효를 거두게 하는 한편, ③ '총리대신(김홍집) 등을 도와 그 역량을 키워서 독립적으로 국정 방향을 정하게 하며, 추호도 다른 이에게 견제를 받지 않도록 충분히 은밀한 권리를 더해줄 것[總理大臣等ヲ補貸シテ其ノ力量ヲ增シ獨立獨行大政ノ方向ヲ定メシメテ些モ他ニ牽制セラレザルヤウ充分黑幕ノ權利ヲ副フルコト]' 등이었다. 大鳥圭介, 앞의 문서(1894. 9. 29).

63 아관파천 직후 고종은 김홍집을 비롯해 유길준, 정병하, 조희연, 장박을 역당(逆黨)으로 규정하고 포살령(捕殺令)을 내렸다. 김홍집은 정병하와 함께 광화문 앞 석교에

대한 이들의 인식은 어떠했고, 또 갑오개혁에 참여한 이유는 무엇이었을까.

김윤식은 육용정(陸用鼎)의 『의전기술(宜田記述)』에 대한 평어(1891)에서 '개화'의 의미를 '시무(時務)'로 정의했다. 그는 '개화'를 '개발변화(開發變化)'로 풀이하는 것은 문식(文飾)일 따름이라고 단언한 후, '서이(西夷)'를 제압하는 방법은 기교(奇巧)한 기기를 만드는 것이 아니라 군주와 신하가 각각 분수와 책임을 다하고 국제사회에서 신의를 지켜 '도리를 아는 나라[有道之國]'라는 인정을 받는 데 있다고 하였다.[64] 이어서 이듬해 「시무설(時務說)」이라는 글을 지어 시무의 의미를 부연했다. 이에 따르면, 나라마다 시세(時勢)가 같지 않기 때문에 시무도 다를 수밖에 없는데, 조선의 그것은 '청렴한 관리는 높이고 탐오한 관리는 쫓아내며 백성을 부지런히 돌보고 조약을 성실히 준수해서 우방과 흔단(釁端)을 빚지 않는 데' 있다는 것이었다.[65] 김윤식은 바른 정치의 요체는 '성인지

서 백성에게 타살(打殺)당했다(『日省錄』, 고종 32년 12월 28일; 『日外』 29, 문서번호 353; 菊池謙讓, 1939, 『近代朝鮮史』 下, 鷄鳴社, 455-456쪽). 어윤중은 고향인 보은으로 피신하던 중 용인군 장서리(長西里)에서 살해되었다(한국학문헌연구소 편, 1978, 『魚允中全集』 「解題」, 아세아문화사, x-xi쪽; 김태웅, 2018, 『어윤중과 그의 시대』, 아카넷, 251-270쪽). 김윤식은 명성왕후 시해 음모를 사전에 파악하고서도 방관했다는 이유로 1897년에 제주도 종신유배형을 받았다. 그는 1907년에야 돌아올 수 있었다. 李斌承, 1917, 「雲養先生略傳」(구지현·기태완 옮김, 2013, 『운양집』 1, 혜안, 56-57쪽).

[64] 金允植, 1891, 「宜田紀述評語三十四則」(국사편찬위원회 편, 1971, 『續陰晴史』 上, 한국사료총서 제11집, 156-157쪽), "此云開發變化者 文飾之辭也 所謂開化者 卽時務之謂也 (중략) 當今之時 雖使聖人復起 未必創造奇巧 以制西夷之器械 藉使有之 此非聖人之能事 其制之之道 無他 君明其德 臣勤其職 官得其人 民安其業 通商可許則許之 而謹守條約 器械可崇則崇之 而不作無益 推誠柔遠 信孚豚魚 沛然德敎 溢乎四海 四海之國 必相率而來 執壤奠稱 爲有道之國".

[65] 金允植, 1892, 「時務說 送陸生鍾倫遊天津」(『續陰晴史』 上, 234-235쪽), "夫遇各有時 國各有務 破一人之私 擴工商之路 使人各食其力 盡其能保其權而國以富强

도(聖人之道)'에 이미 갖춰져 있다고 믿었으며, 스승 박규수의 말대로 동교(東敎)가 서쪽에 미쳐서 이적과 금수가 모두 인간으로 변화할 날 또한 멀지 않다고 전망했다.[66] 문명개화로서의 '개화' 개념 같은 것은 그의 사상에 거의 영향을 미치지 못한 것으로 보이는데, 적어도 1895년까지 그가 이러한 동도서기론적 관점을 철회한 흔적은 발견되지 않는다.

이처럼 급진적 변화를 거부하는 보수적 태도는 어윤중과 김홍집에게서도 드러난다. 윤치호의 일기에 따르면, 어윤중은 이미 갑신정변이 발발하기 전부터 젊은이들이 '개화'와 '야만' 같은 것을 논하면 으레 '시사(時事)'도 알지 못하면서 경솔하게 정치를 논한다고 꾸짖었다고 한다.[67] 김홍집도 마찬가지로 1880년 수신사로 일본을 시찰한 후 어전 복명하는 자리에서 조선이 '자강(自强)'하는 방법을 "비단 부강만을 뜻하는 것이 아니요, 우리의 정교를 닦고 민국을 보전하여 외흔이 일어날 데가 없게 하는 것이 실로 자강의 제일 급선무"라고 아뢰었다.[68]

따라서 이들이 갑오개혁에 참여한 이유를 단순히 '개화'라는 대의에 동조했기 때문으로 보기는 어렵다. 그 배경은 왕실과의 오랜 갈등, 특히 외교정책을 둘러싼 심각한 불화에서 찾을 수 있다. 이들은 1873년 고종이 친정(親政)을 시작할 때부터 그 친위세력이라고 할 만큼 큰 신임을

此泰西之時務也 立經陳紀 擇人任官 鍊兵治械 以禦四裔之侮 此淸國之時務也 崇廉黜貪 勤恤斯民 謹守條約 無啓釁於友邦 此我國之時務也".

66 金允植, 「開化說」, "近世安南琉球緬甸之滅亡 豈無所自而然哉 聖人之道 何不可用於今之世乎 昔 瓛齋相公嘗曰 人言西法東來 不免爲夷狄禽獸 吾以爲東敎西被之兆 夷狄禽獸將悉化爲人 近聞德國 立漢文學校 敎之以性命之學 斯言殆將驗夫".

67 『尹致昊日記』1, 高宗 21年 甲申 1월 2일, 42쪽.

68 金弘集, 『以政學齋日錄』下, 庚辰 8월 28일(고려대학교중앙도서관 편, 1976, 『金弘集遺稿』, 고려대학교출판부, 264쪽), "非但富强 將自强修我政敎 保我民國 外釁無從 此實自强之第一先務".

받으며 부국강병 정책에 앞장선 신진 관료들이었다. 하지만 이러한 관계는 임오군란과 갑신정변을 거치며 균열하기 시작했다. 이들은 이 전례 없는 변고들을 초래한 원인이 왕실의 일방적 국정 운영에 있다는 판단하에 그 제한을 시도하는 한편, 조선의 재건을 위해선 현실적으로 청의 재정적, 외교적 지원이 불가피하다고 보고 대청 외교의 강화를 주장했다. 하지만 이는 청의 정치적 간섭을 우려한 왕실의 뜻과는 상충했고, 결국 왕실은 일본 및 서구 열강의 원조를 얻어 청으로부터 독립할 것을 주장한 김옥균과 박영효 등 '개화당'을 중용하여 이들을 견제했다.[69]

특히 1884~1886년 사이 두 차례에 걸쳐 시도된 조러밀약은 양자의 관계가 틀어진 결정적 계기가 되었다.[70] 앞에서 보았듯이 김홍집의 '자강'과 김윤식의 '시무'는 모두 이웃 나라에 조선을 침략할 시빗거리를 만들지 말아야 한다는 의미를 담고 있었다. 따라서 설령 국가 자주성을 지키기 위해서라고 해도, 이들은 조러밀약과 같은 비밀 외교에는 절대 찬동할 수 없었다. 청과 일본 또한 러시아를 끌어들여 자주성을 확보하려는 조선 왕실의 움직임을 크게 경계했다. 그 결과, 1885년 7월 이노우에 가오루 당시 일본 외무경은 조선의 외교를 관장하던 북양대신 이홍장(李鴻章)에게 조선의 외교, 국방, 재정 문제에서 왕실을 배제하고, 이를 김홍집, 김윤식, 어윤중에게 모두 위임할 것을 제안하기에 이르렀다.[71] 비록 이 제안은 실현되지는 않았지만, 이를 통해 당시 일본과 청의 외무 당국이 왕

---

69 김종학, 2017, 앞의 책. 153-176쪽.
70 조러밀약의 경위에 관해선 임계순, 1984, 「韓露密約과 그 후의 韓露關係(1884-1894)」, 한국사연구협의회 편, 『韓露關係100年史』, 한국사연구협의회 참조. 조러밀약 당시 왕실과 외부대신 김윤식 간의 갈등에 관해선 다보하시 기요시, 김종학 옮김, 2016, 『근대 일선관계의 연구』 하, 일조각, 30-71쪽.
71 古宮博物院 編, 1932, 『光緒朝中日交涉史料』 8, 문서번호 385의 부건 5.

실과 이들 간의 관계를 어떻게 보고 있었는지 알 수 있다.

1885년부터 민씨 세도의 전성기가 다시 펼쳐지면서[72] 이들은 모두 유배되거나 한직으로 밀려나는 등 고초를 겪어야 했다. 김윤식은 고종 폐위 음모에 연루되어 1887년부터 1893년까지 6년간 충청도 면천군(沔川郡)에 유배되었고, 김홍집은 대부분 명예직인 판중추부사로 지냈다. 어윤중은 1887년에 정치적으로 몰락했다가 1893년 동학 보은집회를 계기로 재기할 수 있었다.[73]

이들에게도 갑오개혁은 정치적 재기의 발판이 되었다. 이들은 이미 1880년대 초부터 군주와 신하 간에 역할과 권한을 구분하고, 그 사이에서 건전한 견제와 균형이 이뤄지는 조선 왕조 고유의 정치체제를 복원해야 한다는 문제의식을 갖고 있었다. 세도정치나 척족의 발호는 이러한 전통적 시스템의 붕괴가 초래한 필연적 결과였다. 따라서 왕권 개혁안을 발의하는 과정에 이들이 얼마나 직접 관여했는지는 확인하기 어렵지만, 적어도 그 취지에 대해선 크게 공감했을 것이다.

이들의 문제의식은 1894년 11월의 「서언(誓言)」을 통해 천명되었다. 김홍집, 김윤식, 어윤중을 비롯한 정부 대신들이 향후 개혁의 방침을 제시한 이 선언은 정부의 고유한 권한과 직무를 규정하고 왕실의 부당한

---

72 고종의 친정이 시작된 후 임오군란 전까지 민씨 척족은 의정부 당상직 60~65명 가운데 45명을 점했다. 임오군란 이후 톈진조약이 체결되기까지 그 세력이 약화했다가 이후 다시 권세를 회복하여 청일전쟁 전까지 당상직의 10여 자리는 항상 민씨 일족이 차지했다. 특히 1893년부터 국왕 측근의 내무부의 과반수는 항상 민씨 일족이 차지했다. 연갑수, 2006, 「개항 전후 여흥 민씨 세력의 동향과 명성황후」, 오영섭·장영숙 편, 『다시 보는 명성황후』, 여주문화원.

73 김태웅, 2018, 앞의 책, 198-216쪽.

국정 간여를 영구히 차단하는 내용을 담고 있었다.[74] 「서언」은 사실상 당시 조선 주재공사 이노우에 가오루가 협박하여 발표되었지만,[75] 이들의 본의가 없었다고는 결코 말할 수 없다. 비록 정치적 목표는 달랐지만, 왕실과 정부를 분리해야 한다는 데 일본 공사관과 군국기무처의 '개화당', 그리고 김홍집, 김윤식, 어윤중 등 원로 대신들 간의 의견이 일치했다.[76] 이 지점에서 '개화'를 '시무'라고 이해한 이들도 그 대의에 합류할 수 있는 여지가 생겨났다. 이후 김홍집은 종종 '개화당'으로 분류되었다.[77]

---

[74] 「誓言」은 6개 조의 기본 방침과 15개의 속조(續條)로 구성되었다. 기본 방침 가운데 1조와 2조는 청으로부터의 독립과 왕실 호위에 관한 선언적 의미였고, 제6조는 사민평등(四民平等)에 관한 것이었다. 나머지 제3·4·5조는 각각 종실과 척족의 정치 간여 금지, 대신의 국무 담임권, 정부의 인사 추천권을 규정했다. 속조에서는 왕실 전범의 제정(제4조), 왕비의 정치 간여 금지(제5조), 외무대신이 외교 업무 일체를 담당할 것(제7조), 탁지아문이 국세 징수를 모두 관장하며 왕실 비용 등을 정할 것(제13조) 등이 구체적으로 명시됐다. 이 선언에는 총리대신 김홍집, 외무대신 김윤식, 탁지대신 어윤중, 궁내대신 이재면, 군무서리대신 조희연이 서명했으며, 며칠 후 내무대신 박영효, 학무대신 박정양, 법무대신 서광범, 농상대신 엄세영, 공무서리대신 김가진도 추서(追署)했다. 「誓言」, 서울대학교 규장각한국학연구원 소장(청구기호: 奎 15294).

[75] 『日外』 27-2, 문서번호 478, 495, 496.

[76] 1894년 10월 특명전권공사로 조선에 부임한 이노우에는 전임자 오토리와 달리 명성왕후뿐만 아니라 대원군과 그 손자 이준용(李埈鎔)까지 국정에서 배제하고자 했다. 이에 대원군이 평양전투 이전에 청 장령과 내통한 것을 이유로 그를 하야시킨 후, 왕실에서 사전 협의 없이 탁지, 법무, 공무, 농상 등 4개 아문의 협판을 임명한 것을 계기로 왕비마저 국정에서 손을 떼게 했다. 『駐韓日本公使館記錄』 5, "內政改革ノ爲ノ對韓政略ニ關スル報告"; 井上馨候傳記編纂會, 1934, 『世外井上公傳』 4, 內外書籍株式會社, 402-468쪽; 『秘書類纂』 下, "朝鮮改革ニ付井上伯ノ意見", 450-454쪽; 『日外』 27-2, 문서번호 475, 477, 479, 480, 481, 485.

[77] 이후 김홍집은 종종 '개화당'으로 분류되었다. 『駐韓日本公使館記錄』 5, "大院君ノ東學黨煽動ニ關スル件"; 같은 책 7권, "大院君李埈鎔ノ陰謀ニ關スル顚末報告".

4. 왕실의 '개화'

갑오개혁을 '경장개화(更張開化)'라고 규정한 것을 제외하면 1894년부터 1895년 사이에 고종 또는 명성왕후가 직접 '개화'를 언급한 기록은 찾기 어렵다. 아마도 1894년 12월에 이른바 종묘서고(宗廟誓誥)를 앞둔 고종이 이노우에 공사에게 "종묘에 바칠 서문(誓文)은 완전히 종래의 폐정을 고쳐 신정(新政), 즉 개화를 하겠다는 뜻에 다름 아니니, 이날은 중궁도 가마를 함께 타고 부부가 식장에 임하여 천재유일(千載唯一)의 예전을 거행하는 것이 어떻겠는가?"라고 하문한 기록이 거의 유일한 사례일 것이다.[78] 또한 1894년 8월 사이온지 긴모치[西園寺公望]가 빙문대사(聘問大使)로 내조했을 때 일본 황후의 교지를 직접 명성왕후에게 올릴 것을 주장한 일이 있었다. 외무대신 김윤식이 조선의 '구규(舊規)'가 아니라고 극구 만류했지만, 사이온지는 '이는 개화초두(開化初頭)의 제일요무(第一要務)'라고 하면서 끝까지 고집을 꺾지 않았다. 결국 발[簾]을 절반쯤 말아 감고 시녀 2명이 앞을 가로막은 상태로 폐현례(陛見禮)를 행했는데, 이처럼 왕비가 외국 사신을 홀로 접견한 것은 물론 초유의 사건이었다.[79] 이처럼 왕실의 입장에서 '개화'는, 그 가법(家法)이라고 할 수 있는 전범과 관례에 대한 도전으로서 실감되었다.

갑오개혁의 주안점 중 하나가 왕실 권력과 재정의 제한이었던만큼, 그에 대한 고종의 인식 또한 호의적일 순 없었다. 이와 관련하여 1895년 7월 1일 밤 김종한이 스기무라 후카시[杉村濬] 일본 대리공사를

---

[78] 『日外』 27-2, 문서번호 496의 부속서 1.
[79] 金允植, 『續陰晴史』 고종 31년 甲午 8월(『續陰晴史』 上, 334-335쪽).

찾아와 국왕의 동정을 밀고한 내용이 주목된다.

> 대군주 폐하와 내각 간의 불화를 초래한 원인(遠因)은, 요컨대 이번 신정(新政)의 결과 왕실과 정부 간의 경계를 정했기 때문에 대군주께서 예전처럼 서정(庶政)을 친재(親裁)하시지 못한 데서 기인하는 것입니다. 대군주의 입장에서는 작년 6월(음력) 이후 군권(君權)을 갑자기 내각에 빼앗겼다고 생각하시고 대단히 괴로워하시는 것 같습니다. (중략) 이번 정치 개혁 이후로 상하 신민의 정형(情形)이 예전과 크게 달라졌습니다. 문벌도 없이 미천한 무리가 갑자기 대신의 현직(顯職)에 올라 듣는 이들을 놀라게 합니다. 이러한 평민대신(平民大臣) 대리의 한 사람인 이주회(李周會) 등이 이번 훈련대 입위(入衛) 건에 관해 사흘 동안이나 조정에서 다투며 항변을 한 것이나, 또 경무청 순검이 대담하게도 왕족의 근친인 이준용의 저택에 침입해서 체포한 것, 또 정부가 왕실비(王室費)를 제한하고 왕실 부속 농장을 압수하여 궁중에서 그 반환을 요구하는 데도 감히 저항한 것 등 여러 가지 사건들이 현저하게 대군주로 하여금 인심의 방자함을 의심하시게 만들었습니다.[80]

이 밀고가 사실이라면, 고종은 왕실과 정부 간의 경계가 그어지고, 이로 인해 만기친람(萬機親覽)이 어려워진 상황을 내각이 자신의 군권(君權)을 빼앗아간 것으로 인식하고 있었다. 그의 심기를 불편하게 한 것은 이뿐만이 아니었다. 갑오개혁으로 인해 대거 등장한 '평민대신' 가운데

---

80 『日外』 28-2, 문서번호 313.

일부는 조정의 권위는 물론 조선왕조 수백 년간 금과옥조처럼 지켜진 군신 간의 의리마저 무시했다. 비록 정적(政敵)에 가까웠지만, 자신의 조카인 이준용의 집에까지 경무청 순검들이 함부로 들이닥쳐서 그를 체포한 일은 고종에게 풍속의 타락을 개탄하게 했을 것이다.

하지만 '개화'는 왕으로서도 어찌할 수 없는 시대적 추세였다. 이러한 상황에서 고종은 '개화'의 본거지인 서양의 제도와 역사적 사례에서 왕권을 지킬 수 있는 근거를 모색하기도 했다. 이와 관련하여 이사벨라 비숍은 고종과 명성왕후를 개인적으로 알현한 후 흥미로운 기록을 남겼다. 그녀는 1895년 1월부터 3주간 4차례 알현했는데, 국왕과 왕비의 질문은 주로 황실비(the Civil List)의 규모와 내각의 통제, 그리고 개인적 거래의 국고 처리 여부 등에 집중됐다고 한다. 영국 내무장관(Home Minister)의 직무와 총리의 지위, 그리고 군주와의 관계와 군주의 해임권에 관해서도 많은 질문이 쏟아졌는데, 이는 당시 내부대신 박영효 및 총리대신 김홍집과의 불편한 관계에서 비롯된 것으로 보인다. 하지만 '개화'를 탐구하려는 국왕 부처의 열정은 어디까지나 왕권의 유지를 위한 것이었다. 비숍은 왕권의 입헌적 통제(constitutional check) 원칙이나 장관 선임에서 국왕은 오직 명목상의 권리만 가진다는 사실 등을 이해시키기란 불가능하다고 푸념했다.[81]

같은 해 6월 고종은 "작년 6월 이후의 칙령과 재가는 모두 짐의 뜻이 아니니 이를 취소하겠다"라며 군국기무처 설치 이후의 모든 개혁을 인정하지 않겠다는 뜻을 분명히 밝혔다. 이는 비록 궁궐 호위병 교체 문제로 박영효와 대립하던 중에 돌출한 발언이었지만, 갑오개혁과 '개화'에 대

---

[81] I. B. Bishop, 1897, 앞의 책, pp. 257-258.

해 오래 누적되어온 불만의 표출로 봐도 무방할 것이다. 게다가 이 돌발 선언은 삼국간섭 이후 일본 세력이 퇴조하고, 그에 비례하여 왕실과 러시아 공사관 간의 사이가 크게 긴밀해지던 시점에 나왔다. 국왕의 분노에 놀란 외부대신 김윤식은 형세를 만회하기 어려울 것을 우려하여, 일본 공사관에 일시 귀국 중인 이노우에 공사가 조속히 귀임하도록 해달라고 요청했다고 한다.[82]

5. 민중의 '개화'

일반 백성이 '개화'라는 말을 처음 접한 계기는 갑신정변이었을 것이다. 당시 '개화당'이란 일본인들과 사전 공모하여 여섯 대신을 참살하고 국왕을 위협하는 등 천인공노할 만행을 저지른 반역자 무리였다. 그로부터 10년 후 일본군의 경복궁 점령과 함께 갑오개혁이 추진되었는데, 이를 주도하는 것은 다름 아닌 박영효와 그 무리로 알려졌다.[83] 따라서 '개화'에 대한 일반의 인식은 처음부터 극히 부정적이었다. 마치 1881년에 하야시 마타로쿠가 이헌영에게 했던 말처럼, 민중은 이를 일본이 조선을 침략하기 위해 국왕에 대한 충성심과 전통 윤리를 무너뜨리고 추종 세력을 부식하려는 음모로 여겼을 것이다.

'개화'에 대한 민중적 분노는 동학농민군의 봉기에서 극명하게 드러났

---

82 『日外』 28-1, 문서번호 301.
83 李丹石, 『時聞記』 乙未(동학농민전쟁백주년기념사업추진위원회 편, 1996, 『東學農民戰爭史料叢書』 2, 史芸硏究所, 186-187쪽), "甲申十月作變罪人朴永孝金玉均徐光範徐載弼 逃入倭國 金玉均見殺於洪宗浩(鍾宇의 오기-인용자) 見上朴永孝徐光範載弼 甲午六月來 還本朝 居大臣之位 擅全國之政 大小之事 不由於上 皆出於永孝 自此以後 非我殿下政令也".

다. 전봉준(全琫準)은 제2차 기포의 이유를 묻는 일본 영사의 심문에 다음과 같이 진술했다.

> 其後에 聞ᄒᆞ직 貴國이 開化라 稱ᄒᆞ고 自初로 一言半辭도 民間에 傳布ᄒᆞ미 無ᄒᆞ고 ᄯᅩ 檄書도 업시 率兵ᄒᆞ고 우리 都城에 入ᄒᆞ야 夜半에 王宮을 破擊ᄒᆞ야 主上을 驚動ᄒᆞ엿ᄒᆞ기로 草野의 士民더리 忠君愛國 之心으로 慷慨홈을 不勝ᄒᆞ야 義旅을 糾合ᄒᆞ야 日人과 接戰ᄒᆞ야 此事實을 一次 請問코져 홈니이다.[84]

갑오개혁의 급진성과 그에 수반된 사회적 혼란 또한 '개화'에 대한 민중의 부정적 인식을 더욱 확고히 했다. 예를 들어 과거제 폐지는 지방 유생의 벼슬길을 막고 향촌 사회에서 양반의 권위를 실추시키는 원인이 되었다. 이 밖에도 지방 행정구역 개편 과정에서 중인 출신이 지방관으로 대거 부임했는데, 이 또한 관의 지시에 대한 저항과 항명이 속출하는 배경이 되었다.[85] 군국기무처가 설치된 지 4개월 후 유길준은 일본 외상 무쓰 무네미쓰[陸奧宗光]를 만난 자리에서 지금까지는 '지상개혁'에 그쳤지만, 앞으로는 '실지개혁'을 실행하겠다고 다짐했다.[86] 하지만 이 말

---

84 法部 編, 「開國五百四年二月初九日東徒罪人全琫準初招問目」(동학농민전쟁백주년기념사업추진위원회 편, 1996, 『東學農民戰爭史料叢書』 18, 史芸硏究所, 20쪽).

85 李丹石, 『時聞記』 乙未(『東學農民戰爭史料叢書』 2, 187-188쪽), "廢京鄕科試之法 林下之士 從而無所望 爲名利而讀者 失意而遨遊 爲通古今而讀者 或自好而讀 然而遨遊者多 自好者少 識者憂之 (중략) 各道列邑觀察使參書警務 皆上官而世祿士大夫之所不願也 任其職者 皆中庶市吏伴黨閑散之流 人亦無過人之能 在其下聽令者 不能無爾我爾之較 令甲之不行勢固然也".

86 兪吉濬, 「外務大臣陸奧宗光問答」(『兪吉濬全書』 4, 368쪽), "自六月後至今日 則紙上改革也 自今日欲行實地改革也".

은 결국 이뤄지지 않았는데,[87] 그 원인 중 하나는 '개화'에 대한 민중의 반감 때문이다.

하지만 신분제 철폐에 대한 태도의 차이는 민중으로 포괄되는 사회적 실체 내에서도 신분 질서가 엄연히 상존한 사실을 환기해준다. 앞에서 설명한 것처럼 갑오개혁 당시 '개화당'의 주된 개혁 목표 중 하나는 사회적 차별의 철폐에 있었다. 이에 수백 년간 신분제의 질곡에서 신음해온 일부 하층민은 비로소 '개화 세상'이 열린 것으로 이해했다. 이와 함께 무뢰배가 옛 상전과 양반에게 모욕과 폭행을 하는 일이 빈발하자,[88] 양반들 사이에서는 신분 질서와 강상윤리(綱常倫理)를 어지럽힌다는 점에서 '개화'와 동학을 동일시하는 인식마저 나타났다.

우리 조선이 나라를 세워 오랫동안 이어진 것은 단지 사서(士庶)의 분수가 엄했기 때문이었다. 지난 임술민란 때 그 구분이 비로소 무너졌고, 외국인이 경관(京館)에 와서 거주한 뒤에 그 구분이 더욱 무너졌다. 지금 동학의 무리는 더욱 이 일에 이를 갈아, 반드시 양반과 평민 구분을 없앤 뒤에 그만두려고 한다. 세도(世道)가 이런 지경에 이르니, 진실로 한심스럽다. (중략) 지난해 겨울에 경욱(景郁)이 서울에

---

[87] 金允植, 『續陰晴史』 乙未 正月(『續陰晴史』 上, 353쪽), "十七日己丑晴 諸大臣協辦 會于政府 因內務大臣(박영효-인용자) 詣會發論以 七月以後 國事無一成緒 政府諸人 宜各陳疏退去 以讓賢路".

[88] 다음 인용문은 1897년 호남 암행어사 이승욱(李承旭)이 '개화'를 빌미로 신분을 범하는 자는 엄히 다스리겠다고 경고한 감결(甘結)의 일부이다. "名分類喪 往往以民訴官 以奴反主 以賤凌貴云 謂以開化之世 焉有名分云 誠覺寒心 盖開化云者 開物化民之謂也 捨尊卑貴賤之分 則民俗不正 上下紊亂 安有開化之名乎 試觀天下列國之大勢 君臣之分 貴賤之義 何嘗有一半分有異於我邦耶", 『隨錄』(동학농민전쟁백주년기념사업추진위원회 편, 1996, 『東學農民戰爭史料叢書』 5, 史芸研究所, 383쪽).

서 돌아와 말하기를, "이른바 개화라는 것은 바로 서울의 동학이다"라고 하였는데, 얼마 지나고 나서 부절(符節)을 맞춘 것처럼 들어맞았다. 온갖 계교로 사람을 잡아끌어 자신의 무리에 가입시키는 것이 모두 지난날의 동도(東徒, 동학의 무리)와 같았다. (중략) 동도가 스스로 '학(學)'이라는 명칭을 붙이는 것은 또한 어디서 모방한 것인가? 또 한 번 변하여 개화가 되었으니, 그 분수가 영원히 무너졌다. 나라 또한 그 뒤를 따라 무너질 것이니, 통탄스럽고 통탄스럽다!⁸⁹

하지만 1895년 말에 이르러 '개화'와 관계된 중대 사건들이 속출해서 민중의 신분적 차별 의식이 점차 사라졌다. 그 하나는 이른바 을미사변, 즉 명성왕후 시해사건이었다. 이 전무후무한 야만적 행위의 주범은 일본 공사 미우라 고로[三浦梧樓]와 그의 지휘를 받은 일본 군대와 낭인들이었지만, 일부 조선인이 가담한 것은 사실이었고 내각의 '개화당' 대신들 또한 이를 방관 혹은 방조했다는 비난을 면할 수 없었다.⁹⁰ 다른 하나는 단발령(斷髮令)이었다. 당시 김홍집-유길준 내각은 왕비 시해로 민중의 분노가 극에 달한 가운데 춘생문 사건까지 발생하자 정치적 위기를 돌파하고자 이 무리한 조처를 단행했다. 그러자 백성들 사이에서는 '개화 대신'들이 왕명을 빙자해서 단발령을 내렸으며, 심지어 이 참람한 무리는 고종과 대원군, 왕세자의 머리에까지 직접 손을 댔다는 소문

---

89 朴文鎬, 「時事」, 『壺山集』 77(동학농민전쟁백주년기념사업추진위원회 편, 1996, 『東學農民戰爭史料叢書』 8, 史芸研究所, 285쪽).

90 『時聞記』 乙未(『東學農民戰爭史料叢書』 2, 190쪽), "猝然義兵數千 自大田儒城 至孔岩 (中略) 聞其由則 中宮殿復讐之義也 其遇害由於開化 此時爲官者 皆開化中人 故有此擧矣".

이 퍼졌다.[91]

'자기 몸의 터럭과 피부까지 부모로부터 받은 것이니 감히 훼손하지 않는 것이 효의 시작'이라고 믿는 조선인들에게 단발은 있을 수 없는 불효였다. 또한 조선 사회는 명(明)의 유제(遺制)를 홀로 지키는 것으로 문명을 자부해온바, 단발은 조선의 전통문화와 민족 정체성을 뿌리째 부정하려는 시도로 받아들여졌다. 을미사변과 단발령 직후 임진왜란 이후 약 30백 년 만에 의병(義兵)이 봉기한 것은 이 사건들이 그 못지않은 국난으로 인식되었음을 말해준다. 그 속에서 '개화' 두 글자는 이 모든 변고를 초래한 원흉으로 간주되었다.

'개화'라는 두 글자는 난신적자가 군주를 기만하고 나라를 그르치는 간계입니다. 도적을 끌고 와서 복심으로 삼고 당(黨)을 체결하고 권세를 굳건히 하여 우리 군상(君上)의 손발을 꼼짝 못 하게 하였습니다. 아아! 오직 임금만이 복을 내리고 위엄을 보이실 수 있거늘, 위복(威福)이 군주에게서 나오지 않고 저들의 손에서 나오고 있으니 장차 무슨 짓인들 못 하겠습니까? 제멋대로 조정을 변화시키고 선왕의 전장(典章)에 손을 대다가 마침내 모후를 시해하고 군상을 협박하여 감히 그 칼날을 숨기지 않았습니다. 그리고 상투를 잘라 당당한 예의지방(禮義之邦)으로 하여금 이적과 금수의 지경에 빠져들게 한 것은 모두 '개화' 두 글자가 주장한 것입니다.[92]

---

[91] 위의 글, 200쪽, "削髮之令甚急 此是開化中大臣之矯令也 下送京兵數百於本道 循行列邑 促其削髮人心大動 十五日 上監主見削髮 雲峴大監亦見削 逆臣之逼 至於此極".

[92] 奇宇萬 上疏(동학농민전쟁백주년기념사업추진위원회 편, 1996, 『東學農民戰爭史料叢書 7, 史芸硏究所, 78쪽에서 재인용).

IV. 맺음말

'개화'는 1881년 조사시찰단의 일본 방문을 계기로 조선 사회에 전파되었다. 이 말은 1884년 갑신정변의 대의명분으로 제시되었는데, 그 실패 이후에 매국 및 반역과 같은 뜻으로 여겨져 터부시되었다. 그것이 조선 사회에서 본격적으로 통용된 것은 그로부터 10년 뒤인 1894년에 이르러서였다. '개화'는 갑오개혁과 함께 크게 유행했지만, 그 의미는 여전히 유동적이었고 여러 사회 세력은 정치적 이해관계와 미래에 대한 전망, 기대에 따라 각기 그 전유를 시도하였다. 이와 같은 '개화'의 수용 과정은 근대 정치 변동을 재해석하는 데 다음과 같은 함의를 갖는다.

첫째, 19세기 정치사는 일반적으로 조선 후기 실학에서 내재적으로 발전한 근대 지향적 '개화 사상'이 수구 세력의 저항을 물리치고 역사 속에서 구현되는 과정을 중심으로 서술돼왔다.[93] 하지만 이 글에서 검토한 '개화'의 수용 양상은 '개화 사상'이 근대사를 이끈 주된 동인(動因)이 되기보다는, 반대로 19세기 조선의 정치사회적 콘텍스트 속에서 근대적 언어가 그 수용과 동시에 굴절되고, 파편화되는 과정에 가깝다. '개화'는 처음부터 다양한 방식으로 해석되고 정치적 언어로 활용되었는데, 이 글에서는 갑오개혁 당시 군국기무처의 '개화당', 김홍집, 김윤식, 어윤중 등 원로 대신, 왕실, 민중의 전유 양상을 통해 이를 확인하였다. 그리고 그

---

[93] 조선 근대사를 개화 대 수구의 대립이라는 구도로 해석하는 사관은 해방 직후 진단학회가 펴낸 『국사교본』부터 시작되어 제2차 교육과정에까지 이어졌다. 노관범, 2019, 앞의 논문, 348-352쪽. 다만 이후에도 '개화운동'과 '척사운동'의 역사적 의의와 공과(功過)를 공정하게 서술하는 데 노력했을 뿐, 이 구도 자체는 크게 달라지지 않았다고 생각된다.

의미의 편차와 상호 모순은 당시 조선의 사회적 분열상을 고스란히 반영하고 있었다.

둘째, '개화당'은 김옥균처럼 자처한 사례도 있지만, 일본인이 일방적으로 명명(命名)하는 경우가 더 일반적이었다. '개화'는 일본이 조선에 대한 간섭과 침략을 스스로 정당화하는 명분이었으며, 이러한 목적에 부합하는 조선 내 정치 세력을 '개화당'으로 호명한 것이다. 이는 근대사에서 '개화당' 또는 '개화파'로 알려진 몇 개의 그룹의 정체성이나 정치적 프로그램, 그들 사이의 사상적 연관성 등을 쉽게 단정할 수 없음을 의미한다. 예컨대 1884년의 '개화당'과 1894년의 '개화당'은 결성 배경, 결속력, 인적 구성, 정치적 목표와 그것을 달성하기 위한 수단의 관점에서 볼 때 사실상 무관한 집단이었다. 만약 양자 사이에 일관된 사상적 저류(低流)가 있었다고 하면, 그것은 조선 내에선 변혁의 수단과 동인을 찾기 어려우며, 따라서 이를 외세에서 구해야 한다는 절망적 현실 인식과 전망이었다.

셋째, '개화'는 일부 개혁 분자들이 그 정치적 목적을 달성하기 위해 외세, 특히 일본 세력과 결탁하는 과정에서 제시했지만, 이는 일반 백성의 정서와는 크게 거리가 멀었다. 결정적으로 1895년 말의 을미사변과 단발령 사건을 거치면서 '개화'는 반역의 언어일 뿐만 아니라 조선의 문명과 민족 정체성을 근본적으로 부정하는 개념으로 인식되었다. '개화'가 용납할 수 없는 반역의 언어로 규정되면서 그 계보가 새로 그려졌다. 이 계보는 갑신정변의 사흉(四凶)으로부터 갑오개혁의 팔간(八奸)을 거쳐 을미년의 십적(十賊)에 이르는 것으로, 1898년에는 만민공동회를 열

어 황실을 위기에 빠뜨린 독립협회도 여기에 포함되었다.[94]

이처럼 '개화'가 세를 확산해가는 것에 비례하여 그에 대항하는 반(反)개화 운동 역시 결집되어갔다. 만약 우리가 근대 한국 민족주의의 한 가지 사조(思潮)로서 '저항 민족주의'의 특징을 외래 문화와 지식인에 대한 불신, 국가의 정당성에 대한 근본적 회의와 저항, 민중 투쟁의 순수성에 대한 신념 등으로 규정한다면, 그 맹아는 '개화'가 처음 수입되어 그에 저항하는 과정에서부터 이미 싹트기 시작했다. 비유적으로 말하자면 개화 민족주의와 저항 민족주의는 근대의 시작과 함께 태내에서부터 서로를 적대시하고 증오하는 쌍생아로 자라난 것이다.

---

[94] 『承政院日記』 고종 35년 11월 20일 宋秉稷 上疏, "甲申四凶之變 變而爲甲午八奸之凶 八奸之凶 潛伺隱謀 繼作乙未十賊之逆 十賊之逆 又成今日獨立協會之禍". 참고로 '사흉'은 김옥균·박영효·서광범·홍영식, '팔간'은 안경수·김가진·김홍집·권형진·김윤식·김종한·박정양·조희연, '십적'은 김홍집·정병하·조희연·장박·권형진·이범래·우범선·이두황·이진호·김윤식을 가리킨다.

참고문헌

• 1차 문헌

조선

『開闢』.

『高宗實錄』.

『東光』.

『承政院日記』.

『日省錄』.

《漢城旬報》.

『甲午實記』(국사편찬위원회 편, 1959, 『東學亂記錄』 上, 한국사료총서 제10집).

「開國五百四年二月初九日東徒罪人全琫準初招問目」(동학농민전쟁백주년기념사업추진위원회 편, 1996, 『東學農民戰爭史料叢書』 18, 사운연구소).

「誓言」, 서울대학교 규장각한국학연구원 소장(청구기호: 奎15294).

『隨錄』(동학농민전쟁백주년기념사업추진위원회 편, 『東學農民戰爭史料叢書』 5, 사운연구소, 1996).

『倭使問答』, 서울대학교 규장각한국학연구원 소장(청구기호: 奎古5710-7-v.1-2).

『推案及鞫案』(박은숙 옮김, 2009, 『추안급국안 중 갑신정변 관련자 심문·진술 기록』, 아세아문화사).

金允植, 구지현·기태완 옮김, 2013, 『운양집(雲養集)』, 혜안.

_____, 국사편찬위원회 편, 1971, 『續陰晴史』(한국사료총서 제11집).

金昌熙, 「六八補」(한국문집편찬위원회 편, 1973, 『石菱先生文集』 1, 경인문화사).

金弘集, 『以政學齋日錄』(고려대학교중앙도서관 편, 1976, 『金弘集遺稿』, 고려대학교출판부).

李丹石, 『時聞記』(동학농민전쟁백주년기념사업추진위원회 편, 1996, 『東學農民戰爭史料叢書』 2, 사운연구소).

李復榮, 『南游隨錄』(동학농민전쟁백주년기념사업추진위원회 편, 1996, 『동학농민전쟁사료총서』 3, 사운연구소).

朴文鎬, 『壺山集』(동학농민전쟁백주년기념사업추진위원회 편, 1996, 『東學農民戰爭史

料叢書』 8, 사운연구소).

朴定陽, 한국학문헌연구소 편, 1984, 『朴定陽全集』.

朴周大, 국사편찬위원회 편, 1980, 『羅巖隨錄』(한국사료총서 제27집).

魚允中, 한국학문헌연구소 편, 1978, 『魚允中全集』.

俞吉濬, 俞吉濬全書編纂委員會 編, 1995, 『俞吉濬全書』, 일조각.

尹致昊, 국사편찬위원회 편, 1974, 『尹致昊日記』(한국사료총서 제19집).

李鑣永, 『日槎集略』(국사편찬위원회 편, 2009, 『敬窩集略』(한국사료총서 제53집)).

鄭喬, 국사편찬위원회 편, 1957, 『大韓季年史』(한국사료총서 제5집).

黃炫, 국사편찬위원회 편, 1955, 『梅泉野錄』(한국사료총서 제1집).

일본
《京都新聞》
《時事新報》
《朝鮮新報》
《朝野新聞》

菊池謙讓, 1939, 『近代朝鮮史』, 鷄鳴社.

福澤諭吉, 1975, 『文明論之概略』.

杉村濬, 1904, 『明治卄七八年在韓苦心錄』.

黑田淸隆, 1876, 『使鮮始末』.

市川正明 編, 1981, 『日韓外交史料』, 原書房.

伊藤博文, 1970, 『(秘書類纂) 朝鮮交涉資料』, 原書房.

日本外務省調査部 編, 『大日本外交文書』, 1936-1953.

井上馨候傳記編纂會 編, 1934, 『世外井上公傳』, 內外書籍株式會社.

駐韓日本公使館, 국사편찬위원회 편, 『주한일본공사관기록』, 1986-1998.

• 단행본

김영모, 2002, 『조선 지배층 연구』, 고헌출판부.

김종학, 2017, 『개화당의 기원과 비밀외교』, 일조각.

김태웅, 2018, 『어윤중과 그의 시대』, 아카넷.

다보하시 기요시[田保橋潔], 김종학 옮김, 2016, 『근대 일선관계의 연구』 하, 일조각.
마루야마 마사오[丸山眞男], 김석근 옮김, 2007, 『문명론의 개략을 읽는다』, 문학동네.
유동준, 1987, 『유길준전』, 일조각.
장인성, 2017, 『서유견문: 한국 보수주의의 기원에 관한 성찰』, 아카넷.
惣鄕正明·飛田良文 編, 1986, 『明治のことば辭典』, 東京堂出版.
Bishop, I. B., 1897, *Korea and Her Neighbours*, Fleming H. Revell Company.

• 논문

강동국, 2009, 「'사대주의'의 기원」, 『일본공간』 5.
김영작, 2008, 「조선조 말기의 서구수용과 전파양상에 관한 실증 연구: 문명개화, 자주독립, 부국강병 의식의 구조를 중심으로」, 와타나베 히로시·김영작 공편, 『'문명' '개화' '평화'』, 아연출판사.
김영호, 1969, 「近代의 새벽: 開化思想」, 『韓國現代史』 6, 신구문화사.
김윤희, 2008, 「갑신정변 전후 '개화' 개념의 내포와 표상」, 『개념과 소통』 1-2.
김지현, 2019, 「고종기 권선서의 개화: 관왕묘(關王廟)와 도덕 개화」, 2019 규장각한국학워크숍 "개화란 무엇인가?" 발표문.
노관범, 2010, 「1880년대 김창희의 경세사상: 임오군란 직후 부강정책의 재설정」, 『한국사상사학』 35.
_____, 2019, 「'개화와 수구'는 언제 일어났는가?」, 『한국문화』 87.
류승렬, 2017, 「事大=守舊 對 獨立=開化의 二項對立的 近代敍事 프레임의 創出과 變容」, 『역사교육』 142.
연갑수, 2006, 「개항 전후 여흥 민씨 세력의 동향과 명성황후」, 오영섭·장영숙 편, 『다시 보는 명성황후』, 여주문화원.
임계순, 1984, 「韓露密約과 그 후의 韓露關係(1884-1894)」, 한국사연구협의회 편, 『韓露關係100年史』, 한국사연구협의회.
함동주, 2001, 「근대일본의 형성과 역사상: 田口卯吉의 〈日本開化小史〉를 중심으로」, 『역사학보』 174.
허경진, 2010, 「일본 시인 이시바타 사다[石幡貞]의 눈에 비친 19세기 부산의 모습」, 『인문학논총』 15-1.
四方博, 1938, 「李朝人口に關する身分階級別의 觀察」, 『朝鮮經濟의 硏究 第三』(京城帝國大學法學會論集 13), 岩波書店.

찾아보기

ㄱ

가드너(C. T. Gardner) 96, 98, 99, 105, 107, 122, 123
가와카미 소로쿠[川上操六] 68
간섭 정책 17, 91
감국대신(監國大臣) 42
갑신정변 65, 277, 278, 284, 287, 289, 291, 292, 293~298, 307
갑오개혁 307, 309, 311~319, 320
개진당(改進黨) 77
개화 276~281, 321
개화당 283~285, 287, 290~292, 294, 298~303, 305, 308
거문도 사건 137
거빈스(J. H. Gubbins) 102
경장개화(更張開化) 297, 311
고무라 주타로[小村壽太郎] 75
고종 184, 186, 195, 196, 199, 202, 303, 307, 309, 311~313, 317
고토 쇼지로[後藤象二郎] 284
교육칙어(敎育勅語) 231
구로다 기요타카[黑田淸隆] 281
국제공법 16
국제법 19
국제 질서 174
군국기무처 278, 299, 302, 303, 304, 305, 310, 313, 315, 319
권위 131, 134, 145, 146
그레이(E. Grey) 94, 96
근대국가 184, 185, 187, 189, 190, 192, 201
근대 국제질서 130
기도 다카요시[木戶孝允] 62
기영(耆英) 22
김기수(金綺秀) 282
김옥균(金玉均) 283, 284, 290, 299, 308, 320
김윤식(金允植) 278, 300, 305, 306, 308, 309, 311, 314, 319
김창희(金昌熙) 288
김홍집(金弘集) 278, 288, 300, 305, 307~309, 313, 317

ㄴ

나카무라 마사나오[中村正直] 229, 240
나카에 조민[中江兆民] 229
난징조약[南京條約] 23

냉전 질서 160

ㄷ

다롄 75
다카세 다케지로[高瀨武次郞] 256
단발령 317, 318, 320
대본영 70
대한반도 128
도광제 22
독립국가(independent state) 34
독일연방 40
동아시아 135
동학 95~100, 105, 107, 114, 122, 309, 316
동학농민전쟁 184~187, 198, 205, 213
동학농민혁명 69

ㄹ

랴오둥 79
러시아 136, 140
러일전쟁 136, 157
로바노프 81
뤼순 75
류큐[琉球] 21
류큐 병합 39

ㅁ

마건충(馬建忠) 45
마스가타 마사요시[松方正義] 79

만국공법(萬國公法) 23, 130
만년화약(萬年和約) 23
만주 18
메이지유신 58
모리 아리노리[森有禮] 38
무쓰 무네미쓰[陸奧宗光] 70, 99, 315
무츠(→ 무쓰 무네미쓰) 146
문명 279, 280, 320
문명개화 279, 281, 283, 286, 288, 289, 292, 295, 307
미야케 세쓰레[三宅雪嶺] 255
미우라 고로[三浦梧樓] 317
미·중 경쟁 153
민중 278, 294, 314, 316, 317, 319

ㅂ

박영효 299, 308, 313, 314
박은식 267
버티(F. Bertie) 99
번봉(藩封) 23
번속(suzerain-vassal relations) 16
번신무외교(藩臣無外交) 22
베를린조약 40
베이징 18
벨로네(Henri de Bellonet) 35
병인양요 20
북양함대 78
불가리아 40
불신의 문제 164

ㅅ

사마랑호(H.M.S. Samarang) 22
사세보 72
사적 정보의 문제 165
사쿠마 쇼잔[佐久間象山] 225
산스테파노조약 40
삼국간섭 136
삼단(三端) 45
상국(上國) 27
상승국 164
샌더슨 109
서상우(徐相雨) 291, 292
설복성(薛福成) 42
세력균형 128, 143
세력이동 152
세력전이 19, 90, 92, 122, 128, 134, 152, 184, 193
소속 방토(所屬邦土) 38
속국 16
속국자주론 20
속방화 17
스기무라 후카시[杉村濬] 311
시모노세키 79
시무(時務) 306, 308, 310
시베리아철도 67
신미양요 20
실(J. M. Sill) 105
실패국가 185, 187, 188, 194

ㅇ

아오키 슈조[青木周蔵] 101
아편전쟁 20
야마가타 아리토모[山縣有朋] 59
양광총독(兩廣總督) 29
양속(兩屬) 40
어윤중(魚允中) 278, 283, 300, 305, 307, 308, 310, 319
여서창(黎庶昌) 41
영국 136, 140, 145
영방(領邦) 40
영세중립국 41
예부 37
예부상서 만청려(萬靑藜) 37
오가키 다케오[大垣丈夫] 263
오스만제국 39
오야마 이와오[大山巖] 75
오카모토 다카시[岡本隆司] 20
오카쿠라 덴신[岡倉天心] 261
오코너(N. R. O'Conor) 96~98, 100, 109, 112, 114, 116, 117
오쿠마 시게노부[大隈重信] 77
오쿠보 도시미치[大久保利通] 62
오토리 게이스케[大鳥圭介] 70, 108, 295, 296
완충지대 153
왕신충[王信忠] 16
외압(外壓) 17
요시다 쇼인[吉田松陰] 59
요코이 쇼난[橫井小楠] 225

우치무라 간조[內村鑑三] 261
운요호[雲揚號] 38
웨이하이웨이[威海衛] 78
위계성 132, 136
위안스카이[袁世凱] 45, 186, 195, 196
유길준(俞吉濬) 246, 299, 300~302, 315
유대인 185, 191, 200, 207
유서분(劉瑞芬) 47
윤치호(尹致昊) 241, 292, 307
이노우에 가오루[井上馨] 61
이노우에 공사 201, 205, 207
이노우에 데쓰지로[井上哲次郎] 256
이돈화(李敦化) 294
이리(伊犁) 문제 39
이사벨라 비숍(Isabella B. Bishop) 303, 313
이양선 20
이와쿠라 도모미[岩倉具視] 62
이익선(利益線) 58
이토 스케유키[伊東祐亨] 78
이토 히로부미[伊藤博文] 59, 102
이헌영(李鑣永) 285, 286, 287, 314
이홍장(李鴻章) 38, 71, 98, 100, 111, 139
일본 16, 128, 133, 135, 137, 139, 145, 146
임오군란 41, 65, 287, 288, 303, 308

임진왜란 157

ㅈ
자주 31
자주국 16
장음환(張蔭桓) 45
장정(章程, Regulation) 45
장팅푸[蔣廷黻] 16
저항 민족주의 321
전략적 영토 152
전봉준(全琫準) 315
전이(transition) 128, 134, 146
절대적 승리 165
정묘·병자호란 157
정여창(丁汝昌) 98
정한론 18
제2차 아편전쟁 21
제국 질서 160, 174
제너럴셔먼호 37
조공국 18
조공체제 58
조러밀약 308
조병갑 95
조선 16, 138, 140, 145
조선 공동 점령 115~119
조슈번 61
조약(Treaty) 45
조일수호조규 39
종번관계 16
종번관계의 강화 17

종번관념(宗藩觀念) 16
종주국 16
종주권 16, 138
종주권 강화 17
주권 135
주권국가(sovereign state) 34
주권선(主權線) 67
주복(周馥) 45
중국 133
중인 278, 298, 303, 304, 314
증기택(曾紀澤) 41
지석영(池錫永) 287, 288
지위 131, 134, 145, 146, 171
지위 위계성 147
지위이론(status theory) 131
지정학 152
징병령 63

ㅊ

참모본부 64
참모총장 64
천조(天朝) 22
천주교 32
천하 질서 130, 133, 160, 174
청 16, 135, 138, 145
청류(淸流) 42
청일수호조규 38
청일전쟁 16, 58, 128, 130, 134~136, 138, 141, 142, 146, 147, 153, 157, 192~197, 201, 202, 211, 213, 293~295
총리아문 35
총리주찰조선통상교섭사의(總理駐扎朝鮮通商交涉事宜) 45
최익현 234

ㅋ

킴벌리(Earl of Kimberley) 99, 100, 101, 109, 110, 112~114, 116

ㅌ

타이완 78
태평양전쟁 157
톈진 18
톈진조약[天津條約] 32, 66

ㅍ

파월(George Baden-Powell) 94
파젯(Palph S. Paget) 99, 100
패권 129, 135, 185, 187, 192, 210
패권국 164
펑후[澎湖] 79
풍도 72
프랑스 29

ㅎ

하야시 다다스[林董] 99
하여장(何如璋) 39
하츠펠트(Paul von Hatzfeldt) 109, 110, 114

학살 185, 187, 191, 192, 206, 207
한국전쟁 157
한·미 동맹 173
한반도 145, 147
한반도 전쟁 154
홀로코스트 184, 189, 191, 192, 201, 205, 215, 216
홍계훈 104
화이체제 58

황준헌(黃遵憲) 47
후먼조약[虎門條約] 23
후쿠자와 유키치[福澤諭吉] 229, 277, 279, 284, 290
힐리어(Walter C. Hillier) 95
힐리어 총영사 198, 199, 201, 203, 214

5개조의 서문[五箇条の御誓文] 226

동북아역사재단 연구총서 112

청일전쟁과 근대 동아시아의 세력전이

초판 1쇄 인쇄 2020년 11월 10일
초판 1쇄 발행 2020년 11월 20일

엮은이 동북아역사재단 한일역사문제연구소 편
펴낸곳 동북아역사재단

등 록 제312-2004-050호(2004년 10월 18일)
주 소 서울시 서대문구 통일로 81 NH농협생명빌딩
전 화 02-2012-6065
팩 스 02-2012-6189
홈페이지 www.nahf.or.kr
제작·인쇄 (주)동국문화

ⓒ 동북아역사재단, 2020

ISBN 978-89-6187-566-0   93910

- 이 책의 출판권 및 저작권은 동북아역사재단이 가지고 있습니다.
  저작권법으로 보호를 받는 저작물이므로 어떤 형태나 어떤 방법으로도 무단전제와 무단복제를 금합니다.
- 책값은 뒤표지에 있습니다. 잘못된 책은 바꾸어 드립니다.